T0154808

OTROS TÍTULOS DE MARK R. LEVIN

Libertad y tiranía

Men in Black

Rescuing Sprite

Ameritopia

The Liberty Amendments

Plunder and Deceit

Rediscovering Americanism

Unfreedom of the Press

MARXISMO NORTEAMERICANO

MARK R. LEVIN

THRESHOLD EDITIONS

NUEVA YORK LONDRES TORONTO SÍDNEY NUEVA DELHI

Threshold Editions
Un sello de Simon & Schuster, Inc.
1230 Avenida de las Américas
Nueva York, NY 10020

Traducción del inglés de Hercilia Mendizabal Frers

Primera edición en rústica de Threshold Editions, agosto 2022

THRESHOLD EDITIONS y su colofón son sellos editoriales de Simon & Schuster, Inc.

Diseño interior de Jaime Putorti

Impreso en los Estados Unidos de América

10 9 8 7 6 5 4 3 2 1

ISBN 978-1-6680-0583-5
ISBN 978-1-6680-0593-4 (ebook)

CONTENIDO

CAPÍTULO UNO

YA ESTÁ AQUÍ

La contrarrevolución a la Revolución de los Estados Unidos está en pleno vigor. Y ya no puede ser desestimada ni ignorada, porque está devorando a nuestra sociedad y a nuestra cultura, rondando en nuestras vidas cotidianas y omnipresente en nuestra política, en nuestras escuelas, en los medios y en la industria del entretenimiento. Lo que alguna vez fuera un movimiento con el que era difícil sentirse identificado, un movimiento de las periferias y subterráneo, ya está aquí; y está en todas partes. Tú, tus hijos y tus nietos ya están inmersos en él, y amenaza con destruir a la mayor nación jamás establecida, así como tu libertad, a tu familia y tu seguridad. Por supuesto, la diferencia primordial entre la contrarrevolución y la Revolución de los Estados Unidos es que la primera busca destruir a la sociedad estadounidense e imponer un gobierno autocrático, y la segunda buscó proteger a la sociedad estadounidense e instituir un gobierno representativo.

La contrarrevolución, o el movimiento al que me refiero, es el marxismo. He escrito extensamente acerca del marxismo en dos libros anteriores —*Ameritopia* y *Americanism and the Tyranny of Progressivism* [El americanismo y la tiranía del progresismo]—, y hablo del tema con regularidad en mis programas de radio y televisión. Se han escrito también incontables libros sobre el marxismo. No es mi intención agregar un extenso tratado más a los que ya existen, ni es posible tampoco dado el enfoque y las limitaciones de este libro. Pero la aplicación y adaptación de enseñanzas marxistas *básicas* a la sociedad y la cultura estadounidenses —lo que yo denomino marxismo *norteamericano*— deben ser abordadas y enfrentadas para evitar que nos sofoquen sus manifestaciones modernas. Y, no se engañen, la situación es crítica.

En los Estados Unidos, muchos marxistas se ocultan detrás de frases tales como "progresistas", "socialdemócratas", "activistas sociales", "activistas comunitarios", etc., dado que la gran mayoría de los estadounidenses siguen siendo abiertamente hostiles al nombre "marxismo". Operan bajo un sinnúmero de nomenclaturas organizacionales o identificativas recientemente acuñadas, tales como "Black Lives Matter" (BLM), "Antifa", "The Squad", etc. Y sostienen que promueven la "justicia económica", la "justicia medioambiental", la "equidad racial", la "equidad de género", etc. Han inventado nuevas teorías, como la teoría crítica de la raza, y frases y terminología ligadas a, o encuadradas dentro de, un constructo marxista. Incluso más, sostienen que la "cultura dominante" y el sistema capitalista son injustos y desiguales, racistas y sexistas, colonialistas e imperialistas, materialistas y destructores del medioambiente. Por supuesto, el propósito es demoler y destrozar a la nación por miles de razones y de miles de maneras, y así desalentar y desmoralizar al público; socavar la confianza en las instituciones, tradiciones y costumbres de la nación; crear una calamidad tras otra; debilitar a la nación desde adentro; y, por último, destruir lo que conocemos como republicanismo y capitalismo estadounidenses.

Sin embargo, debe quedar claro que hay varios líderes de esta contrarrevolución que hablan abierta y descaradamente sobre quiénes son, incluidas bandas de profesores y activistas abiertamente marxistas, y tienen el apoyo de una base cuasi zombi de seguidores "*woke*" (o "despiertos" y conscientes ante las inequidades). Como quiera que se identifiquen y describan, las características esenciales de sus creencias, afirmaciones y políticas exhiben el dogma marxista básico. Es más, ocupan nuestras universidades, redacciones y redes sociales, salas de juntas e industria del entretenimiento, y sus ideas son prominentes dentro del Partido Demócrata, la Oficina Oval y los pasillos del Congreso. Su influencia se ve y se siente entre los más perspicaces, así como entre los más inocentes, y en la información periodística, en las películas, en programas televisivos y avisos publicitarios, en el mundo editorial, de los deportes, así como en la capacitación docente y en los planes de estudio a lo largo del sistema de educación pública estadounidense. Utilizan tácticas propagandísticas y de adoctrinamiento, y exigen conformidad y acatamiento mediante el silenciamiento de voces opositoras con tácticas represivas, tales como la "cultura de la cancelación" que destruye reputaciones y carreras; mediante la censura y la prohibición de puntos de vista mayoritariamente patrióticos y contrarios en redes sociales, entre ellos incluso los del presidente Donald Trump; y mediante el ataque a la libertad académica y al intercambio intelectual en la educación superior. De hecho, ponen la mira en todos los aspectos de la cultura: monumentos históricos (incluidos los de Abraham Lincoln, George Washington, el abolicionista Frederick Douglass y el 54.° Regimiento de Infantería Negro de la Unión), Mark Twain, William Shakespeare, el Sr. Cara de Papa, Dr. Seuss, los dibujos animados de Disney y así hasta el infinito. Se prohíben los pronombres y se reemplazan con palabras anodinas para no ofender a los cincuenta y ocho sabores de identificación de género. Se escudriñan viejas publicaciones en redes sociales para encontrar indicios tempranos de una lealtad insuficiente a la hegemonía marxista del presente. El periodismo y las columnas editoriales son desinfectados para eliminar a los infieles.

Y, sin embargo, la experiencia tanto histórica como actual muestra que el marxismo y su supuesto "paraíso de trabajadores" son los responsables de la muerte de decenas de millones de seres humanos y del empobrecimiento y la esclavitud de más de mil millones más. De hecho, Marx estaba equivocado con respecto a casi todo. La Revolución Industrial creó una clase media vasta y sin igual a la de ninguna otra época de la historia mundial, y no una armada de revolucionarios proletarios encolerizados resueltos a derrocar el sistema capitalista.

La insistencia de Marx en que lo único que crea valor es el trabajo también es incorrecta. Si fuera así, el tercer mundo no sería el tercer mundo. Sería próspero. Las jornadas de trabajo más largas no garantizan la creación de riqueza o el crecimiento. Por supuesto, el trabajo es una parte sumamente importante del valor económico y de la producción, pero sin la inversión de capitales, sin un espíritu emprendedor y sin asumir riesgos de manera sensata, sin un gerenciamiento inteligente, etc., las compañías fracasarían, como les sucede a tantas de ellas. Como diría cualquier persona de negocios, se toman muchas decisiones a la hora de manejar una empresa exitosa. Es más, no todo el trabajo es igual, es decir, hay diferentes especialidades, áreas y enfoques tanto dentro de la fuerza laboral así como aplicables a ciertas empresas, que hacen que las referencias a "*el* proletariado" no tengan ningún sentido.

Además, el trabajo por sí solo no determina el valor de un producto o servicio. Obviamente, contribuye. Sin embargo, los consumidores juegan el papel más importante. Crean la demanda. Y dependiendo de la demanda, las empresas y la fuerza laboral proveen la oferta. Es decir, el capitalismo cubre los deseos y las necesidades de "las masas". Por otro lado, las ganancias no generan la explotación de los trabajadores, tal como insistía Marx. Por el contrario. Hacen que sean posibles el aumento del salario de los trabajadores, los beneficios, la seguridad y las oportunidades laborales.

El triunfo económico de los Estados Unidos tampoco fue construido sobre el imperialismo o el colonialismo. Aquellos recursos que se acusa falsamente a los Estados Unidos de haber saqueado de otros países no han hecho de por sí ricos a esos países, a pesar de ser los depósitos de dichos recursos. Los conocimientos y el ingenio estadounidenses, nacidos de la libertad y el capitalismo, son la fuente del avance y el desarrollo social y económico.

¿Cuál es, entonces, el atractivo del marxismo? El marxismo norteamericano ha adaptado el lenguaje y la seducción del *utopismo* sobre el que escribí extensamente en mi libro *Ameritopia*. Es una "tiranía disfrazada de ideología gobernante deseable, factible y hasta paradisiaca. Hay [...] constructos utópicos ilimitados, dado que la mente es capaz de infinitas fantasías. Pero hay temáticas comunes. Las fantasías toman la forma de grandes planes o experimentos sociales, cuyas impracticabilidad e imposibilidad, en menor y mayor medida, llevan a la subyugación del individuo"[1]. En efecto, la agenda económica y cultural impulsada por el presidente Joe Biden y el Partido Demócrata provee numerosos ejemplos de cómo funcionan esta ideología y este comportamiento. Incluyen un enorme gasto deficitario, impuestos confiscatorios y la regulación de absolutamente todo, grande o pequeño —empapado de una propaganda marxista de lucha de clases—, y un montón de decretos ejecutivos que aseguran que terminarán con numerosas injusticias históricas y culturales.

Así también lo hace su demanda del control absoluto y unipartidista sobre el cuerpo político a través de varias argucias y otros medios no constitucionales, ya que el marxismo no tolera la competencia de ideas o de partidos políticos. Estos esfuerzos incluyen cambiar el sistema de votación para asegurarse el control por parte del Partido Demócrata durante décadas, lo cual busca erradicar al Partido Republicano y la competencia política; intentar eliminar la regla de tácticas dilatorias del Senado para que puedan imponerse en el país todo tipo de leyes sin una deliberación efectiva o desafío alguno; amenazar con la violación de la división de poderes y la independencia judicial, conspirando para llenar la Suprema Corte con ideólogos afines; planear agregar bancas democráticas en el Senado para asegurarse el control sobre ese cuerpo; usar decenas de miles de millones de fondos de contribuyentes para subsidiar y fortalecer partes centrales de la base del Partido Demócrata (tales como los sindicatos y los activistas políticos); y facilitar la inmigración ilegal masiva, cuyo propósito es, entre otras cosas, alterar la demografía nacional y, con el paso del tiempo, hacer crecer de manera considerable la base de votantes del Partido Demócrata. Estas acciones y designios, entre otros, son la evidencia de un movimiento autocrático, ávido de poder e ideológico, que rechaza la cortesía política y tradicional y busca aplastar de forma permanente a su oposición y emerger como el único poder político y gubernamental.

Esto último explica la verdadera motivación detrás de la guerra obsesiva e implacable contra la candidatura y presidencia de Donald Trump y sus decenas de millones de seguidores. El Partido Demócrata, alineado con sus sustitutos en los medios, el ámbito académico y el Leviatán burocrático, se confabuló para desacreditar y perjudicar la presidencia de Trump y destruirlo a nivel personal. Para ello desataron una arremetida llena de calumnias, teorías conspirativas, investigaciones criminales y congresales, destituciones e intentos de golpe inauditos en nuestra nación. El bombardeo infatigable, armonizado y feroz iba dirigido no solo al expresidente, sino también a sus seguidores y votantes. Su propósito era doblegar en cuerpo y espíritu a la oposición política y despejar el campo de obstáculos al poder y la gobernanza. De hecho, el Partido Demócrata continúa persiguiendo al ahora ciudadano privado Donald Trump, y ha obtenido acceso a sus declaraciones de impuestos a través de las oficinas de funcionarios demócratas electos, incluido el fiscal del distrito de Manhattan, un agresivo partidista.

La campaña para deslegitimar y marginalizar a la oposición política al Partido Demócrata queda incluso más en evidencia con la imprudente retórica racial de Biden al acusar a los republicanos en Georgia de instituir las leyes Jim Crow para evitar que ciudadanos negros pudieran votar, una mentira despreciable que busca irritar a minorías y volverlas en contra del Partido Republicano. A pesar de que usar a la raza como un arma no es algo nuevo para el Partido Demócrata, dado su historial —desde su apoyo a la esclavitud hasta la segregación— y la abierta y activa oposición de Biden a la integración en los comienzos de su carrera en el Senado, es estremecedor presenciar su grotesco renacer como herramienta política.

Y durante los violentos disturbios del verano pasado y esta primavera, que incluyeron saqueos, incendios y hasta asesinatos en múltiples ciudades en el transcurso de varios meses, y en cuya organización tuvieron un papel preponderante Antifa y BLM, los líderes del Partido Demócrata en su mayoría repitieron de forma mecánica la retórica y los reclamos de los grupos y manifestantes anarquistas/marxistas, incluida la amplia condena a los cuerpos policiales por ser "sistémicamente racistas", y fueron no solo renuentes a denunciar la violencia sino que, increíblemente, declararon que los disturbios habían sido "en su mayoría pacíficos" y que su pedido de quitarle los fondos a la policía (más tarde modificado a recortar su presupuesto) era legítimo. De hecho, una cofundadora de BLM declaró en el verano de 2020 que uno de sus "objetivo[s] es sacar a Trump ahora"[2]. Ciudades controladas por el Partido Demócrata nombraron calles en honor al grupo. Y numerosos miembros del equipo de campaña de Biden donaron a un fondo que pagó la fianza para la liberación de aquellos que fueron arrestados y encarcelados.[3] Obviamente, el Partido Demócrata y la campaña de Biden percibieron una superposición o sinergia de intereses y objetivos políticos con sus manifestantes.

El Partido Demócrata busca empoderarse violando cortafuegos constitucionales; bordeando, sino erradicando, reglas, tradiciones y costumbres; adoptando un lenguaje marxista de lucha de clases; y alineándose con ciertos grupos y causas ideológicas abiertamente marxistas, entre otras cosas. Incluso más, está utilizando los medios del gobierno para su empoderamiento y propósitos políticos. La verdad es que los intereses del Partido Demócrata se anteponen a los del país. Y la lealtad al partido es más importante que la lealtad al país. Estas son características que tiene en común con otros partidos autocráticos y comunistas alrededor del mundo.

El marxismo es especialmente seductor para los individuos que encuentran un atractivo en su constructo de lucha de clases de opresor-oprimido y lo apoyan de manera activa por varias razones. Primero, el hecho es que la gente quiere pertenecer a grupos, incluidos los grupos étnicos, raciales, religiosos y económicos. La gente encuentra identidad, comunidad, propósito y hasta autoestima en dichos vínculos. De hecho, considero que este es el más potente de los paradigmas de Marx, porque explota este atractivo instintivamente humano y psicológicamente emocional de crear adeptos y revolucionarios apasionados y hasta fanáticos. Esta es otra característica del marxismo norteamericano y del Partido Demócrata.

Y así llego a mi segundo punto. Dentro de este constructo de lucha de clases, se alienta a los adeptos al marxismo y aspirantes a seguidores a verse a ellos mismos y a los grupos con los que se identifican como los oprimidos, es decir, las víctimas. Y sus opresores habitan en la sociedad, la cultura y el sistema económico actuales, de los cuales deben liberarse los oprimidos y sus compañeros de travesía, o sea aquellas víctimas que se identifican con, o son miembros del mismo grupo. Esta es una razón primordial por la cual el marxismo enfatiza el clasismo por sobre el individualismo. El individuo es deshumanizado y no es nada a menos que se identifique con un grupo: el grupo oprimido y victimizado. Y los individuos que conforman grupos opositores o no conformistas son deshumanizados, condenados y aborrecidos colectivamente como el enemigo. De nuevo, esta es una característica del marxismo norteamericano y del Partido Demócrata.

Por supuesto, esta formulación es especialmente seductora para los malcontentos, desencantados, desafectados e insatisfechos. Para ellos, la libertad individual y el capitalismo exponen los defectos y fracasos propios, así como su dificultad y tal vez incapacidad para funcionar en una sociedad abierta. El marxismo brinda un marco teórico e institucional a través del cual pueden proyectar sus propias limitaciones y debilidades hacia "el sistema" y sus "opresores" en lugar de hacerse cargo de su situación real o percibida. De nuevo, como escribí en *Ameritopia*, estos individuos son "atraídos por las falsas esperanzas y promesas de una transformación utópica y por críticas a la sociedad actual, con la que tienen una conexión incierta o inexistente. Se crea una conexión entre mejorar la realidad de los insatisfechos y la causa utópica"[4]. Muchos dentro de esta población son susceptibles a la manipulación, en especial por parte de demagogos y propagandistas, y por el atractivo de una transformación revolucionaria.

Es importante destacar que identificarse con, o ser parte de, la clase oprimida o victimizada es una cuestión de autodeterminación y autorrealización. Es decir, no hay normas estrictas al respecto. Es más, ellos y su grupo también pueden definir e identificar qué y quiénes, según ellos, son sus opresores. Al final, Marx y sus sustitutos actuales dirigen su ira hacia la sociedad y la cultura existentes, que deben ser derrocadas para darle algún sentido a la vida y recomenzar el nuevo paraíso igualitario que han acuñado.

De este modo, aquellos en la sociedad actual que son exitosos, que están satisfechos y felices son atormentados y se convierten en el blanco porque se encuentran entre los opresores o entre los grupos de opresores, y por lo tanto apoyan y mantienen el *statu quo*. Es más, aquellos que sancionan a la sociedad actual, o se rehúsan a apoyar o someterse a la agenda y las demandas de los oprimidos, también son sometidos a presiones y conductas dañinas y destructivas. O eres parte de la honrada revolución por la liberación y la transformación, o estás afuera. Por lo tanto, los supuestos oprimidos se convierten en los verdaderos opresores y ejercen un considerable poder a través de la sociedad y la cultura a pesar de su limitado atractivo y sus números reducidos. Y se tornan más beligerantes, exigentes y hasta incluso violentos a medida que crece su apetito por el control y la revolución que debe ser constantemente saciado.

Esto también explica, pero solo en parte, la cobardía de corporativistas, atletas profesionales, presentadores, artistas, actores, escritores y periodistas que, de cara a semejante tumulto, sucumben ante la presión, buscan evitar el aviso de la multitud a través de varias formas de conciliación y capitulación y en algunos casos participan de su propia transfiguración y hasta destripamiento. Para otros, sus salas de juntas, sus gerencias y su fuerza laboral simpatizan y "apoyan la revolución", poblada por las filas de estudiantes universitarios adoctrinados a nivel intelectual, en particular aquellos de la élite de universidades de la *Ivy League*, por los sindicatos de profesores o por el cada vez más radicalizado Partido Demócrata del que son miembros, simpatizantes y/o partidarios. Y, por supuesto, muchos corporativistas simplemente han abandonado el capitalismo y se han volcado al estatismo y a la centralización gubernamental/económica, y apoyan a agrupaciones como BLM y demás causas radicales como una manera de ganarse el favor, sino de asociarse con, autócratas políticos y burocráticos para destruir a su competencia y mejorar su posición económica.

Ted McAllister, profesor de Políticas Públicas de Pepperdine University, plantea un argumento persuasivo sobre que la clase dirigente actual, o las élites, desprecian a nuestro país. En un ensayo de 2021 titulado "Así siempre a las malas élites" escribe:

> Hoy tenemos una élite muy diferente a la que tenían los Estados Unidos en los años ochenta, sin ir más lejos, en cuanto a su naturaleza, sus objetivos, sus ambiciones, su estilo y sus maneras de ejercer el poder. El hecho más profundo de nuestra era es que los Estados Unidos tienen una mala élite, una élite mentirosa cuyas habilidades, valores, gustos y tipos de conocimiento son hostiles a la herencia de las culturas y poblaciones plurales de nuestra nación. La nueva élite que ha emergido en el último par de generaciones no tiene ningún interés en preservar absolutamente nada más que, tal vez, su propio poder. Le faltan conocimientos y visión históricos, los cuales suplanta con, o intercambia por, los poderes de transformación y cambio. Intoxicada por el poder alcanzable con tecnologías emergentes, inspirada por visiones que solo una perspectiva globalista desraizada podría presentar como atractivas, esta élite piensa en la destrucción creativa según se aplica a la cultura.
>
> Al verse como ganadores en lo que imaginan como una lucha meritocrática, no ven que valga la pena preservar nada que provenga de un mundo heredado para su propio éxito. Las peculiares características de su poder en evolución han dado a nuestra élite el alma de un arte adolescente aplicado

a un lienzo global. No cuentan con ningún tipo de lastre histórico ni de experiencia que los sujete, que ralentice el rehacerlo todo según sus deseos. Para ellos, optimizar el poder es clave para la creación, y los obstáculos molestos frente a sus nuevas creaciones no son realmente controles para evitar la tiranía sino, más bien, limitaciones: fricciones innecesarias en la precipitada carrera hacia la transformación.

Para esta nueva élite, por ejemplo, el bien que ejerce la libertad de expresión se ha tornado invisible porque, para ellos, la libertad de expresión es simplemente fricción, resistencia a sus objetivos. La eliminación del discurso de odio es su objetivo, el irreprochable bien, que la apertura de la libertad de expresión previene. En media generación se deshace el trabajo de siglos y se instauran las palancas de la tiranía.[5]

De hecho, esto es lo mejor que puede decirse de la élite contemporánea.

Desgraciadamente, hay demasiados entre nosotros que encuentran un falso consuelo en la creencia de que en los Estados Unidos jamás podría darse una revolución con base y orientación marxista, y en que, de lo que son testigos es de uno más en un ciclo de movimientos liberales que contribuyen a la evolución de la sociedad y la cultura estadounidenses y, por lo tanto, son dignos de aprobación y de un pasivo apoyo.

Colectivamente, estos son los "idiotas útiles" de los Estados Unidos de los que dependen los marxistas, es decir, individuos y organizaciones poco serios y poco alarmados por las ominosas nubes de tiranía; e incluso peor, son participantes en su propio deceso y en el del país.

Para muchos, el marxismo tiene una manera sigilosa de acercarse. Todavía no se sienten amenazados y, al menos por ahora, no les molesta ni los afecta a nivel personal. Y también están aquellos demasiado ocupados en su trajinar diario como para darse cuenta de lo que sucede, o tal vez desestimen estas amenazas por considerarlas acontecimientos amorfos, distantes o pasajeros. Y hay otros más todavía que no pueden creer que su país pueda sucumbir a influencias marxistas y al despotismo.

El propósito de este libro es *despertar* a los millones de patriotas norteamericanos que aman a su país, la libertad, a la familia, para que vean la *realidad* de la influencia del marxismo que se extiende con rapidez a través de nuestra nación. Lo que sucede en nuestro país no es una moda temporal o un acontecimiento pasajero. El marxismo norteamericano existe, está aquí y ahora y, de hecho, se está generalizando y su multitud de movimientos híbridos, pero con frecuencia interconectados, trabajan sin cesar para destruir a nuestra sociedad y a nuestra cultura y para destruir el país tal cual lo conocemos. Muchos de los individuos y grupos que conforman este movimiento colectivamente son desconocidos a la gran mayoría de los estadounidenses, u operan de maneras que la gran mayoría de los estadounidenses desconocen. Por lo tanto, este libro está escrito para presentarte una muestra representativa de dichos individuos y grupos, algunos tal vez más familiares que otros, y para proveerte de ejemplos específicos de *sus* escritos, ideas y actividades para que sepas quiénes son y lo que dicen. Por supuesto, brindo mis comentarios y mi análisis a lo largo del libro. También brindo algunas reflexiones sobre acciones tácticas que podrían llevarse a cabo para ayudar a cortar de raíz el deslizamiento de la nación y revertir el curso. Aunque este es el libro más largo que he escrito, hay mucho más por decir sobre este tema. Por ello, preveo escribir un segundo volumen.

En los últimos años, el marxismo norteamericano ha progresado considerablemente en la institución de sus objetivos. Si hemos de vencerlo, y debemos hacerlo —a pesar de ser una misión abrumadora y compleja—, antes que nada se debe reconocer su existencia y debe ser catalogado según lo que es, se debe entender la urgencia del momento y debe haber un movimiento inmediato a la acción y una concentración en torno a la causa mediante el surgimiento de un frente unificado y patriota de las que antes fueran facciones y fuerzas sociales, culturales y políticas dóciles, divergentes y/o argumentadoras que compartan la creencia de que vale la pena defender a los Estados Unidos. Debemos estar a la altura del desafío, tal como lo estuvieron nuestros Padres Fundadores cuando se enfrentaron a la mayor fuerza de la tierra, el Imperio Británico, y vencieron. Hay que reconocer que, de numerosas maneras, la amenaza actual es más compleja, ya que ahora habita en la mayoría de nuestras instituciones y acecha desde adentro, lo cual hace difícil y complicado el combate. No obstante, creo fervientemente que los Estados Unidos, tal cual los conocemos, se perderán para siempre si no prevalecemos.

Cerré mi libro *Libertad y tiranía*, publicado hace apenas doce años, con la fatídica y profética observación del presidente Ronald Reagan que exige nuestra atención, en especial ahora dado que es más imperativo que nunca: "La libertad nunca está a más de una generación de la extinción. No se la pasamos a nuestros hijos en la sangre. Se debe luchar por ella, protegerla y entregarla para que ellos hagan lo mismo, si no un día pasaremos nuestros últimos años contándoles a nuestros hijos y a los hijos de nuestros hijos cómo eran los Estados Unidos cuando los hombres eran libres"[6].

PATRIOTAS DE NORTEAMÉRICA, ¡ÚNANSE!

CAPÍTULO DOS

LA REPRODUCCIÓN DE LAS MUCHEDUMBRES

Hace aproximadamente una década, y antes de que Antifa fuera ampliamente conocida y se estableciera Black Lives Matter (BLM), hablé de los movimientos de masas en mi libro *Ameritopia* en el marco del utopismo. El utopismo, ya sea como marxismo, fascismo o cualquier otra forma de estatismo autocrático, resulta atractivo para muchos porque, como principio fundamental, hace gloriosas afirmaciones sobre futuros paradisíacos y la perfectibilidad del hombre, si tan solo la sociedad y cultura existentes se transformaran radicalmente o fueran abandonadas por completo y el individuo sacrificara más de su libertad, su libre albedrío y su seguridad por la causa. Esa es la naturaleza de los movimientos de masas.

Expliqué además que los movimientos de masas buscan devorar al individuo de dos maneras: mediante el consumo de su identidad y su singularidad, tornándolo así indistinguible de "las masas", pero también asignándole una identidad de grupo basada en la raza, la edad, los ingresos, etc., para establecer distinciones de clases. "De este modo [los demagogos y propagandistas] pueden hablar del bienestar del 'pueblo' en su conjunto al tiempo que lo dividen en su propia contra, creando así una estampida en una dirección o en otra según sea necesario para hacer colapsar a la sociedad actual o regir sobre la nueva"[1].

¿Y quién entre nosotros es atraído por dichos movimientos de masas? De nuevo, como ya he señalado: "[Encontramos] una audiencia receptiva entre los desencantados, desafectados, insatisfechos y marginados que no quieren, o no pueden, asumir la responsabilidad de su condición, real o percibida, y en cambio culpan a su entorno, al 'sistema' y a los demás. Son atraídos por la falsa esperanza y las promesas de una transformación utópica y por las críticas a la sociedad actual, con la que tienen una conexión incierta o inexistente. Se crea una conexión entre mejorar la realidad de los insatisfechos y la causa utópica. Es más, denigrar y subestimar al exitoso y consumado se convierte en una táctica esencial. Nadie debería ser mejor que nadie, sin importar el mérito o el valor de su contribución. Mediante la explotación de la fragilidad, la frustración, la envidia y las inequidades humanas, se crea una sensación de sentido y autoestima en la vida del insatisfecho que, de otro modo, sería infeliz y estaría desencaminada"[2].

Además, en los movimientos de masas "el individuo es intrascendente como persona, es solamente útil como parte insignificante de una aglomeración de partes insignificantes. Es un trabajador, parte de una masa; nada más, ni nada menos. Su existencia carece de alma. La mayor virtud es la obediencia absoluta. Después de todo, solo una armada de burros de carga es capaz de construir un arcoíris hasta el paraíso"[3].

Hace casi un siglo, el filósofo y ensayista francés Julien Benda observó que los movimientos de masas tienden a formarse en torno a individuos que comparten el mismo odio político. Escribió lo siguiente: "Gracias al avance de la comunicación y, aún más, al espíritu de grupo, es evidente que quienes sostienen el mismo odio político ahora forman una masa compacta y apasionada donde cada individuo que la compone se siente conectado al infinito número de otros, mientras que hace un siglo, esta misma gente vivía, comparativamente, desconectada del resto y odiaba de manera 'dispersa'. [...] Podría aseverarse que estas coherencias tenderán a desarrollarse aún más, ya que la voluntad de agruparse es una de las características más profundas del mundo moderno, el cual, incluso en los dominios más inesperados (el dominio del pensamiento, por ejemplo) se está convirtiendo más y más en el mundo de ligas, de 'sindicatos' y de 'grupos'. ¿Hace falta decir que la pasión del individuo se fortalece al sentirse próxima a estos miles de pasiones similares? [...] El individuo le concede una personalidad mística a la asociación de la que se siente miembro, y le ofrece una adoración religiosa que es simplemente la deificación de su propia pasión y un estímulo, no menor, para su intensidad"[4].

Benda también concluyó que dichos movimientos a menudo cobran la forma de un culto. "La coherencia recién descripta podría llamarse coherencia de superficie, pero a esta se suma una coherencia de esencia. Por la precisa razón de que quienes sostienen la misma pasión política forman un grupo más compacto y apasionado, también forman un grupo más *homogéneo* y apasionado en el que desaparecen las formas individuales de sentir, y el fervor de cada miembro toma más y más el color de los demás"[5].

Hoy en día, es evidente que el movimiento Antifa está poblado de "soldados" idénticos, vestidos uniformemente de negro con los rostros cubiertos. Sus identidades y nombres son desconocidos. Son adoctrinados bajo una ideología marxista-anarquista, entrenados para la violencia y proclamados como "una idea". Obviamente, es más que una idea. Es un movimiento peligroso y brutal habitado por fanáticos encolerizados[6].

BLM también es un movimiento marxista-anarquista. Sin

embargo, se autopercibe como un movimiento de poder negro, o de liberación negra, cuando, de hecho, su agenda se extiende mucho más allá de la raza y se adentra en las típicas exigencias marxistas que llaman a la destrucción de la sociedad actual[7].

Por supuesto, estos movimientos, tal como todos los movimientos de masas, no pueden tolerar o sobrevivir frente a ideas o voces rivales o que compitan con ellos. Exigen un pensamiento grupal y una conformidad. Hemos incluso visto cómo esta ortodoxia se ha diseminado a través de nuestra cultura con la generalización de despidos, deshonras, prohibiciones e intimidaciones y, de otro modo, el abuso para con aquellos que osan expresar puntos de visto contrapuestos o diferentes, u osan cuestionar o desafiar, por ejemplo, la misión de BLM. Es tan ubicuo este ataque al individualismo y al inconformismo en la sociedad actual que ha adquirido su propia nomenclatura moderna: la "cultura de la cancelación".

De nuevo, hace casi una década escribí que estos movimientos de masas son "intolerantes ante la diversidad, la singularidad, el debate, etc., ya que [su] propósito requiere de un enfoque singular. No puede haber voces que compitan o causas que retrasen u obstruyan la larga y justa marcha de la sociedad. [Dependen] del engaño, la propaganda, la dependencia, la intimidación y la fuerza. En su estado más agresivo, a medida que la malignidad de la empresa se torna más y más dolorosa y su imposibilidad aún más obvia, incita a la violencia dado que las vías para la libertad de expresión y el disenso civil han sido bloqueadas. La violencia se convierte en el principal recurso del individuo y en la principal respuesta del Estado. Al final, la única salida es acabar con el Estado"[8].

Por lo tanto, los movimientos de masas dependen significativamente del adoctrinamiento y el lavado de cerebros. Los enciende y los motiva "una intelectualidad entusiasta o los 'expertos' comprometidos a nivel profesional con el desarrollo y la difusión de fantasías utópicas [...] Son inmunes a la impracticabilidad y las consecuencias de sus proyectos, ya que rara vez se postulan para ocupar un cargo público. En vez, intentan influenciar a aquellos que sí lo hacen. Legislan sin tener que rendir cuentas"[9].

¿Dónde encontramos a estos "expertos"? Como veremos, ante todo entre el profesorado titular en universidades, cuya lealtad intelectual y emocional se alinea en su mayoría, al menos en una proporción considerable, con las prescripciones ideológicas de Jean-Jacques Rousseau, Georg Wilhelm Friedrich Hegel y, por supuesto, Karl Marx.

Rousseau, Hegel y Marx, cada uno a su manera, argumentan en favor de la subyugación del individuo a la voluntad general, o a un bien mayor, o causa mayor construida sobre un igualitarismo radical, es decir, "el colectivo". Por supuesto, tal como demuestran la lógica, la razón y la experiencia, estos son los cimientos para las causas y los regímenes totalitarios. A medida que el Estado se torna más autoritario y despótico, con el control de la libertad de expresión, la movilidad y hasta del pensamiento cuando es posible, se dice que perpetúa y celebra un tipo de voluntad y liberación popular u orientada hacia el pueblo.

Para entender mejor las bases filosóficas de Antifa, BLM y demás movimientos antiestadounidenses similares, demos un breve vistazo a Rousseau, Hegel y Marx en este contexto. Rousseau explicaba: "Considero en la especie humana dos clases de desigualdades: una, que yo llamo natural o física porque ha sido instituida por la naturaleza, y que consiste en las diferencias de edad, de salud, de las fuerzas del cuerpo y de las cualidades del espíritu o del alma; otra, que puede llamarse desigualdad moral o política porque depende de una especie de convención y porque ha sido establecida, o al menos autorizada, con el consentimiento de los hombres. Esta consiste en los diferentes privilegios de que algunos disfrutan en perjuicio de otros, como el ser más ricos, más respetados, más poderosos y hasta el hacerse obedecer"[10].

Rousseau afirmó incluso que "[s]i seguimos el progreso de la desigualdad a través de estas diversas revoluciones, hallaremos que el establecimiento de la ley y del derecho de propiedad fue su primer término; el segundo, la institución de la magistratura; el tercero y último, la mudanza del poder legítimo en poder arbitrario; de suerte que el estado de rico y de pobre fue autorizado por la primer época; el de poderoso y débil, por la segunda; y por la tercera, el de señor y esclavo, que es el último grado de la desigualdad y el término a que conducen en fin todos los otros, hasta que nuevas renovaciones disuelven por completo el gobierno o le retrotraen a su forma legítima"[11].

¿Cómo sabremos que se ha alcanzado la "forma legítima" más allá del constructo teórico? Rousseau no lo explica.

Para Hegel, el individuo encuentra su realización —libertad, felicidad, plenitud— a través del Estado. Pero no cualquier Estado. Los Estados evolucionan a través del tiempo, y llegan en definitiva a convertirse en Estados completamente desarrollados, o en el "fin último". En dicho Estado, el individuo se convierte en parte de un todo universalizado y colectivo. Aquello que precedió al fin último es inconsecuente. De nuevo, el individuo es subordinado al Estado tanto para su propia realización como para el bien mayor del colectivo.

En este punto, "[e]l estado en y por sí es la totalidad ética, la realización de la libertad, y es un fin absoluto de la razón que la libertad sea efectivamente real. El estado es el espíritu que está presente en el mundo y se realiza en él con *conciencia* [...] Únicamente es estado si está presente en la conciencia si se sabe como objeto existente. Respecto de la libertad, no debe partirse de la individualidad, de autoconciencia individual, sino de la esencia de la autoconciencia, pues esta esencia, sea o no sabida por el hombre, se realiza como una fuerza independiente en la que los individuos son solo momentos. Es el camino de Dios en el mundo que constituye el estado; su fundamento es la fuerza de la razón que se realiza como voluntad"[12].

¿Cómo sabemos que hemos llegado al "fin último" más allá del constructo teórico? Hegel no lo explica.

Marx, con su énfasis en el materialismo histórico, escribió: "La sociedad burguesa moderna, levantada sobre las ruinas de la sociedad feudal, no ha abolido los antagonismos de clases. [...] La sociedad se divide cada vez más en dos grandes campos opuestos, en dos clases enemigas: la burguesía [los capitalistas, los dueños de propiedades y los medios de producción] y el proletariado [obrero, la clase trabajadora industrial]..."[13].

Marx sostiene que "[los proletarios] [n]o son solamente esclavos de la clase burguesa, del Estado burgués, sino diariamente, a todas horas, esclavos de la máquina, del contramaestre y, sobre todo del mismo dueño de la fábrica"[14]. En consecuencia, el destino del proletariado se encuentra en un callejón sin salida. A menos que, por supuesto, adopte la revolución que prescribe Marx. Es la única salida.

Si el proletariado ha de eliminar las clases económicas y transformar a la sociedad en un paraíso igualitario, debe borrar por completo el pasado de su presente, primero derrocando el régimen existente y destrozando el capitalismo, reemplazándolos con un Estado proletario centralizado y, una vez que se haya limpiado el pasado de la sociedad y la cultura, el Estado se irá desintegrando y lo que le sigue es un Estado amorfo y utópico impulsado por las personas dentro del colectivo. Como afirma Marx: "Esto, naturalmente, no podrá cumplirse al principio sino por una violación despótica del derecho de propiedad y de las relaciones burguesas de producción, es decir, por la adopción de medidas que desde el punto de vista económico parecerán insuficientes e insostenibles; pero que en el curso del movimiento se sobrepasarán, y son indispensables como medio de trastornar por completo la producción"[15].

De nuevo, Marx insiste en que la realización y la salvación del individuo se revelan a través de su identificación con la revolución proletaria y, luego, la existencia perfeccionada bajo la voluntad colectiva del pueblo que, de algún modo, se desarrolla a partir de un Estado policial que precede a la desintegración del Estado en su conjunto.

¿Cómo sabemos que hemos alcanzado el "paraíso de los trabajadores" más allá de un constructo teórico? Marx no lo explica.

La impracticabilidad y, de hecho, la imposibilidad de estas ideologías parecen ser extrañamente atractivas para quienes las enarbolan. Incluso más, el paraíso que cada una promete, una vez que la revolución triunfa en disolver el *statu quo* y el Estado actual, fracasa en avanzar más allá del punto de un Estado policial en el que el individuo es de hecho prescindible y se fuerza a "las masas" a servir los propósitos del partido o de los individuos a cargo de aquel Estado. Entre los ejemplos de dichos Estados se encuentran China, Corea del Norte, Venezuela, Cuba, etc.

Hace setenta años, Eric Hoffer escribió un libro icónico, *The True Believer* [El devoto ferviente], sobre la naturaleza de los movimientos de masas. Hoffer explicó que los movimientos de masas están conformados por individuos tremendamente defectuosos con ideas tremendamente defectuosas. Señaló que "[un] movimiento de masas atrae y mantiene a sus seguidores, no porque pueda satisfacer su deseo de progreso propio, sino porque puede satisfacer la pasión por su propio renunciamiento. Las personas que ven su vida como algo irremediablemente echado a perder no encuentran que su propio progreso tenga un propósito que valga la pena… Ven el interés propio como algo maculado y malvado; algo sucio y desafortunado. Para ellos, cualquier cosa que se emprenda bajo los auspicios del propio ser está condenada de antemano. Nada que tenga sus raíces y sus razones en el propio ser puede ser bueno y noble"[16].

Además, la mayoría de los movimientos de masas son movimientos encolerizados y pesimistas, hostiles para con los individuos equilibrados, felices y exitosos. De nuevo, esto es evidente en los movimientos Antifa y BLM, entre otros. Hoffer observa que "un movimiento de masas no solo representa el presente como hostil y deprimente, sino que lo convierte en ello de manera deliberada. Presenta un patrón de existencia individual adusta, dura, represiva y aburrida. Denuncia placeres y comodidades y ensalza la vida rigurosa. Los divertimientos comunes son vistos como triviales o hasta indignos, y se representa la búsqueda de felicidad personal como algo inmoral... El principal objetivo del ideal ascético que predica la mayoría de los movimientos es engendrar desdén hacia el presente..."[17].

En efecto, hay una especie de placer y entusiasmo psicótico en demoler la sociedad actual, incluso, por no decir especialmente, una sociedad libre, compasiva, tolerante y virtuosa como la nuestra. "Lo que sorprende al oír a los frustrados denunciar el presente y todas sus obras —escribió Hoffer— es el enorme deleite que les produce hacerlo. Semejante gozo no puede surgir del mero desahogo de una queja. [...] Al expiar la incurable degradación y la vileza de los tiempos que corren, los frustrados reblandecen sus sentimientos de fracaso y aislamiento. [...] Es así que, a través del menosprecio del presente, adquieren una vaga sensación de igualdad"[18].

La "causa" en sí misma se convierte en la razón de su existencia. Como señaló Hoffer, "[l]os métodos [...] que emplea un movimiento de masas para que el presente sea desagradable tocan una receptiva fibra íntima de los frustrados. El autocontrol necesario para sobreponerse a sus apetitos les da la ilusión de fortaleza.

Sienten que al controlarse han controlado al mundo...[19] Uno tiene la sensación de que a los frustrados les provocan tanta o más satisfacción los métodos que emplea un movimiento de masas que el fin que propugna...”[20].

Esto también explica por qué nunca se concibe “el fin” de dichas revoluciones. Incluso cuando los revolucionarios han tomado el poder, la revolución persiste, dado que la causa no tiene fin porque, en última instancia, es inalcanzable ya que el hombre y la sociedad no son perfectibles. Pero el apetito del devoto ferviente por la revolución es insaciable.

No obstante, como señala Hoffer, y como proponen Rousseau, Hegel y Marx, “[e]l [radical] tiene una fe apasionada en la infinita perfectibilidad de la naturaleza humana. Cree que cambiando la circunstancia del hombre y perfeccionando una técnica de formación de almas puede forjarse una sociedad completamente nueva y sin precedentes...”[21].

Y, por supuesto, el lavado de cerebros y la idolatría hacia la causa son el alma de los movimientos de masas. Por ejemplo, cuando se les presentan pruebas estadísticas de que los cuerpos policiales no son sistémicamente racistas: “La fuente de la incomparable fortaleza y constancia del devoto ferviente reside en la habilidad para ‘cerrar los ojos y hacer oídos sordos’ frente a los hechos que no merecen ser vistos o escuchados. No lo asusta el peligro ni lo desalientan los obstáculos ni lo desconciertan las contradicciones porque niega su existencia. [...] Y es la certeza de su infalible doctrina la que vuelve inmune al devoto ferviente ante las incertidumbres, las sorpresas y las desagradables realidades del mundo que lo rodea...”[22]. “Es obvio [...] que, para que sea efectiva, no hay que comprender una doctrina sino creer en ella. [...] Se urge a los devotos a buscar la verdad absoluta a través de sus corazones, y no de sus mentes”[23].

De ese modo, Hoffer describe al fanático y al fanatismo. “El apego apasionado [del fanático] es la esencia de su devoción ciega y su religiosidad, y en él ve la fuente de toda virtud y fortaleza. A pesar de que le va la vida en su resuelta dedicación, se ve fácilmente como el partidario y defensor de la sagrada causa de la que se aferra...”[24].

Cuando se confronta al fanático con hechos, estadísticas, historia, experiencia, ética, fe o lo que sea, no hay consecuencias. Ha encontrado su vocación y nada podrá disuadirlo. De nuevo, “la causa” es más grande que todo lo demás.

Hoffer lo explica así: “No se puede separar al fanático de su causa apelando a su razón o sentido moral. Les teme a los acuerdos y no se lo puede persuadir de que matice la certeza y rectitud de su sagrada causa. [...] Su apasionado apego es más vital que la calidad de la causa a la que está apegado”[25]. Luego continúa: “Vivir sin una dedicación ardiente es estar a la deriva y abandonado. Ve la tolerancia como un signo de debilidad, frivolidad e ignorancia. Está ávido de la profunda certeza que se obtiene con la entrega absoluta, con el aferrarse de forma incondicional a un credo y a una causa. Lo que importa no son los contenidos de la causa sino la dedicación total y la comunión con la congregación”[26].

El fanático proviene de todo tipo de orígenes y entornos. Por ejemplo, el multimillonario George Soros vierte enormes cantidades de dinero en causas y grupos radicales[27]; atletas profesionales como Colin Kaepernick y LeBron James son vehementes denigradores y despreciadores de la sociedad estadounidense; muchos profesores universitarios son proveedores de una historia estadounidense revisionista y de ideologías radicalmente antiestadounidenses; estudiantes universitarios de clase media y familias pudientes son, cada vez más, militantes opositores de la sociedad civil; y, por supuesto, varias comunidades están más radicalizadas que nunca por distinciones y disparidades raciales, económicas, educativas, entre otras.

Tal como Benda, Hoffer ve al fanático y a los movimientos de masas centrados en un intenso, cuando no obsesivo, odio. "El odio pasional puede dar sentido y propósito a una vida vacía —explicó Hoffer—. De modo que las personas agobiadas por la falta de propósito en sus vidas intentan encontrar un nuevo contenido no solo mediante la dedicación a una causa sagrada, sino también alimentando un agravio fanático. Un movimiento de masas les ofrece oportunidades ilimitadas de realizar ambas cosas"[28]. En efecto, la peligrosidad de este odio, cuando va ligado a una causa, puede tener consecuencias sociales y humanas calamitosas. Lleva a la búsqueda de chivos expiatorios, a la balcanización, a la violencia y, en su forma más agresiva, a la limpieza étnica. De modo más amplio, y simultáneamente, este odio busca difamar, degradar, corromper y, en última instancia, derribar el *statu quo* y la sociedad civil —por ejemplo, la fundación de los Estados Unidos (el "Proyecto 1619" al que me refiero en el capítulo cuatro), la Constitución, el capitalismo, los cuerpos policiales, etc.—.

Hoffer describió el modelo mediante el cual se establecen las bases para el levantamiento de los movimientos de masas: "1) desacreditar creencias y a instituciones prevalecientes y desconectar de ellas la lealtad de las personas; 2) crear, de forma indirecta, una sed de fe en los corazones de aquellos que no pueden vivir sin ella para que, cuando se predique la nueva fe, esta encuentre una respuesta deseosa entre las masas desilusionadas; 3) suministrar la doctrina y las consignas para la nueva fe; 4) socavar las convicciones de las 'mejores personas' —aquellas que pueden arreglárselas sin fe— para que cuando entre en escena el nuevo fanatismo, estas no cuenten con la capacidad para resistirlo"[29].

Al final, si dichos movimientos de masas triunfan, el resultado es el totalitarismo. Hannah Arendt, en su libro *Los orígenes del totalitarismo*, sostuvo que estos movimientos de masas son la base para la violencia y el despotismo: "No es nada nueva la atracción que para la mentalidad del populacho supone el mal y el delito. Ha sido siempre cierto que el populacho acogerá satisfecho los hechos de violencia con la siguiente observación admirativa: «serán malos, pero son muy hábiles». El factor inquietante en el éxito del totalitarismo es más bien el verdadero altruismo de sus seguidores...”[30].

De hecho, los movimientos de masas son los precursores necesarios a la construcción de revoluciones y el derrocamiento de gobiernos —en la instancia inmediata, nuestra propia república— mediante métodos tácticos variados y rivales. Pero, tal cual se describió más arriba, hay una comunidad y una metodología esenciales en esta contrarrevolución y transformación social: la promoción del "colectivo", el cual debe absorber a todos los revolucionarios y "activistas sociales".

Pocos lo saben, pero este tema, llamado en líneas generales entre los académicos "teoría del movimiento social", es ampliamente analizado, debatido, enseñado y promovido por los profesorados a través de las instituciones de educación superior de la nación. Es más, la revolución y los movimientos de masas suelen idealizarse de modo romántico y glamoroso como respuestas justas e irreprochables ante una sociedad opresiva, desigual, injusta, racista e inmoral. Por supuesto, esto importa, y mucho, dado el impacto que tiene la educación impartida en los campus universitarios y la comunicación a través de libros de texto formales y ensayos académicos —los cuales, muy a menudo, toman la forma de adoctrinamiento y lavado de cerebros— sobre las ideas que saturan y envuelven no solo a los estudiantes sino a la cultura y la sociedad, y que se manifiestan en las calles estadounidenses, en las salas de juntas, en la política y en las redacciones. Por lo tanto, es importante examinar brevemente ejemplos de esta pedagogía.

Frontiers in Social Movement Theory [Fronteras en la teoría de los movimientos sociales] (1992) es una compilación de este tipo de ensayos, escritos por numerosos académicos dedicados al activismo social, la mayoría de ellos profesores. Como se verá de forma clara, estos académicos han básicamente construido sus argumentos y proposiciones a favor del activismo social y hasta de una revolución sobre los escritos fundacionales ideológicos de Rousseau, Hegel y Marx, y en general siguen las características y la fórmula de los movimientos de masas que describimos Benda, Hoffer y yo.

El prefacio del libro resume su premisa general: "[E]speramos que este volumen ilumine algunas cuestiones fundamentales relacionadas con un tema importante, ya que, como nos recordó Lewis Coser [destacado socialista, sociólogo y defensor de la lucha por los conflictos sociales] [...], 'los movimientos sociales son instrumentos para abolir, o al menos debilitar, las estructuras de dominación política y social'. También señaló que muchas de las personas que participan de los movimientos sociales lo hacen con un gran sacrificio porque 'no derivan su sustento de mejorías en la satisfacción presente, sino de una perspectiva de tiempo a largo plazo sostenida por la firme convicción en la llegada de una sociedad que sea un ejemplo de justicia e igualdad democrática en vez de en el aquí y ahora de explotación y negación de la dignidad humana'"[31].

Uno de los ensayistas, el profesor William A. Gamson de Boston College, enfatiza, tal como lo hace Rousseau, la significancia de *la identidad colectiva*. Escribe, en parte, que "la participación en los movimientos sociales suele conllevar para los participantes una ampliación de la identidad personal y ofrece una realización del ser. La participación en los movimientos por los derechos civiles, por las mujeres y la Nueva Izquierda, por ejemplo, solía ser una experiencia transformadora, central para la autodefinición de muchos participantes por el resto de sus vidas"[32]. "La construcción de una identidad colectiva es la tarea más central de los 'nuevos' movimientos sociales"[33].

La identidad de grupo es necesaria y crítica para el éxito del movimiento. "Cuando las personas ligan su destino al destino del grupo —sostiene Gamson— se sienten personalmente amenazadas cuando se amenaza al grupo. La solidaridad y la identidad colectiva operan para desdibujar la distinción entre el interés del individuo y el del grupo, socavando las premisas sobre las que operan este tipo de modelos utilitaristas"[34].

Gamson insiste en que, para que un movimiento se movilice efectivamente, debe ser visto y, de hecho, debe transformarse en la identidad mediante la cual el individuo se ve a sí mismo. "La identidad colectiva es un concepto a nivel cultural, pero para operar como movilización, los individuos deben convertirla en parte de su identidad personal. La solidaridad se centra en las maneras en que los individuos se comprometen ellos mismos y los recursos que controlan con algún tipo de actor colectivo —una organización o red de apoyo—. Adoptar un marco de acción colectiva conlleva incorporar un producto del sistema cultural —un entendimiento particular y compartido del mundo— a la conciencia política de los individuos. Los niveles individuales y socioculturales están ligados a través de actos de movilización en encuentros cara a cara"[35].

La profesora auxiliar Debra Friedman y el profesor Doug McAdam, entonces en la Universidad de Arizona, afirman abiertamente: "La identidad colectiva de una organización de movimientos sociales es, en pocas palabras, una designación que anuncia un estatus —un conjunto de actitudes, compromisos y reglas de comportamiento— al que puede esperase que suscriban aquellos que asumen la identidad"[36]. Continúan: "Es también un anuncio individual de afiliación, de conexión con los demás. Ser parte de una identidad colectiva es reconstituir el ser individual en torno a una nueva y valorada identidad"[37].

Por lo tanto, básicamente, el individuo se está reinventando y rehaciendo, lo están condicionando y programando para ser un activista social o revolucionario devoto, atado de manera inextricable a la causa a través del movimiento. "Con respecto a un movimiento social —escriben Friedman y McAdam— la identidad colectiva se refiere a aquella identidad o estatus que se anexa al individuo en virtud de su participación en actividades del movimiento. Uno de los motivadores más poderosos de la acción individual es el deseo de confirmar una identidad preciada a través del comportamiento. En el caso de un movimiento, la oportunidad de hacerlo puede ser vista como un incentivo selectivo, más disponible para aquellos integrados en redes activistas que para los que no lo están. La integración a estas redes hace más factible que el individuo valore la identidad de 'activista' y elija actuar en consecuencia"[38].

Además de la identidad colectiva, las *creencias colectivas* del movimiento deben ser taladradas en el individuo. El profesor Bert Klandermans de Free University en los Países Bajos, sostiene: "Las creencias colectivas y la manera en que se forman y transforman son la base de la construcción social de la protesta; las redes interpersonales sumergidas en áreas multiorganizativas son los conductos de este proceso de construcción de significados. Las creencias colectivas se construyen y reconstruyen una y otra vez; en el discurso público, durante la movilización de consensos y en el proceso de concientización durante episodios de acción colectiva. Dado que las creencias colectivas se forman y transforman en las interacciones interpersonales, los intentos por cambiar el modo de pensar de un individuo en particular no serían muy efectivos para cambiar las creencias colectivas a menos que ese individuo tuviera influencia en su círculo interpersonal. La información entrante se procesa y queda fijada en creencias colectivas existentes a través de la interacción interpersonal. Solo cuando los actores sean capaces de dirigir esta interacción para que su mensaje quede fijado en creencias existentes podrán transformar creencias colectivas. Así, cada actor será capaz de movilizar consensos más fácilmente en algunos grupos o categorías que en otros"[39].

Y luego está la *conciencia de clase*, incluida la identidad de clase y grupo, como una manera más de absorber al individuo en el colectivo, es decir, en el movimiento de masas y en la revolución. El profesor Aldon D. Morris de Northwestern University sostiene: "Estudios empíricos que usaron metodologías y marcos conceptuales diversos han demostrado que la conciencia de clase se ha desarrollado en una variedad de sociedades y periodos históricos y que ha afectado a grandes revoluciones y movimientos sociales. De hecho, la conciencia de clase ha sido uno de los determinantes clave de cambios sociales e históricos"[40].

Las observaciones de Morris reflejan, de manera significativa, las enseñanzas de Marx en el hecho de que ve a la sociedad y la cultura divididas en clases en un constante estado de rivalidad y conflicto. "La conciencia de clase —escribe— es importante precisamente porque ejerce su influencia sobre la misma naturaleza del conflicto de clases y ayuda a determinar los tipos de estructuras sociales —sindicatos, partidos políticos, asociaciones obreras— que se erigirán y que afectan el desenlace del conflicto de clases"[41].

En consecuencia, los grupos son dominados y oprimidos si miramos los prejuicios e inequidades estructurales e históricos de la sociedad y la cultura, y el efecto en su influencia política. Morris afirma que "los intereses de los grupos se vuelven cruciales porque los sistemas de dominación no tienen ningún sentido fuera de la acumulación y defensa de dichos intereses. La tarea de identificar con precisión a los grupos que se benefician de dicho sistema es compleja porque son varios los grupos que, por lo general, se benefician, aunque de manera desigual. Una tarea importante, por lo tanto, es establecer las posiciones relativas de privilegio de las que gozan los grupos posicionados jerárquicamente dentro de los sistemas de dominación, y mostrar cómo estas posiciones relativas afectan su conciencia política. En este método, la atención académica se dirige de lleno hacia las divisiones de larga data dentro de una sociedad y las condiciones estructurales previas (amenazas de violencia, membrecía política, recursos económicos tales como el control de puestos de trabajo y así sucesivamente) inherentes a los sistemas de dominación que permiten que gobiernen ciertos grupos. Del mismo modo, la atención se concentra en las condiciones estructurales previas (redes de comunicación, organizaciones sociales formales e informales, disponibilidad de liderazgo, recursos económicos y así sucesivamente) centrales a las protestas efectivas y sostenidas de grupos oprimidos"[42].

Dadas las injusticias, los prejuicios y las desigualdades impuestas por los grupos dominantes de la sociedad sobre los grupos oprimidos, estos últimos deben tomar conciencia de su estatus inferior, generar una conciencia política y luego alzarse a modo de protesta y hasta de revolución contra la sociedad existente. Morris sostiene: "Mi método dirige la atención hacia la cultura: la conciencia política. Dicha conciencia también es analizada dentro del contexto de grandes divisiones sociales y sistemas de dominación. [...] [T]anto los grupos dominantes como los oprimidos tienen largas tradiciones de conciencia política. La conciencia hegemónica está siempre presente, pero a menudo pasa desapercibida dada su habilidad para disfrazarse exitosamente de opinión general al tiempo que protege los intereses de los grupos dominantes. Pero la protesta social efectiva, informada por una conciencia opositora madura, les permite a los grupos desafiantes quitarle las prendas de universalidad a la conciencia hegemónica, revelando así sus características esenciales. Esto es precisamente lo que lograron los movimientos modernos por los derechos civiles en el Sur, lo que forzó a la nación a decidir públicamente y sobre el escenario mundial, si seguiría siendo guiada por una descarada ideología de supremacía blanca"[43].

Se debe alentar a los oprimidos para que se alcen y se unan en una protesta, e incluso en una revolución. "La conciencia opositora —explica Morris— a menudo yace latente dentro de las instituciones, los estilos de vida y la cultura de los grupos oprimidos. A los miembros de dichos grupos suelen no faltarles identidades colectivas básicas, marcos de injusticia y demás, conducentes a protestas sociales individuales y colectivas"[44].

Morris argumenta que las semillas de la protesta y la revolución opositoras ya existen dentro de las comunidades oprimidas, lo cual posibilita el nacimiento de formas de activismo colectivo nuevas y más efectivas. "[L]os fenómenos culturales no son reductibles simplemente a dinámicas organizativas y estructurales. De hecho, es importante que existan formas variadas de conciencia opositora precisamente porque son capaces de sobrevivir bajo las condiciones estructurales más adversas. De muchas maneras, las comunidades oprimidas nutren a las ideas opositoras durante intensos periodos de represión, creando así el espacio social y cultural para el surgimiento de condiciones estructurales más favorables y propicias para la acción colectiva…"[45].

Además, es mucho lo que se puede aprender de las experiencias de protestas opositoras "listas para el combate" que han sido exitosas —es decir, los veteranos de los movimientos de protesta— que ayudan a diseminar y sostener el activismo. Morris escribe: "La conciencia opositora 'lista para el combate' puede tener un efecto independiente en los determinantes estructurales de la acción colectiva. Una vez que ha ocurrido una instancia de protesta exitosa […], esto afecta a la acción colectiva de dos maneras: brinda a los activistas que participaron de forma directa el entendimiento de cómo ocurrió y por qué funcionó, y atrae a los que no participaron que desean interiorizar estas lecciones para trasplantar el modelo a otras locaciones, incrementando así el volumen de la acción colectiva. Por lo tanto, ambos grupos de actores se convierten en trabajadores culturales para el movimiento, e infunden más y más el conjunto de puntos de vista que otrora permanecían latentes en la conciencia opositora histórica, tornándolos relevantes para la escena contemporánea. De tal modo, estos puntos de vista se convierten en las ideas definitorias sobre cómo iniciar y sostener protestas sociales"[46].

En última instancia, estos argumentos a favor de la identidad colectiva, las creencias colectivas y la conciencia de clase en apoyo a los movimientos de masas, a sabiendas o no, tienen una formulación marxista y forman la base no solo de protestas pacíficas sino de la violencia, los disturbios y la revolución, del tipo que hemos visto en nuestras ciudades y pueblos con agrupaciones como Antifa, BLM y otros grupos radicales violentos. De hecho, intentan presentar la apariencia de una gran experiencia o de un enfoque académico con respecto a la disrupción social, el debilitamiento de instituciones civiles y la rebelión, lisa y llana.

Los profesores Frances Fox Piven y el difunto Richard A. Cloward escribieron no tanto sobre la teoría de los movimientos sociales, como sí más amplia y abiertamente a favor de los alzamientos militares. Y fueron más directos y detallados que muchos otros en sus prescripciones sobre usar el activismo para desarrollar disrupciones, crear crisis, hacer colapsar instituciones e incitar a los disturbios como métodos legítimos y necesarios para transformar a la sociedad. Por lo tanto, dados sus extensos escritos y su influencia sobre estrategias revolucionarias radicales y hasta violentas, requieren de una exposición más detenida.

En 1966, los profesores escribieron en la publicación de izquierda *Nation* lo que activistas radicales consideran un ensayo seminal titulado "El peso de los pobres: una estrategia para eliminar la pobreza", enfocado en la raza y la pobreza. Expusieron su intención abiertamente: "Nuestro propósito es promover una estrategia que provea la base para una convergencia de las organizaciones de derechos civiles, grupos militantes contra la pobreza y los pobres. Si esta estrategia fuera a implementarse, resultaría en una crisis política que podría llevar a la legislación de un salario anual garantizado y, en consecuencia, al fin de la pobreza"[47].

La pareja planteó su postulado bajo el argumento de que las prestaciones sociales son un derecho, que el monto de los pagos de quienes las reciben es menor que el monto al que tienen derecho y que todo esfuerzo por reducir las prestaciones sociales son un ataque al bienestar de los pobres y las minorías. Sostienen que el sistema debería estar integrado por más personas, que incluso deberían inundarlo, y aquellos dentro del sistema deberían exigir más beneficios que aquellos a los que tienen derecho. Esto crearía una crisis social mayúscula. Piven y Cloward escribieron que "existe una vasta discrepancia entre los beneficios a los que tienen derecho las personas a través de programas de prestaciones sociales y las sumas que de hecho reciben. Este abismo no se reconoce en una sociedad orientada de manera total y sacrosanta hacia remover a las personas del sistema de prestaciones sociales. [...] Esta discrepancia no es un accidente que surge de ineficiencias burocráticas; en cambio, es una característica intrínseca del sistema de prestaciones sociales que, de ser desafiado, precipitaría una profunda crisis financiera y política. La fuerza para dicho desafío, y la estrategia que proponemos, es un avance masivo para reclutar a pobres que se integren al sistema de prestaciones sociales"[48].

Piven y Cloward también argumentaron que, en ciertos periodos en el pasado, el Partido Demócrata era la institución política a través de la cual se llevaban a cabo los cambios radicales como resultado de las crisis económicas, y que se debía apuntar una vez más al partido que debía ser tomado efectivamente para dichos propósitos. Incluso más, las reformas también eran instituidas para construir y reforzar una nueva coalición demócrata. "Las reformas legislativas de los años de la depresión, por ejemplo, fueron impulsadas no tanto por intereses organizados ejercidos a través de procesos electorales regulares, sino por una crisis económica generalizada. Dicha crisis precipitó la disrupción de las coaliciones a nivel regional que conformaban la base de los viejos partidos nacionales. Durante el realineamiento de 1932, se formó una nueva coalición demócrata, basada en su mayoría en grupos provenientes de la clase obrera urbana. Una vez que llegaron al poder, el liderazgo demócrata nacional propuso e implementó las reformas económicas del New Deal. A pesar de que estas medidas fueron una respuesta al imperativo de la crisis económica, el tipo de medidas implementadas fue diseñado para asegurar y estabilizar a la nueva coalición demócrata"[49].

Para Piven y Cloward, la revolución está ligada, al menos en parte, a las comunidades negras radicalizadas con influencia en, y lazos con, el Partido Demócrata. "De cara a semejante crisis, los líderes políticos urbanos bien podrían estar paralizados por un sistema partidario que los ata a viejos grupos electorales, incluso cuando los rangos de estos grupos están disminuyendo. Sin embargo, el liderazgo demócrata nacional está alerta a la importancia del voto negro urbano, en especial en contiendas nacionales donde la lealtad de otros grupos urbanos se está debilitando. De hecho, muchas de las reformas legislativas de la Gran Sociedad pueden entenderse como esfuerzos, no importa cuán débiles, por reforzar la lealtad hacia la administración demócrata nacional por parte de electorados marginales crecientes"[50].

En efecto, hoy la lealtad de la comunidad negra al Partido Demócrata es abrumadora. Y se está desarrollando una estrategia similar con respecto a las comunidades hispanas y asiáticas.

En 1968, Piven y Cloward también escribieron sobre los "Movimientos y la política del disenso", argumentando explícitamente que, entre otras cosas, las manifestaciones "incendiarias" y las "revueltas" son actos legítimos y necesarios de los movimientos de masas. Declararon que "la gente pobre básicamente gana cuando se moviliza mediante protestas disruptivas, por la sencilla razón de que carece de los recursos para ejercer su influencia de maneras convencionales, como con la formación de organizaciones, con petitorios, con el cabildeo, con la influencia sobre los medios, con la compra de políticos. Cuando hablamos de protesta disruptiva, nos referimos a actos o comportamientos incendiarios, a disturbios, a sentadas y otras formas de desobediencia civil, a grandes incrementos en la demanda de prestaciones sociales, a huelgas de alquileres, a huelgas ilegales o a la obstrucción de la producción en líneas de ensamblaje"[51].

El objetivo es forzar el debilitamiento del sistema o, tal como lo llaman, el "régimen", y hacerlo vulnerable a las exigencias del movimiento. "La disrupción de las masas, tanto su surgimiento como su éxito, está íntimamente relacionada a las políticas electorales. [...] Cuando un régimen es inseguro [...] es más propenso a negociar activamente para obtener apoyo, y puede luego emitir llamamientos que revelan su vulnerabilidad ante las exigencias que vienen de abajo"[52].

Piven y Cloward escribieron que "los movimientos sociales prosperan dentro de los conflictos. Por el contrario, la política electoral exige estrategias de consenso y coalición. Los movimientos tienen el impacto que tienen en la política electoral básicamente porque las problemáticas que plantean y la lucha que generan amplían las divisiones entre los grupos de votantes. A esto lo llamamos 'política del disenso' para diferenciarlo del típico proceso mediante el cual se construye la influencia electoral con el reclutamiento de adherentes y la formación de coaliciones, o lo que podría llamarse 'consenso' político. [...] Los movimientos no suelen tener demasiado impacto a menos que las condiciones económicas y sociales ya estén erosionando lealtades y coaliciones electorales establecidas. Pero entonces también ocurre que probablemente no surjan movimientos importantes orientados hacia el cambio a menos que sea durante periodos de inestabilidad económica y social"[53].

Si todo esto resulta familiar, es porque lo es. Esta estrategia también se ha desplegado en las calles y la política de los Estados Unidos, en gran medida dada la explotación por parte de grupos marxistas-anarquistas como Antifa y BLM tanto del colapso económico inicial debido al coronavirus como de la muerte de George Floyd. Estos y otros grupos han jugado un papel clave en la fomentación de disturbios violentos, en su mayoría, mas no exclusivamente, en barrios marginados; en confrontaciones militantes con cuerpos policiales; en la destrucción de monumentos públicos y el ataque a objetivos como un juzgado federal y la Casa Blanca; en la ocupación de partes de ciudades; y en los ataques y amenazas a ciudadanos en restaurantes y otros espacios públicos.

Piven y Cloward también ven una oportunidad en la transformación del Partido Demócrata. "Las discontinuidades entre la experiencia social y la política electoral que resultan de un sistema partidario estático, bien podrían crear el escenario para una realineación. Y las señales de descontento electoral podrían incluso dar pie a algunos cambios retóricos en las apelaciones de campaña de grandes operarios partidarios"[54]. En efecto, esta transformación ocurrió durante el último ciclo electivo, en el que los líderes del Partido Demócrata se resistieron a criticar a los movimientos violentos y revolucionarios y, de hecho, con frecuencia criticaron fuertemente los esfuerzos por controlarlos. Es más, dentro del Partido Demócrata hay una lealtad creciente a estos movimientos y sus causas, tal como esperaban que sucediera Piven y Cloward, lo cual se refleja, en parte, en la radicalización de la retórica y las políticas del partido, incluida la agenda de "unidad" de ciento diez páginas de Biden-Sanders lanzada durante la campaña[55] y el montón de órdenes ejecutivas e iniciativas legislativas. Es más, está claro que hay una creciente radicalización de los miembros electos del partido, del tipo de las llamadas miembros del Squad: las diputadas Alexandria Ocasio-Cortez, Ilhan Omar, Ayanna Pressley y Rashida Tlaib. Pero para Piven y Cloward se requiere aún más, y hay que acelerar el paso.

Los profesores argumentan que el progreso de los movimientos de masas siempre será demasiado lento dado que es muy difícil moldear el sistema estadounidense para convertirlo en una verdadera fuerza revolucionaria. Sin embargo, habrá oportunidades para usar el sistema en contra del sistema, y para crear agitación desde dentro y fuera, ejerciendo presión para un cambio revolucionario. "De todas formas, en general, los líderes políticos siguen siendo tímidos y conservadores, e intentan suprimir el potencial de realineación a través de la conciliación de posibles divisiones mediante el uso de símbolos generalizados y promesas vagas. Bajo estas condiciones confusas, los votantes descontentos pueden llegar a estar tan atomizados y ser tan ineficaces como se dice que son todos los votantes ante la ausencia de partidos"[56].

Los activistas sociales deben estar preparados para abandonar a los partidos políticos como otra manera de ejercer presión. Los profesores declaran: "Tal como hay que movilizar a las personas para apoyar a los partidos y los problemas y candidatos que postulan, también deben ser movilizadas para abandonarlos. Los movimientos sociales a menudo son los movilizadores de la desafección. En particular, [...] los movimientos sociales son efectivos a nivel político precisamente cuando movilizan la desafección electoral"[57].

No obstante, el dueto proclama que el sistema partidario es problemático dado que incluso el partido perdedor retiene algo de poder, mitigando o frenando así el progreso revolucionario. "Un sistema de gobierno fragmentado en los Estados Unidos significa que el partido opositor suele mantener el control de alguna parte del aparato de gobierno, y este se ve por ello restringido por la necesidad de mantener una mayoría mediante promesas de consenso"[58]. En consecuencia, hay una necesidad de agitación constante para ejercer presión en busca de un cambio.

Piven y Cloward escriben que, dado que los partidos políticos buscan consensos, siempre habrá divisiones y problemas discordantes entre y en los grupos, que los activistas sociales deberían explotar. "Para valorar el papel que juegan los movimientos sociales con su ayuda para precipitar una convulsión y un realineamiento electorales, debemos prestar atención a las dinámicas distintivas de los movimientos sociales que les permiten hacer lo que no hacen los políticos dentro de los partidos.[59] [...] Los movimientos sociales, incluidos los movimientos que no son demasiado disruptivos, pueden hacer lo que no harán líderes de partido y candidatos en un sistema bipartidista: pueden poner sobre la mesa temas que causan profundas divisiones. De hecho, los movimientos sociales prosperan dentro del drama y la urgencia y solidaridad que resultan de alzar la voz sobre temas divisorios. Así como el conflicto es letal para la estrategia de un partido que intenta construir una coalición de mayorías, es la fuerza vital para el crecimiento de los movimientos sociales"[60]. Por ello, tal como vemos hoy en día, surgen numerosos movimientos basados en, por ejemplo, la raza, el género, la desigualdad de ingresos, la justicia medioambiental, etc.

De nuevo, cuando se han debilitado las condiciones económicas y esto causa que ocurra lo mismo con las condiciones sociales, se dice que el sistema político está maduro para que se dé una transformación. "[L]os movimientos sociales tienden a emerger en momentos en que el propio sistema electoral da señales del surgimiento de potenciales nuevos conflictos. Aparecen señales de un aumento en la volatilidad en las políticas electorales, en general ligadas a cambios en la economía o en la vida social que generan un nuevo descontento o alientan nuevas aspiraciones. Por su parte, la evidencia de la volatilidad de los votantes puede provocar que los líderes de los partidos hagan lo que típicamente harían: intentar mantener unida a su coalición. Solo que ahora utilizarán una retórica más expansiva, reconociendo los reclamos de su electorado que en general ignoran, o nombrando, y con ello tal vez agitando, las aspiraciones que apenas comienzan a asomarse. Incluso la amenaza de deserciones que ponen en riesgo la mayoría puede provocar que los líderes electorales hagan pronunciamientos que contribuyan al clima de cambio y posibilidad que nutre a los movimientos"[61].

En efecto, la pandemia del coronavirus y el cierre de nuestra economía, nuestras escuelas y nuestras actividades sociales, así como los efectos económicos y psicológicos colectivos en nuestra sociedad crearon un ambiente en su maduración justa para ser explotado. Y esa explotación ha ocurrido tanto en los pasillos del poder, con legislaciones y acciones ejecutivas de largo alcance, como en las calles, donde la violencia organizada es cada vez más común.

Habiendo creado conflictos y luchas, los movimientos deben controlar su narrativa. Piven y Cloward explican: "[L]os políticos no son los únicos comunicadores. Los conflictos que generan los movimientos a menudo les brindan una fuerza comunicacional considerable. Esto no es menor. En general, los líderes políticos y los medios de comunicación masiva controlan la comunicación política. Juntos definen los parámetros del universo político, incluido el entendimiento de qué tipos de problemas deben considerarse apropiadamente como problemas políticos y qué tipos de remedios hay disponibles. [...] [E]s difícil disputar el monopolio que ejercen los poderosos sobre las comunicaciones públicas y políticas, al menos ante la ausencia de movimientos.[62] Los movimientos pueden quebrar esos monopolios, cuanto menos por un instante. Los movimientos realizan marchas y manifestaciones, huelgas y sentadas, confrontaciones melodramáticas y a veces violentas. La retórica incendiaria y las representaciones dramáticas de la indignación colectiva asociadas a estas tácticas proyectan nuevas definiciones de la realidad social —o definiciones que hacen nuevos grupos sobre la realidad social— hacia el discurso público. Cambian el entendimiento no solo de lo que es real, sino de lo que es posible y lo que es justo. En consecuencia, aquellos reclamos, que de otro modo serían naturalizados o hundidos, se convierten en temas políticos"[63].

Por ejemplo, BLM ha conseguido un gran triunfo en cuanto al control de la narrativa. Una y otra vez, los medios se refieren a las confrontaciones violentas con la policía como "protestas en su mayoría pacíficas"[64]. Los saqueos prácticamente se ignoran y desde luego se toleran. Guiar la narrativa y crear nuevas divisiones son ingredientes clave para expandir y empoderar aún más a los movimientos revolucionarios. "Los movimientos plantean nuevos problemas —escriben Piven y Cloward—, y cuando los nuevos problemas se convierten en el centro de atención de la política, cambia el equilibrio de las fuerzas políticas de dos maneras. Primero, mediante el planteo de nuevos problemas o la articulación de problemas latentes los movimientos activan a grupos que, de otro modo, podrían permanecer inactivos. Segundo, los nuevos problemas seguramente crearán nuevas divisiones, con consecuencias de largo alcance para el equilibrio entre fuerzas opositoras. Los políticos electorales buscan justamente evitar las divisiones, pero estas son la clave para entender el impacto que tienen los movimientos sobre la política electoral y, en particular, para entender por qué los movimientos a veces logran victorias"[65].

Es más, si está en juego su propia supervivencia política, los políticos que hasta ahora han sido moderados y reticentes pueden ser presionados para que den cabida y acepten a los movimientos radicales. Los profesores explicaron que "[l]os movimientos arrebatan concesiones de líderes políticos reticentes cuando se ve a las concesiones como un modo de evitar la amenaza de deserciones, o para frenar el flujo de deserciones en curso o, a veces, cuando las concesiones son vistas como una manera de reconstruir una coalición ya fragmentada por medio del aumento o la consolidación del apoyo de un lado de la línea divisoria"[66].

Recientemente, Piven regresó a la revista *Nation* para apuntar en concreto a "detener a Trump", a quien tanto ella como la gran mayoría del mundo académico detestan, por supuesto. En su artículo de 2017, titulado "Throw Sand in the Gears of Everything" [Echen arena en los engranajes de todo], Piven escribió, en parte: "[L]o que hace de un movimiento una fuerza —cuando es una fuerza— es el despliegue de un poder característico que surge de la habilidad de gente molesta e indignada de por momentos desafiar las reglas que en general garantizan su cooperación e inactividad. Los movimientos pueden movilizar a la gente a que se rehúse, a que desobedezca, a que, de hecho, dé un golpe. Es decir, la gente en movimiento, la gente en los movimientos, puede echar arena en los engranajes de las instituciones que dependen de su cooperación. De esto se deriva que los movimientos necesiten números, pero también necesitan una estrategia que mapee el impacto de su resistencia y las consiguientes disrupciones de la autoridad de quienes toman las decisiones"[67]. "[...] [M]ediante el bloqueo y el sabotaje de las iniciativas del régimen, los movimientos de resistencia pueden crear o profundizar divisiones de élites y electorales"[68].

Una vez más, hay que organizar y activar a una muchedumbre violenta, crear fisuras sociales, atacar las distinciones raciales y económicas, socavar la vida civil y las asociaciones sociales, etc. Es decir, usar la libertad que garantiza la Constitución para atacar aquello que la Constitución debe proteger. Piven postula que las grandes ciudades con alcaldes de izquierda están particularmente listas para los disturbios. En efecto, se han desarrollado acontecimientos, tal como lo ha incentivado Piven, con seguidores de Antifa y BLM, entre otros, que ocasionaron disturbios que los alcaldes demócratas de izquierda a cargo de estas ciudades en general toleraron. Piven declara: "Las repercusiones de tales negativas masivas pueden tener un largo alcance por el simple hecho de que la vida social depende de sistemas de cooperación compleja. También depende de ellos nuestro sistema de gobierno. Tal vez el gobierno estadounidense, con su famosa separación de poderes a nivel nacional y su estructura federal descentralizada, sea especialmente vulnerable al desafío colectivo. [...] [L]as grandes ciudades, donde vive una mayoría de la población, no han sido capturadas [por la 'derecha']. Los alcaldes de centroizquierda presiden sobre ciudades como Nueva York, Los Ángeles, Boston, Seattle y San Francisco, por ejemplo. Y ese hecho puede nutrir a los movimientos de resistencia urbanos"[69].

Más recientemente, como si ella misma liderara un movimiento de resistencia contra el presidente Trump y sus seguidores, esta ciudadana revolucionaria de la tercera edad insistió con que se debía realizar una acción masiva en contra de ellos de manera inmediata: "Los movimientos de resistencia son difíciles: deben movilizar a la acción desafiante y colectiva cuando parecerían llevar todas las de perder, y se arriesgan a desatar duras represalias. Es más, a menudo operan en las sombras, sin conocer las debilidades del régimen que confrontan o las tensiones entre los aliados del régimen. Esto describe nuestra propia situación: no sabemos demasiado acerca de las potenciales fisuras en este desfile de grupos e individuos que Trump invita al gobierno nacional. [...] Pero sí sabemos algo sobre los riesgos políticos de una administración Trump a la que se le permita avanzar sin resistencia de las masas"[70].

Como si les respondiera a Piven y a los, literalmente, cientos de revolucionarios afines que pueblan las instalaciones universitarias, el difunto filósofo y profesor Allan Bloom escribió en su libro de 1987, *The Closing of the American Mind* [El cierre de la mente estadounidense], que "cada sistema educativo tiene un objetivo moral que intenta alcanzar y que informa su plan de estudios. Quiere producir un cierto tipo de ser humano. Esta intención es más o menos explícita, más o menos un resultado de la reflexión; pero hasta las materias neutrales, como la lectura, la escritura y la aritmética, ocupan un lugar dentro de la visión de la persona educada. [...] La educación democrática [...] quiere y debe producir hombres y mujeres que apoyen un régimen democrático"[71]. Bloom advirtió que "tenemos una cultura en la que, con la intención de arraigar la educación hemos comenzado a socavarla. El idealismo de la fundación norteamericana ha sido reducido a algo mítico, motivado por el egoísmo y racista. Y así se ha devaluado nuestra cultura"[72]. "Nadie cree que los viejos libros contengan, o pudieran contener, la verdad. [...] La tradición se ha convertido en algo superfluo"[73].

De hecho, los profesorados de las instituciones de educación superior de los Estados Unidos han convertido sus clases en semilleros de la resistencia, de la rebelión y de la revolución en contra de la sociedad estadounidense, así como de receptores del adoctrinamiento y la propaganda marxista o cuasimarxista. La libertad académica existe ante todo para los profesores militantes, y la competencia de ideas no es más que un concepto pintoresco de lo que alguna vez fue, y debería ser, la educación superior. Pero el marxismo no consiste en la libertad de expresión y el debate; consiste en la dominación, la represión, el adoctrinamiento, la conformidad y el acatamiento. La sociedad y la cultura actuales, y aquellos que prosperan en ellas (intelectual, espiritual y económicamente), así como aquellos que las defienden deben ser denunciados y difamados. La desilusión con el *statu quo* es esencial. El marxismo presenta una "nueva fe", por ponerlo de algún modo, que promete una sociedad nueva y mejorada para la que se inculca a las futuras generaciones una pasión, si no una obsesión, a pesar de su rastro de muertes masivas, esclavitud y empobrecimiento.

CAPÍTULO TRES

ODIO HACIA LOS ESTADOS UNIDOS, S.A.

Los intelectuales progresistas de finales del siglo XIX y principios del siglo XX sentaron las bases para la actual aceptación y el adoctrinamiento de la ideología marxista a través de los ámbitos académicos, la sociedad y la cultura. Dejaron en claro su hostilidad hacia el capitalismo y el sistema constitucional republicano que establecía barreras contra varios tipos de tiranía, incluida la que surge de la autocracia de las masas, o autocracia centralizada y, por supuesto, lo que daría en llamarse progresismo. Entendían que la ciudadanía por lo general no estaba abierta a sus extraños objetivos. Por lo tanto, se embarcaron en una larga campaña para educar o, mejor dicho, reeducar y adoctrinar a futuros ejércitos de radicales y revolucionarios, como es el caso de los estudiantes y los defensores de los derechos de los estudiantes, a través de escuelas de gobierno e instituciones de educación superior.

Los primeros intelectuales progresistas sentían simpatía por la ideología marxista, tal como sucede en la actualidad, y hasta acogieron su temática de base. Y más o menos adoptaron el método de Rousseau de adoctrinamiento educativo; es decir, al tiempo que sostenían que el estudiante debe ser libre para aprender lo que le interesa y lo motiva como individuo, en efecto, el instructor debe manipular ingeniosamente lo que interesa y motiva al estudiante. Porque, el propósito final de la educación pública es subsumir la voluntad del individuo a la voluntad general. Por lo tanto, el progresista a menudo recita en nombre de las necesidades y deseos del individuo, pero sólo en el sentido y el contexto de un "bien mayor" y del "beneficio de la comunidad".

Más recientemente, pero hace más de tres décadas, en un poco recordado artículo sobre la influencia del marxismo en los colegios universitarios y las universidades estadounidenses, Felicity Barringer, escritora de temas de educación para el *New York Times*, escribió "The Mainstreaming of Marxism in US Colleges" [La popularización del marxismo en los colegios universitarios estadounidenses] (29 de octubre, 1989). Reveló, en parte, que "[m]ientras que los herederos ideológicos de Karl Marx en las naciones comunistas luchan por transformar su legado político, sus herederos intelectuales en los campus de los Estados Unidos han prácticamente completado su propia transformación para pasar de ser los descarados y atribulados periféricos, a ser los asimilados académicos internos. Los estudiantes de la lucha de clases que alguna vez fueran considerados subversivos podrían considerarla una historia exitosa. Pero algunos académicos sostienen que, a medida que los marxistas se han adaptado, sus lazos con el filósofo alemán del siglo XIX se han fragmentado, convirtiéndose en una colección flojamente entretejida de teorías que tienen poco en común. Y en la última década, al tiempo que la prosperidad de las economías occidentales ha hecho del marxismo algo irrelevante para muchos, han surgido nuevas teorías radicales rivales para desafiar a los mismos marxistas"[1].

Por lo tanto, ha habido una adaptación "norteamericanizada"

del marxismo que utiliza los preceptos básicos de Marx y los contextualiza dentro del sistema estadounidense para derrocar el sistema —gubernamental, económico, social y cultural— con efectividad. Por cierto, el informe continúa diciendo: "'marxismo y feminismo, marxismo y deconstrucción, marxismo y raza... es aquí donde encontramos los debates emocionantes' dijo Jonathan M. Wiener, profesor de Historia de la Universidad de California en Irvin"[2]. De hecho, en 1989, cuando se publicó este artículo, comenzaron a surgir a través del paisaje estadounidense, aunque muy pocos lo notaron, las semillas de una ideología de una periferia radical, la teoría crítica —a la que me refiero extensamente en un capítulo más adelante—, y el desmoronamiento de la sociedad existente mediante la transformación de la cultura en un arma en su propia contra.

De hecho, Barringer expone sin saberlo lo que se convertirá en un principio central de la teoría crítica de la raza y de otras adaptaciones del marxismo al norteamericanismo, es decir, el ataque a la historia norteamericana, las instituciones y las tradiciones o la "cultura blanca dominante", incluso por parte de su propio empleador y quien la publica, el *New York Times*, a través de argucias tales como el Proyecto 1619. Barringer escribió: "[L]os deconstruccionistas niegan que uno pueda entender alguna experiencia del pasado porque la evidencia para cualquier conclusión proviene de las observaciones de las personas, la mayoría de las cuales aparecen en un texto. Los deconstruccionistas sostienen que los textos no son más que historias contadas por personas que dejan afuera lo que consideran de poca importancia, y que dichas omisiones no permiten que la historia escrita sea evidencia confiable sobre la realidad"[3]. Así comienza la metástasis a través del ámbito académico de la guerra contra la enseñanza tradicional de la historia.

En las universidades estadounidenses, la manera en que los profesores pueden usar, y de hecho usan, el marxismo como una herramienta doctrinaria no tiene límite. Barringer explicó: "[L]a diversidad es ahora la marca distintiva del alguna vez monolítico marxismo. La profesora [Gayatri] Spivak, [que enseña] [...] Inglés en al Universidad de Pittsburgh, se refiere a sí misma como una marxista feminista, el profesor [John] Roemer, profesor de Economía de la Universidad de California en Davis, diseña economías marxistas impulsadas por los mercados y Erik Olin Wright, profesor de Sociología de la Universidad de Wisconsin, se refiere a sí mismo como un marxista analítico que busca desglosar las grandes teorías de Marx en sus distintos componentes"[4].

A pesar de que lo expuesto por Barringer es muy preciso, y las consecuencias de las aplicaciones multifacéticas del marxismo hoy en día están de manifiesto a través de la Norteamérica moderna, los marxistas "descarados" aún existen y están creciendo en número tanto en los campus como a través de la sociedad, la cultura y el gobierno.

Es más, los primeros progresistas entendían que, para institucionalizar su activismo educativo debían, entre otras cosas, controlar la administración de la educación y del aula a través de una legión de educadores titulares y sindicalizados en la que instructores de pensamiento afín, armados de planes de estudio con empuje ideológico ("activismo social"), pueblen todos los niveles de las instituciones educativas, a menudo seleccionen a sus reemplazantes y estén protegidos de todo escrutinio o competencia. Por estas y más razones, se oponen con vehemencia a las evaluaciones estandarizadas, a las evaluaciones de educadores basadas en el mérito, a la opción escolar y demás. Después de todo, su propósito es arrancar las metodologías educativas con orientación tradicional y preprogresista de raíz y abrir el camino en cambio para metodologías doctrinarias con base ideológica de orientación progresista/marxista.

También vale recordar que los primeros progresistas, al igual que su descendencia moderna, son los retoños intelectuales de Rousseau, Hegel y Marx. Comparten la idea generalizada de que el individuo debe ser sometido a una comunidad mayor. Herbert Croly (1869-1930), una mente progresista destacada y fundador de la revista *New Republic*, explicó en su libro de 1909, *The Promise of American Life* [La promesa de vida estadounidense] que "[e]l futuro mejor que los estadounidenses proponen construir no es más que una idea que debe, de algún modo esencial, emanciparse de su pasado. La historia estadounidense contiene mucho de lo que enorgullecerse y congratularse, y mucho que lamentar y por lo que sentir humillación. [...] [Los estadounidenses] deben estar preparados para sacrificar esa visión tradicional, incluso la manera estadounidense tradicional de realizarla"[5]. De este modo, Croly denuncia el pasado de los Estados Unidos e insiste que no solo debe ser rechazado, sino que el pueblo estadounidense debe aprender a rechazarlo. Es decir, como predicó Marx, la ciudadanía debe condenar y hacer a un lado su propia historia si ha de haber progreso individual y social. Por supuesto, esta actitud ahora ha prendido con firmeza a través del ámbito académico y se ha extendido hacia gran parte de nuestra cultura.

Croly continuó: "Es el individualismo económico de nuestro actual sistema nacional el que imparte el daño más grave a la individualidad estadounidense; y los logros individuales estadounidenses en política y ciencia y las artes quedarán parcialmente empobrecidos mientras que nuestros compatriotas ignoren o se resistan sistemáticamente a regular la distribución de la riqueza en pos del interés nacional. [...] Los estadounidenses siempre han asociado la libertad individual con el goce popular ilimitado de toda oportunidad económica disponible. Pero sería más acertado decir que el goce popular de oportunidades económicas prácticamente irrestrictas es precisamente la condición que genera la esclavitud humana"[6].

Por supuesto, este es un tema central para Rousseau, Hegel y Marx, es decir, el individuo debe sacrificar su independencia, su libre albedrío e intereses personales en pos del bien mayor y, de tal manera, no solo sentirá que ha alcanzado sus objetivos y que se ha realizado, sino que la comunidad en su conjunto también se verá beneficiada. En los Estados Unidos, el capitalismo y el constitucionalismo son murallas que se alzan contra el marxismo y el progresismo y, por ello, deben ser desacreditados y, en última instancia, demolidos. Para el progresista, como para el marxista, el poder económico y político debe estar en las mismas manos, las manos de relativamente pocos a cargo del Estado.

Sin embargo, se debe hacer un gran trabajo preliminar para crear una amplia conformidad hacia, o aceptación de, esta extraña transformación en la que los filósofos reyes y las mentes maestras intelectuales desarman y luego rehacen la sociedad. La solución: "adoctrinar" a las masas que han sido educadas para respetar y reverenciar los ideales de tradición, costumbres, fe y patriotismo, para que abandonen sus supuestamente obsoletas creencias a cambio de la promesa de una utopía organizada y colectiva. Hay que cambiar a las personas para que se amolden y finalmente apoyen a un gobierno autocrático que supuestamente puede manejar sus vidas mejor que ellas mismas. Para esto hace falta apoderarse de la cultura y de los organismos gubernamentales y transformarlos.

Croly escribió que "no se puede decir que la mayoría de los millones que no están lo suficientemente formados no son tan capaces de tener una mejor formación, como los miles para los que la ciencia [el Estado administrativo centralizado operado por mentes maestras 'expertas'] llega a tener un verdadero significado. La sociedad simplemente los ha privado de dicha oportunidad. Puede haber ciertas buenas razones para esta negligencia por parte de la sociedad; pero mientras exista, debe ser reconocida como una buena razón de por sí de la falta de popularidad de los expertos. La mejor manera de popularizar [progresismo], y de dar lugar a que la democracia considere como sus representantes a funcionarios altamente educados es popularizar la educación superior. Una administración experta no puede ser lo suficientemente representativa hasta que represente a un electorado con mayor nivel de educación"[7].

Esto explica, en parte, que el Partido Demócrata impulse la educación superior gratuita para todos, o la cancelación de las deudas de préstamos para estudiantes, para incentivar la asistencia a los colegios universitarios y las universidades. El propósito no es tanto impartir una educación clásica y liberal, o ciencia, tecnología, ingeniería y matemáticas a un mayor número de estudiantes, sino hacer exactamente lo que urgía Croly: adoctrinar a la mayor cantidad posible de jóvenes para que apoyen su dogma radical.

Es más, a pesar de que ha habido un gran incremento en el número de jóvenes que se han graduado de instituciones superiores (menos del 6% en 1940)[8], apenas alrededor de un tercio de la población adulta de hoy se gradúa de una institución superior.[9] Entonces, es necesario comenzar el proceso de adoctrinamiento en una etapa anterior. Por ello, la ampliación de material de estudio y libros de texto de motivación ideológica dentro de las primarias y secundarias manejadas por el gobierno. Esto también explica la guerra contra la verdadera libertad académica y la libertad de expresión en los campus a través de la intimidación y hasta la violencia contra aquellos que enseñan, escriben o hablan bien del norteamericansimo, o simplemente desafían, o no se ajustan a la ortodoxia marxistacéntrica.

Aún más prolífico y prominente que Croly, el rol de John Dewey (1859-1952) en la alteración drástica de los propósitos de la educación para convertirlos en un movimiento de activismo social está de manifiesto a través de la educación actual. Dewey reconoció y aprobó la influencia marxista en, y su relación con, el movimiento progresista: "[E]l tema que planteó [Marx] —la relación de la estructura económica con la estructura política— es uno que persiste activamente. De hecho, forma la única base de interrogantes políticos en el presente. [...] Se viene algún tipo de socialismo, llamémoslo del modo que sea, y no importa cómo se llame cuando se materialice. El determinismo económico [la teoría de Marx sobre la lucha económica de clases entre, además de otros, los capitalistas y el proletariado] es ya un hecho, no una teoría. Pero hay una diferencia y una elección entre un determinismo ciego, caótico y no planeado, surgido de los negocios conducidos para obtener ganancias pecuniarias, y la determinación de un desarrollo socialmente planeado y ordenado. Es la diferencia y la elección entre un socialismo que es público y uno que es capitalista"[10].

Pero cuando los individuos son libres de perseguir sus propios objetivos y sueños, el "determinismo económico" no existe. La "lucha económica" es un falso rótulo que se les da al trabajo duro, la competencia, el libre albedrío, la responsabilidad personal y las lecciones de vida —el ejercicio del libre albedrío, las motivaciones personales, la satisfacción de las necesidades y deseos personales, la creación de oportunidades y el perseguirlas, la responsabilidad personal y la rendición de cuentas, etc.—. Es decir, los anhelos y la complejidad de cada ser humano. Y, en este contexto, la libertad individual y el capitalismo van de la mano. Por lo tanto, se debe difamar y, en última instancia, destripar al capitalismo si el individuo ha de aceptar y atenerse a las exigencias de unos pocos en nombre de los muchos. Por eso el llamado de Dewey a un "socialismo" manejado por el gobierno, público, de arriba hacia abajo, en vez de un socialismo desordenado que se inserta con pasmosa lentitud en la economía capitalista.

Por supuesto, el capitalismo es una forma espontánea de

comercio que surge de individuos que forjan relaciones económicas de manera voluntaria. No es un sistema económico planeado que un régimen gubernamental impone sobre la gente. Para Dewey y compañía, ese es el problema. La autoridad, la ingeniería social, los planes grandiosos, etc. solo pueden "funcionar" si se imponen sobre la población, lo cual requiere de la usurpación de la base misma del propósito de los Estados Unidos. El constitucionalismo y el capitalismo limitan el rol o la posibilidad de un autoritarismo centralizado e, inversamente, empoderan al individuo dentro del marco de la sociedad civil. Como tales, son totalmente incompatibles con el marxismo y los retoños del marxismo —el progresismo— que buscan la más amplia latitud sobre el desarrollo y el futuro estado de una sociedad. El partido controla al gobierno, y el gobierno controla a la sociedad. No hay mucho espacio para la diversidad filosófica o política.

En días recientes, esto se ha demostrado con las amenazas provenientes de las altas esferas del Partido Demócrata de atestar los tribunales con ideólogos progresistas y así destruir la independencia del poder judicial; de expandir los números del Senado con miembros adicionales de bastiones del Partido Demócrata y así instituir de forma permanente la mayoría del Partido Demócrata en la cámara; de eliminar la regla de tácticas dilatorias del Senado y así imponer, sin un debate efectivo o desafío alguno, legislaciones progresivas de largo alcance; y de nacionalizar el sistema electoral de manera que se asegure el control permanente del Partido Demócrata sobre las porciones electas de nuestro gobierno. Juntas, estas políticas se desharían del derecho al voto, dispersarían y marginalizarían a decenas de millones de ciudadanos de zonas del país más conservadoras y republicanas de cualquier rol en la gobernanza de la nación. El republicanismo y el gobierno representativo estarían efectivamente muertos.

Se evidencia aún más con la ola de planes letales para el mercado, anticapitalistas, de los infinitos programas centrados en el gobierno y de tipo socialista promovidos por el Partido Demócrata, que caen dentro de la recientemente acuñada nomenclatura del "Green New Deal" (Nuevo Pacto Verde) y la guerra contra un "cambio climático generado por el hombre" al que me refiero en otro capítulo más adelante. Estos planes son de tan amplio alcance que destrozarían el principio del derecho a la propiedad privada, una vez más, en el nombre de un bien mayor para una mayor parte de la comunidad.

Además, desde la institución del impuesto federal sobre los ingresos hace más de un siglo, cuando nacía el progresismo norteamericano, la redistribución de la riqueza mediante la implementación de impuestos elevados al trabajo, a los ingresos, a la riqueza, apoyados por la propaganda de tipo marxista de lucha de clases, es un objetivo central del Partido Demócrata. Desgraciadamente, hoy en día una parte significativa de la población se siente identificada con esta tendencia. De hecho, bajo el disfraz de la pandemia del coronavirus, el Partido Demócrata ha expandido ampliamente el alcance del estado benefactor, no solo mediante el reparto de billones de dólares para apuntalar a su base política e ideológica, sino también entrampando a un grupo cada vez más creciente de individuos mediante el uso de subsidios gubernamentales y transferencias de pagos.

La transformación educativa ha llevado, de muchas maneras, a la transformación social a la que apuntaban los primeros intelectuales progresistas. Dewey había condenado el sistema educativo de su época e insistido en su conversión en una fábrica del pensamiento progresista. Mientras intentaba representar que sus intenciones eran entrenar a estudiantes sobre cómo pensar, tal como Sócrates, su ambición era en realidad lo opuesto: el adoctrinamiento de niños, de modo similar a lo que había anhelado Rousseau y había exigido Marx. Tiene también cierto parecido con *La República*, la visión de Platón sobre una sociedad utópica, que no era más que una forma de tiranía organizada. Como bien escribió Dewey: "El estudiante aprende símbolos sin la llave de su significado. Adquirió un cuerpo técnico de información sin la habilidad de rastrear sus conexiones con los objetos y operaciones con los que está familiarizado —a menudo adquiere simplemente un vocabulario peculiar—. Hay una fuerte tentación por asumir que presentar un tema en su versión más perfeccionada brinda un camino de realeza hacia el aprendizaje. ¿Qué hay más natural que suponer que se les puede ahorrar tiempo y energía a los inmaduros, y que se los puede proteger de errores innecesarios, si comenzamos por donde han terminado las indagaciones competentes? El resultado está escrito en letras de molde en la historia de la educación. Los estudiantes comienzan sus estudios de ciencias con textos en los que la materia se organiza en temas según el orden del especialista. Los conceptos técnicos, con sus definiciones, se presentan desde el comienzo. Se introducen leyes desde un principio, con apenas algunas indicaciones sobre cómo se llegó a ellas. Los estudiantes aprenden una 'ciencia' en lugar de aprender la manera científica de tratar material conocido de la experiencia cotidiana. El método del estudiante avanzado domina la enseñanza superior; la metodología de la institución superior se transfiere a la escuela secundaria, y así sucesivamente hacia abajo, con omisiones tales que puedan hacer más fácil la materia…"[11].

De este modo, Dewey sostenía, como lo había hecho Marx, que la juventud de la nación debía ser liberada de las costumbres, los valores, los sistemas de creencia, las tradiciones, etc., a través de la educación pública, y que debía ser preparada para otro tipo de programa. ¿Y por qué no? El aula brinda una audiencia cautiva de millones de niños, un escenario perfecto para el adoctrinamiento de orientación marxista. Dewey, al igual que sus pares intelectuales, lo describió como aplicar "ciencia" y "razón". Tal como escribió Dewey: "Bajo la influencia de las condiciones creadas por la inexistencia de la ciencia experimental, en todas las filosofías dominantes del pasado se opuso la experiencia a la razón y a lo verdaderamente racional. El conocimiento empírico significaba el conocimiento acumulado por una multitud de instancias pasadas, sin el entendimiento de la inteligencia sobre los principios de ninguna de ellas. [...] La ciencia es experiencia devenida racional. Por lo tanto, el efecto de la ciencia es cambiar la idea que los hombres tienen de las posibilidades inherentes y la naturaleza de la experiencia. [...] Apunta a liberar una experiencia de todo lo que sea puramente personal y estrictamente inmediato; apunta a desconectar todo lo que tenga en común con el tema de otras experiencias, y que, al ser común, puede guardarse para otras instancias. [...] Desde el punto de vista de la ciencia, este material es accidental, mientras que las características que se comparten ampliamente son esenciales. [...] Al emancipar a una idea del contexto particular en el que se originó y darle una referencia más amplia, los resultados de la experiencia de cualquier individuo se ponen a disposición de todos los hombres. Por consiguiente, a nivel filosófico y en última instancia la ciencia es el órgano del progreso social general"[12].

En otras palabras, Dewey buscaba renunciar a lo que es y a lo que ha sido, en pos de una ideología disfrazada de ciencia y razón. Por supuesto, la arrogancia de los progresistas, como la de los marxistas, es ilimitada, algo de esperar en aquellos que reinarían sobre nosotros. Dicho esto, para ser claros, la gente de tradición, fe y costumbres no rechaza la ciencia y la razón, pero tampoco las venera. Han aprendido y experimentado el valor de las verdades eternas y de la sabiduría pasada, incluida aquella de los pueblos antiguos, que reflejan la base de la fundación de los Estados Unidos concisamente expuesta en la Declaración de Independencia.

Al igual que Rousseau, Dewey enmarcó su método educativo

tanto en abrir la mente de los estudiantes como en insistir en su obediencia; o, puesto de una manera más precisa, abrir la mente para rendirse ante el adoctrinamiento y el conformismo. Como declaró Dewey, "La conclusión fundamental es que la escuela debe transformarse a sí misma en una institución social vital, en mayor medida de lo que es actualmente. [...] El interés en el bienestar de la comunidad, un interés que es intelectual y práctico, así como emocional —es decir, un interés en percibir todo aquello que conforme el orden social y el progreso, y que haga posible la ejecución de estos principios— es el hábito ético por excelencia al que deben relacionarse todos los hábitos especiales de las escuelas"[13].

Como era de esperar, Dewey fue uno de los primeros fanáticos de la Unión Soviética y su "sistema educativo" —o, más precisamente, su gigantesca maquinaria de propaganda en la que la obediencia y el conformismo fueron contorsionados para formar una nueva unidad—. Visitó el sistema comunista y, en diciembre de 1928, escribió en *New Republic* que "en el estado de 'transición' de Rusia (por supuesto, los regímenes comunistas siempre están en 'estado de transición') se asocia una singular significancia al cambio mental y moral (*con el debido respeto* a los marxistas) que está ocurriendo; todo eso, mientras que al final se supone que esta transformación debe ser un medio hacia el cambio económico y político, ya que en el presente sucede a la inversa. La consideración equivale a decir que la importancia de toda institución es educativa en el sentido más amplio de la palabra —en cuanto a sus efectos sobre disposición y actitud—. Su función es crear hábitos para que las personas actúen de manera cooperativa y colectiva tan prontamente como ahora actúan de manera 'individualista' en países capitalistas"[14].

O sea que, he aquí a uno de los padres fundadores del movimiento progresista de los Estados Unidos, que había dado cátedra sobre la "la ciencia y la razón", ponderando el lavado de cerebros forzoso de la población rusa por parte del brutal régimen del dictador comunista Joseph Stalin. Y no olvidemos que Dewey sigue siendo central al pensamiento progresista del ámbito académico, de los medios y demás esferas.

Dewey continuó de la siguiente manera: "La misma consideración define la importancia y el propósito de las agencias educativas más estrechas, las escuelas. Representan un esfuerzo directo y concentrado por obtener el efecto que otras instituciones desarrollan de un modo más difuso e indirecto. Las escuelas, en la fase actual, son 'el brazo ideológico de la Revolución'. En consecuencia, las actividades de las escuelas encajan de la manera más extraordinaria a nivel administrativo y organizativo, así como en su objetivo y en su espíritu, con todas las otras agencias e intereses sociales"[15].

Ah, "la revolución". De nuevo, el objetivo es controlar las escuelas y los planes de estudios, controlar a los maestros y las aulas y, con el paso del tiempo, controlarás las mentes y corazones de la población. ¿No es acaso ese el estado de cosas de la educación al que nos enfrentamos hoy en los Estados Unidos? Y, como veremos más adelante, de la radicalización de la cultura a través de la educación y la propaganda mediática con ideologías radicales basadas en el marxismo, tales como la teoría crítica.

"Durante el régimen de transición —escribió Dewey— la escuela no puede contar con la educación más amplia para crear de manera alguna, única e incondicional, la mentalidad colectiva y cooperativa requerida. Las costumbres e instituciones tradicionales de los campesinos, sus pequeños trechos, su sistema de rotación trienal, la influencia del hogar y la Iglesia, todo trabaja de forma automática para crear en ellos una ideología individualista. A pesar de la mayor tendencia del trabajador citadino hacia el colectivismo, hasta su entorno social trabaja de manera adversa en muchos sentidos. Por ello, la gran tarea de la escuela es contrarrestar y transformar esas tendencias domésticas y vecinales que aún tienen gran fuerza, incluso en un régimen nominalmente colectivista"[16].

Esta es una proclamación extraordinariamente abierta que hace Dewey sobre lo que deberían ser las escuelas públicas y en lo que, de hecho, se han convertido hoy. "¿La mentalidad colectiva y cooperativa requerida?" Marx habría estado tan orgulloso de sus descendientes progresistas. De hecho, es alarmante que Dewey apuntara específicamente al campesino agricultor como un obstáculo para la utopía colectiva. En 1932, unos cuatro años después de la publicación del artículo de Dewey, Stalin apuntó contra la población ucraniana, en especial los campesinos agricultores, para su exterminio a través de una campaña de hambruna masiva y despiadada, porque no entregaban sus "pequeños trechos" de tierra al régimen comunista y no cedían ante la agenda colectivista de Stalin. Murieron millones. De hecho, en un esfuerzo por proteger las ideas proclamadas y los supuestos principios detrás de la Revolución rusa, incluidos liberar a la gente, promover la igualdad e instituir la justicia, el *New York Times*, uno de los periódicos con más influencia dentro de los Estados Unidos, actuó como panfleto de propaganda para el régimen de Stalin durante sus comienzos, y ayudó a ocultar el genocidio y las atrocidades contra los ucranianos[17].

De nuevo, no puede estar más claro que el apuntalamiento ideológico del movimiento progresista moderno fue gestado en el vientre marxista. El vínculo es indiscutible. Desde ya, todas las encarnaciones marxistas, según se practican y donde se imponen, no necesitan ser idénticas en todo sentido y, de hecho, difieren. Pero son inconfundibles las mismas creencias y la articulación de los mismos argumentos entre los progresistas norteamericanos. El proceso resultante de décadas de adoctrinamiento y manipulación progresista, a través de la cultura y el gobierno, nos ha pasado factura. En lugar de aprender la lealtad a la fundación y los ideales de la nación y de celebrar una sociedad civil y libre, se les enseña a generaciones sucesivas de estudiantes el desprecio por su propio país, por su historia y su fundación, y se los alienta a renegar de él.

Muchos padres que envían a sus hijos a escuelas que dependen del gobierno, o que más adelante apoyan de manera voluntaria la asistencia de sus hijos a instituciones de educación superior con la esperanza de que mejoren sus posibilidades laborales dentro de la sociedad gracias a su educación, suelen horrorizarse al ver la transformación de sus hijos que van de ser criados para tener ciertas creencias como parte de una familia, a ser adoctrinados para tener ciertas creencias como parte de un esfuerzo de adoctrinamiento de terceros y de un movimiento ideológico.

A medida que comenzó a establecerse el control progresista sobre la educación, la cultura y la sociedad, en 1948, el profesor de la Universidad de Chicago Richard M. Weaver advirtió en su libro *Ideas Have Consequences* [Las ideas tienen consecuencias] que la educación y la sociedad civil se estaban desmoronando. Escribió: "De seguro se justifica que digamos de nuestra época: si buscas el monumento a nuestro sinsentido, mira a tu alrededor"[18]. Condenó lo que veía con razón como el rechazo de viejas verdades y fes, que resultaba en un salvajismo inimaginable. "En nuestra época —explicó Weaver— hemos visto ciudades arrasadas y antiguas fes azotadas. Bien podríamos preguntar, en las palabras de Mateo, si no estamos enfrentados a 'gran tribulación, cual no la ha habido desde el principio del mundo hasta ahora'. Nos hemos desempeñado por años con una confianza descarada en que el hombre había logrado una posición de independencia que tornaba innecesarias las antiguas restricciones. Hoy, en la primera mitad del siglo XX, en la cima del progreso moderno, observamos estallidos de odio y violencia sin precedentes; hemos visto a naciones enteras desoladas por la guerra y convertidas en campos penitenciarios por sus conquistadores; nos encontramos con que media humanidad considera criminal a la otra mitad. Ocurren síntomas de psicosis masiva por doquier. Y lo más ominoso, aparecen bases divergentes de valores, con el resultado de que nuestro único globo planetario es desafiado por mundos de entendimientos diferentes. Estas señales de desintegración despiertan temor, y el temor lleva a esfuerzos desesperados y unilaterales hacia la supervivencia que no hacen más que hacer avanzar el proceso"[19].

Weaver explicó que "la religión empieza a asumir una dignidad ambigua, y debe enfrentarse a la pregunta de si tiene posibilidad alguna de perdurar en un mundo de racionalismo y ciencia". Es el nacimiento de "la anomalía de una religión 'humanizada'"[20]. De hecho, la especie humana ahora debía definirse según su entorno y, en particular, según el materialismo —el principio fundacional detrás del marxismo, también conocido como historicismo material—. "El materialismo acechaba [...] en el horizonte, porque estaba implícito en lo que ya había sido formulado. Por ello, pronto fue imperativo explicar al hombre según su entorno. [...] Si el hombre había hecho su ingreso en este siglo dejando una estela de nubes de gloria trascendental, ahora se daba cuenta de él de tal manera que satisficiera a los positivistas"[21]. Es decir, a esos intelectuales que rechazan las verdades eternas y la experiencia a través de los siglos, en favor de la ingeniería social de supuestos expertos y su Estado administrativo, que dicen usar datos, ciencia y empirismo para analizar, manejar y controlar a la sociedad.

Weaver también hizo referencia a Charles Darwin y su teoría de la evolución. Escribió que "la necesidad biológica, que resulta en la supervivencia del más apto se ofreció como la *causa causans* [la causa principal de la acción], luego de que se decidió acerca de la gran pregunta sobre el origen de la humanidad en favor del materialismo científico. Luego de que se acepta que el hombre está moldeado íntegramente por presiones ambientales, uno tiene la obligación de extender la misma teoría de causalidad a sus instituciones. Los filósofos sociales del siglo XIX encontraron en Darwin un poderoso apoyo a su tesis de que los seres humanos actúan siempre motivados por incentivos económicos, y fueron ellos quienes completaron la abolición del libre albedrío. Por lo tanto, la gran obra de la historia fue reductible a los empeños económicos de los individuos y las clases; y se construyeron pronósticos elaborados sobre la teoría de conflictos y resoluciones económicos. El hombre, creado a semejanza divina, el protagonista de una gran obra en la que está en juego su alma fue reemplazado por el hombre animal buscador de riqueza y consumidor"[22].

Es decir, la complejidad y la naturaleza de la existencia humana se reducen a una mera teoría simplista y defectuosa en la que el individuo es poco más que una criatura unidimensional enfocada solamente en el consumo material.

"Finalmente llegó el conductismo psicológico —escribió Weaver— que negó no solo el libre albedrío sino incluso medios de dirección elementales tales como el instinto". Lo que sucede ahora "es una reducción al absurdo de la línea de razonamiento que comenzó cuando el hombre le dio una alegre despedida al concepto de trascendencia [es decir, espíritu, fe, Dios]. No hay un término apropiado para describir la condición en la que ha quedado el hombre, más que 'fatalidad'. Se encuentra en el profundo y oscuro abismo, y no tiene con qué elevarse. [...] A medida que los problemas se le acumulan, se profundiza su confusión al enfrentarlos con políticas *ad hoc*"[23].

Por supuesto, esto lleva nuevamente al tema de la educación. Se dejó ir a la religión y se la reemplazó con la educación, la cual, tal como observó Weaver: "supuestamente ejercería la misma eficacia. La separación de la educación de la religión, uno de los logros que más enorgullece al progresismo, no es más que una extensión de la separación del conocimiento de la metafísica. Y la educación separada de ese modo puede brindar su forma de adoctrinamiento. Incluimos [...] la educación en el aula, dado que toda instrucción institucionalizada de este tipo procede según los supuestos del Estado. Pero la educación que mejor logra su propósito es el adoctrinamiento sistemático día tras día de toda la ciudadanía a través de canales de información y entretenimiento"[24]. Weaver no tenía idea de cuán en lo cierto estaba, y de cuánto empeoraría la situación casi ochenta años más tarde.

Esto nos trae al periodo que va desde finales de la década del cincuenta hasta principios de los setenta, en el que se alzó el movimiento de la Nueva Izquierda en los campus universitarios estadounidenses, tan proclamado por los marxistas de hoy en día. En 1959 se fundó el grupo Estudiantes por una Sociedad Democrática (SDS, por sus siglas en inglés), uno de los grupos más prominentes de la Nueva Izquierda, el cual emitió su manifiesto político, *The Port Huron Statement* [La Declaración de Port Huron], en 1962. *The Port Huron Statement* es un ensayo perogrullesco, inconexo, lleno de psicología popular que condena el capitalismo y apoya una revolución de tipo marxista. La Nueva Izquierda "en general evitaba las formas tradicionales de organización política en pos de estrategias de protestas masivas, acciones directas y desobediencia civil"[25]. El movimiento estaba fuertemente influenciado por un marxista nacido en Alemania, Herbert Marcuse, quien, como era de esperarse, era un feroz anticapitalista. Además, no ha de sorprender que Marcuse enseñara en varias universidades estadounidenses a lo largo de su carrera, incluidas Columbia, Harvard y Brandeis. Autor prolífico, su libro de 1964, *One-Dimensional Man* [El hombre unidimensional], fue leído extensamente, en especial por la Nueva Izquierda, y su éxito ayudó a llevar a Marcuse de ser un profesor universitario relativamente desconocido a ser un profeta y la figura paterna de un incipiente movimiento estudiantil antiguerra"[26]. Como veremos más adelante, su influencia se extiende mucho más allá de la Nueva Izquierda y llega hasta los movimientos actuales de la teoría crítica que buscan activamente socavar y, en última instancia, suplantar la cultura y la sociedad estadounidenses. Por lo tanto, se debe prestar mucha atención a sus escritos.

Como a la mayoría de los profesores marxistas, a Marcuse no le era suficiente el adoctrinamiento, sino que urgía al activismo, a una revolución concreta. La explicación de Marcuse sobre la razón de la ausencia de una alzada marxista en los Estados Unidos cambió con el tiempo. En cierto momento creyó que la liderarían "las masas". Más tarde, insistió en que la opulencia de la sociedad capitalista imposibilitaba una revolución de este tipo. Por dicha razón, sostuvo que la revolución surgiría de los intelectuales que trabajaban con los marginados. Sin embargo, con el advenimiento del movimiento estudiantil, se inclinó más hacia la idea de un movimiento revolucionario popular[27]. De cualquier modo, Marcuse afirmó, tal como Marx, que todo lo que no fuera una revolución hecha y derecha fracasaría en desbancar al flagelo del capitalismo y la cultura dominante.

Marcuse sostenía, en parte, que el sistema capitalista o "la máquina industrial" estaba psicológica y económicamente omnipresente, hasta el punto de devorar a, y apropiarse de, la clase trabajadora y los movimientos de los trabajadores. "En virtud de la manera en que ha organizado su base tecnológica —declaró Marcuse— la sociedad industrial contemporánea tiende a ser totalitaria. Porque 'totalitario' no se refiere solamente a una coordinación política terrorista en la sociedad, sino también a una coordinación no terrorista, económico-técnica, que opera a través de la manipulación de las necesidades por parte de los intereses creados. De este modo, impide el surgimiento de una oposición efectiva contra el todo. El totalitarismo no solo se da con un tipo de gobierno específico o con la actuación de un partido, sino también con un sistema específico de producción y distribución que bien puede ser compatible con un 'pluralismo' de partidos, de periódicos, de 'poderes compensatorios', etc."[28].

Marcuse sostuvo que, de hecho, tan fuerte es el agarre del capitalismo, que el gobierno lo utiliza para manejar y controlar a la sociedad. "Hoy en día, el poder político se afirma a través de su poder sobre el proceso de la máquina y sobre la organización técnica del aparato —escribió Marcuse—. El gobierno de sociedades industriales en pleno avance y avanzadas puede sostenerse y asegurarse solamente cuando moviliza, organiza y explota de manera exitosa la productividad técnica, científica y mecánica disponible para la civilización industrial. Y esta productividad moviliza a toda la sociedad, más allá de cualquier individuo o grupo de intereses en particular. El hecho bruto de que el poder [...] físico de la máquina sobrepase el del industrial, y el de cualquier grupo en particular de individuos, hace de la máquina el instrumento político más efectivo en cualquier sociedad cuya organización básica es la del proceso de la máquina"[29].

Pero Marcuse sostenía que había una manera de liberarse de las garras de "la máquina". "Hacen falta nuevos modos de entendimiento que se correspondan con las nuevas capacidades de la sociedad. Dichos nuevos modos solo pueden indicarse de manera negativa porque equivaldrían a la negación de los modos predominantes. Por lo tanto, la libertad económica significaría liberación *de* la economía —de ser controlados por fuerzas y relaciones económicas; liberación de la lucha diaria por la existencia, por ganarse la vida—. La libertad política significaría la liberación de los individuos *de* la política sobre la que no tienen ningún control efectivo. [...] La forma más efectiva y duradera de guerra contra la liberación es implantar necesidades materiales e intelectuales que perpetúan los modos obsoletos de lucha y existencia"[30].

Las contradicciones internas del marxismo y sus defensores, como Marcuse, son notorias. ¿Significan acaso las libertades individuales y económicas que debemos renunciar al capitalismo de libre mercado en favor del colectivismo? ¿Está el individuo satisfecho y libre de necesidad y lucha? ¿Irá el gobierno desapareciendo a medida que pase el tiempo? ¿Es así como ha funcionado el marxismo a través del mundo, o en lugar alguno? Por supuesto que no. Por ejemplo, ¿hay algún régimen marxista en cualquier lugar del planeta que no sea un Estado policial? ¿China, Corea del Norte, Cuba, Venezuela? La imposición de la ideología marxista, pasar de ser una abstracción a ser una realidad, ha dejado a su paso a decenas de millones de seres humanos que sufren y mueren.

No obstante, según Marcuse, tras haber fracasado en el derrocamiento de la sociedad actual, hay ahora serias grietas en sus cimientos. "[H]ay indicios de que el 'mensaje' de la Nueva Izquierda se ha diseminado y oído más allá de sus propias esferas. Hay, por supuesto, razones para que esto ocurriera. Se ha alterado la estabilidad del capitalismo y, en efecto, a escala internacional; el sistema expone más y más su capacidad destructora y su irracionalidad inherentes. Es a partir de este punto que crece y se difunde la protesta, aunque esta sea en su mayoría desorganizada, difusa, inconexa y no tenga en un principio ningún objetivo socialista evidente todavía. Entre los trabajadores, la protesta se expresa mediante huelgas salvajes, ausentismos y sabotajes encubiertos, o aparece en estallidos contra el liderazgo sindical; aparece también en las luchas de las minorías sociales oprimidas y, finalmente, en el movimiento de liberación femenina. Es obvio que hay una desintegración general de la moral del trabajador, una desconfianza en los valores básicos de la sociedad capitalista y su moral hipócrita; es evidente la crisis generalizada de la confianza en las prioridades y jerarquías establecidas por el capitalismo"[31].

En las últimas décadas, partiendo de la base del trabajo de Dewey, y adoptando ideas marxistas desarrolladas y apoyadas por individuos como Marcuse y otros, y adaptándolas a la sociedad y la cultura estadounidenses, la enseñanza y la promoción del marxismo y de las nociones marxistas en las aulas de los campus de instituciones de educación superior estadounidenses han sido abiertas y generalizadas. Como señalé más arriba, hasta mereció una exposición en el *New York Times* hará unos treinta años[32].

Y no nos engañemos, el problema no es si las enseñanzas marxistas en nuestras aulas se han degenerado y convertido en "una colección flojamente entretejida de teorías que tienen poco en común" como informó el *Times* en su momento, haciendo de los mensajes y el impacto algo menos preocupante, sino que se están usando los principios del marxismo de numerosas maneras para atacar a la sociedad y la cultura estadounidenses en una variedad de frentes, lo cual hace más difícil la tarea de enfrentar y desafiar a estos movimientos.

Vale la pena destacar que el profesor Jonathan M. Wiener le dijo al *Times*: "'Marxismo y feminismo, marxismo y deconstrucción, marxismo y raza… es aquí donde encontramos los debates emocionantes'.[33] Y la diversidad es ahora la marca distintiva del alguna vez monolítico marxismo"[34].

En efecto, dado que el marxismo ha dado a luz a varias iteraciones de sí mismo —con sus defensores ávidos de anular algún que otro aspecto de la vida cultural y social, con su constante explotación de las imperfecciones sociales y los descontentos individuales, y el arquetipo marxista de la teoría de la lucha de clases del opresor y el oprimido (la burguesía versus el proletariado)—, los tentáculos del marxismo han llegado a las profundidades de la sociedad estadounidense. Y su ubicuidad ha alcanzado un tipo de conformidad o aceptación pasiva, desde las salas de juntas de corporaciones y los deportes profesionales, hasta la mayoría de las redacciones, etc., o hasta incluso se celebra de manera abierta, aunque bajo distintas nomenclaturas. En su esencia, sin embargo, el marxismo toma su nombre del hombre y la ideología que postuló extensamente en numerosos escritos. Sus principios y argumentos brindan la base de la desintegración de nuestra república constitucional y nuestra economía basada en los mercados, más allá, y a pesar de, sus varias permutaciones en el ámbito académico y demás esferas.

Sin embargo, tal como destaqué en este capítulo, es el ámbito académico y su reinado sobre la educación de generaciones de estudiantes el que sirve como la fuerza más potente para el adoctrinamiento y la defensa marxistas, y el ímpetu más poderoso para su aceptación y su diseminación. Y el verdadero blanco del pensamiento marxista son estos estudiantes, quienes forman la base para la resistencia, la rebelión y la revolución.

En su libro de 2011, *Heaven on Earth* [El cielo en la tierra], el profesor Richard Landes de la Universidad de Boston explica, entre otras cosas, el impulso emocional, intelectual, religioso y espiritual de los *millennialists*. A pesar de que su intención es que la palabra "*millennialist*" signifique algo más de a lo que hago referencia aquí, es de mucha utilidad para describir el estado mental y las motivaciones de la gente joven, en especial de los estudiantes universitarios, atraída al marxismo y a los movimientos revolucionarios. A medida que destaco algunos de sus escritos, tengamos en cuenta que su uso de la palabra "*millennialist*" pretende incorporar a *millennials* de algún tipo; pero para mi propósito analítico aquí, de preferirse, se puede sustituir la palabra "*millennialist*" con la palabra "*millennial*". De cualquier modo, la escolaridad de Landes es tanto importante como relevante para entender la mentalidad que gesta revueltas sociales en los campus de instituciones de educación superior.

Landes explica que los "[m]*illennialists* sienten una pasión por la justicia. Creen tener un claro conocimiento del bien y el mal. Cuando miran a la raza humana, muchos no ven un amplio espectro de personas con sus matices, sino a unos pocos santos y a un mar de pecadores, algunos redimibles, otros (la mayoría) no. Tienen bastante claro quiénes sufrirán los castigos y quiénes obtendrán las recompensas en la Revolución final. Y cuando consideran que ha llegado el momento, no creen en los acuerdos. Prevén la erradicación total del mal —la corrupción, la violencia, la opresión— y la maravillosa dicha del reino justo para los buenos. [...] Para los *millennialists* el mundo gris del *corpus permixtum* [cuerpo mixto de creyentes y no creyentes] es una ilusión en la que 'los malos' están en primer lugar solo por ahora; esto pasará —*deberá* hacerlo—. Entonces, los últimos, los mansos, los humildes, los indefensos serán los primeros"[35].

Esto convierte al marxismo en una ideología singularmente atractiva dado que Marx envuelve su ideología en el lenguaje del desamparado y el oprimido, y hace un llamamiento a la erradicación del *statu quo* al considerárselo corrupto de punta a punta.

"Todos los *millennialists* anhelan que el compromiso con sus creencias se propague por todas partes —escribe Landes—, lo suficiente como para provocar una transformación del universo social y político. Esa es la esencia misma del milenarismo, a diferencia de otras formas de escatología: *los justos vivirán libres en el mundo*. Es una salvación colectiva, un misticismo social. Podrá tardar un poco en llegar, pero no son castillos en el aire. Supone una transformación de la humanidad, un salto evolutivo hacia una forma diferente de interacción humana que puede tener un atractivo emocional enorme. Para usar lenguaje de la ciencia política, el milenarismo es una (quizá la primera) ideología revolucionaria"[36].

Por lo tanto, el marxismo tiene un aspecto cuasiteológico para sus predicadores y seguidores: la promesa de una transformación fundamental de la sociedad y la purificación de la naturaleza del hombre mediante un renacer de la sociedad, reemplazada por una "salvación colectiva" hallada en el igualitarismo comunal.

Landes continúa: "Las ideologías revolucionarias solo comienzan a resultarles atractivas a un gran número de personas (es decir, el *meme* sólo se difunde ampliamente) cuando la gente se siente cercana al momento de transformación. En efecto, mientras que muchos de nosotros de alguna u otra manera somos *millenialists* (es decir, esperamos que en algún momento el género humano ingrese en una nueva etapa de paz y justicia), somos muy pocos los *millennialists* apocalípticos (es decir, que creen que este suceso histórico mundial está a punto de suceder). Es solo en aquellos momentos relativamente inusuales en que un gran número de personas están convencidas y movilizadas por la convicción de que finalmente *ha llegado la hora*, que el milenarismo se convierte en un movimiento que ha ingresado al vórtice apocalíptico"[37].

Por supuesto, vimos cómo se desarrolló esto durante el verano de 2020, con disturbios violentos generalizados que iniciaron y organizaron Black Lives Matter (BLM), Antifa y otros grupos de orientación marxista, entre otros. También fuimos testigos de cómo se extendió la aceptación de, y el apoyo a, BLM a través de la cultura, en espacios como el Partido Demócrata, las corporaciones, los deportes profesionales, las redacciones, por nombrar solo a algunos.

"Para las personas que han ingresado en tiempos apocalípticos —explica Landes— todo se precipita, se aviva, se vuelve coherente. Entran en una excitación semiótica: todo tiene un sentido, un patrón. El incidente más mínimo puede tener una inmensa importancia y abrir el camino a una visión completamente nueva del mundo, una en la que operan fuerzas invisibles a otros mortales. Si el guerrero vive con la muerte encima del hombro, los guerreros apocalípticos viven con la salvación cósmica ante ellos, casi a su alcance"[38].

Además, el revolucionario es intolerante con las creencias o ideas que difieren de las suyas, con los desafíos intelectuales o con la oposición. Exige conformidad, la cual proclama como unidad y sentido de comunidad. Landes sostiene que "los *millennialists* son prolíficos en lo que hacen. Viven en un mundo encantado y emocionante, y no hay nada que quieran más que meternos a todos allí. O, si nos resistimos, nos lo traerán adonde estemos. Y si aún así nos resistimos, tristemente demasiado a menudo nos derribarán por ser los enemigos del apocalipsis, o nos forzarán a derribarlos a ellos"[39].

En consecuencia, no sorprende que los revolucionarios marxistas de mayor renombre y más notorios fueran fuertemente influenciados por sus experiencias universitarias y sus estudios. Por ejemplo, la biografía del ruso Vladimir Ilyich Ulyanov, alias Lenin, incluye que "nació [...] en una familia de buena formación. Sobresalió en la escuela y luego estudió Derecho. En la universidad fue expuesto al pensamiento radical, y sus ideas también fueron influenciadas por la ejecución de su hermano mayor, miembro de un grupo revolucionario. Tras ser expulsado de la universidad por sus políticas radicales, Lenin completó su título de Derecho como estudiante externo en 1891. Se mudó a San Petersburgo y se convirtió en un revolucionario profesional"[40].

A pesar de que Mao Zedong de China nació en el seno de una familia campesina, su biografía explica que "se form[ó] como maestro [y] viajó a Pekín donde trabajó en la Biblioteca de la Universidad de Pekín. Fue durante esta época que comenzó a leer literatura marxista. En 1921 se convirtió en miembro fundador del Partido Comunista Chino (PCC) y estableció una sede en Hunan"[41].

Pol Pot, en Camboya, provenía de una familia relativamente próspera. Su biografía relata que fue "educado en una serie de escuelas de habla francesa. En 1949, obtuvo una beca para estudiar en París donde se involucró en la política comunista"[42].

La mayoría de los estadounidenses ignora en gran medida, o acata, lo que ocurre en nuestras universidades, incluidos los padres que a menudo subsidian la asistencia de sus hijos a estas instituciones, y los contribuyentes que las subsidian al ritmo de decenas de miles de millones de dólares por año. Este es un grave fracaso en lo que respecta a la rendición de cuentas y atribución de responsabilidades, incluso una debacle multigeneracional.

Es necesario, por lo tanto, realizar un breve, aunque incompleto, repaso de las influencias marxistas y relacionadas al marxismo que ocurren hoy en la educación superior. Por ahora es suficiente enfocarnos en las enseñanzas y los escritos de la difunta profesora Jean Anyon. Anyon fue profesora de Políticas Sociales y Educativas en el programa de doctorado de Educación Urbana del Graduate Center de la City University de Nueva York. A pesar de ser una desconocida para la gran mayoría fuera del ámbito académico, y una de los muchos profesores que usan su aula para promocionar el adoctrinamiento marxista o relacionado al marxismo, su influencia en la educación superior ha sido sólidamente establecida y se sostiene hasta el día de hoy.

Al escribir acerca de su vieja amiga, Lois Weis, Ph.D., Universidad de Buffalo, explicó: "Son relativamente pocos los estudiantes de posgrado de los últimos treinta y cinco años provenientes de los Estados Unidos, Canadá, Australia, Nueva Zelanda y el Reino Unido en las áreas de educación urbana, sociología de la educación, estudios de currículo y antropología de la educación que no se han encontrado con el trabajo [de Anyon]. Desde finales de la década del setenta, Jean Anyon se ubica en el centro mismo del movimiento académico que busca desentrañar la naturaleza de lo que más tarde se ha de llamar el 'currículo oficial': qué es, cómo llega a tener dicho estatus y a quién sirve. Estimulados por el llamamiento a una 'nueva sociología de la educación' en la Inglaterra de principios de la década del setenta, los académicos empezaron a abordar preguntas relacionadas con qué constituye un conocimiento 'oficial' y las maneras en que dicho conocimiento se distribuye de manera diferencial a través de las instituciones educativas. Michael F. D. Young (1971) articula el punto de partida teórico para la mayoría de estos análisis cuando sostiene que hay una 'relación dialéctica entre el acceso al poder y la oportunidad de legitimar categorías dominantes, y los procesos mediante los cuales la disponibilidad de dichas categorías para algunos grupos les permite afianzar su poder y control sobre los demás'. Si se extiende este marco general, un gran número de escritores sostienen que la organización del conocimiento, las formas en que se transmite y la evaluación de su adquisición son factores en la reproducción de la relación entre clases en sociedades capitalistas avanzadas"[43].

Dicho en español más sencillo, en lugar de la utilización de un método más tradicional, Anyon promovía su marca —niveladora hacia abajo— de ideología marxista en el aula para obtener conocimientos. Escribió, por ejemplo: "La posesión privada de la producción en el capitalismo [...] se distingue de un sistema socialista/comunista según lo imagina Marx, en el que todos contribuyen a la producción de bienes económicos según su capacidad, y se proveen beneficios y bienes según las necesidades de cada persona"[44].

Proclamaba la típica lucha de clases entre la burguesía (capitalistas dueños de la propiedad) y el proletariado (trabajadores asalariados), como si un mundo tan complejo y sus complicadas relaciones pudieran reducirse tan fácilmente a semejante sistema de castas. En su libro *Marx and Education* [Marx y la educación] de 2011, sostuvo: "Una importante percepción de Marx fue que el capitalismo es un sistema económico que no puede funcionar sin una inequidad fundamental, es decir, que la desigualdad es parte inherente del funcionamiento del sistema. Los dueños de su propio negocio deben obtener ganancias para sobrevivir, y aquellos que no son dueños de negocios deben encontrar trabajos en estas empresas si han de proveer un sustento para sí mismos y sus familias. Los trabajadores (y demás empleados) son productos, se compran y venden en el mercado como cualquier otro producto, al precio más bajo. Para obtener una ganancia, el capitalista debe pagarle al trabajador menos de lo que se podría obtener por la venta del producto que genera este último. (Si el producto es un servicio, como la atención médica o el trabajo con computadoras, el dueño de la empresa debe llevarse más dinero del que se les paga a los empleados para que la empresa sobreviva). El dinero extra de la venta del producto o la provisión del servicio es el beneficio económico que se guarda el capitalista. Es importante destacar que, mientras que el margen de ganancia de las pequeñas empresas es a menudo pequeño, las grandes corporaciones —y los accionistas, ejecutivos y gerentes de estas corporaciones— en general disfrutan de grandes ganancias que hacen que los salarios de los empleados se vean diminutos en comparación. [...] Esta relación profundamente desigual entre trabajadores/empleados y dueños se encuentra en la base del sistema y, para Marx, es parte fundamental de su definición"[45].

Obviamente, esta teoría rechaza, entre otras cosas, toda evidencia de la movilidad económica y social que existe en las sociedades capitalistas, y en especial en los Estados Unidos. Las historias de "de mendigo a millonario" y de "de millonario a mendigo" son infinitas. De hecho, el grado en el que individuos de a millones buscan refugiarse en los Estados Unidos, arriesgando sus vidas y las vidas de sus familias, en particular aquellos que huyen de los presuntos paraísos comunistas alrededor del mundo para tener una vida mejor también presenta historias ilimitadas. ¿Dónde están los ejemplos concomitantes de lo opuesto, es decir, de individuos "escapando" de las "inequidades del capitalismo estadounidense" para vivir una vida mejor en regímenes comunistas? Toda la ideología está construida sobre un cuento de hadas, pero ofrece una pesadilla de horrores.

Anyon, al igual que todos los marxistas, también explota el

hecho de la desigualdad humana, la cual existe por un sinnúmero de razones, muchas de las cuales no tienen nada que ver con la opresión o el desplazamiento económicos, la discriminación histórica o la injusticia, sino con la naturaleza y las consecuencias de las conductas individuales, la motivación, la ética de trabajo, la suerte (buena o mala), etc. Es más, la verdadera igualdad en el contexto económico es tanto impracticable como imposible. ¿Qué se quiere decir exactamente con igualdad económica? ¿Hasta qué punto puede ser impuesta sobre una población de individuos únicos y diversos? ¿Y por qué medios y con qué métodos debe imponerse? ¿Cómo medimos cuándo hemos logrado la igualdad económica? ¿Y cómo aseguramos que perdure de una generación a otra? ¿Acaso no es subjetiva la igualdad económica? ¿Y qué impacto tendrá la igualdad económica —más allá de lo que signifique y de cómo se ejecute— sobre el crecimiento económico, las oportunidades y el bienestar de la sociedad en general? En más de ciento noventa países, incluidos los regímenes comunistas, ¿dónde existe verdaderamente la igualdad económica? Las preguntas son infinitas, pero tienen una profunda importancia al momento de abordar la teoría marxista y sus implicancias para las sociedades reales.

Es más, el paradigma de "dueño versus trabajador" no es para nada un paradigma racional. A menudo, la línea divisoria o distinción entre un "dueño" y un "trabajador" es ambigua o inexistente. Una persona dueña de una pequeña tienda, física o digital, que trabaja para sí misma ¿es dueña, trabajadora o ambas? La mayoría de las personas responderían que es ambas. Un trabajador que invierte en acciones de una compañía que cotiza en bolsa para la que trabaja, o que compra acciones como parte de sus propias inversiones y de su plan de pensión ¿es también uno de los dueños en estas compañías? La respuesta es sí. ¿Y por qué se asume, como si fuera un hecho empírico, que en un sistema económico capitalista un empleador explota a sus empleados? Por ejemplo, ¿quién está mejor: los empleados de compañías estadounidenses grandes y pequeñas, o aquellos que trabajan en condiciones laborales de esclavitud en Corea del Norte, Cuba y Venezuela? O, miremos a la China comunista. Los ciudadanos chinos no tienen la libertad de cambiar de trabajo; se les asignan créditos sociales basados en su estricto cumplimiento de los preceptos gubernamentales; deben venerar al brutal dictador de China, Xi Jinping, como líder supremo; la religión está prácticamente prohibida; el sistema judicial existe para imponer la ortodoxia del Partido Comunista; existe una extensa red de campos de concentración; etc. Para la mayoría de la gente sensata, este está lejos de ser el nirvana idílico que prometen los propagandistas marxistas, en especial los profesores universitarios.

El difunto Raymond Aron, filósofo y periodista, tenía un agudo entendimiento de los intelectuales y las élites marxistas. En 1955, escribió en *The Opium of the Intellectuals* [El opio de los intelectuales]: "En el mito de la Revolución, esta lucha inconclusa se presenta como una necesidad ineludible. La resistencia de los intereses creados, de los elementos hostiles al futuro radiante y lírico solo puede quebrarse a la fuerza. A primera vista, Revolución y Razón son diametralmente opuestas: la segunda sugiere discusión, la primera violencia. Uno o discute y acaba por convencer a su oponente o renuncia a la discusión y recurre a las armas. Sin embargo, la violencia ha sido, y continúa siendo, el último recurso de una cierta impaciencia racionalista. Aquellos que afirman saber cuál es la forma que deberían adoptar las instituciones están enfurecidos por la ceguera de sus coterráneos y pierden la fe en las palabras, al tiempo que olvidan que aquellos obstáculos que surgen de la naturaleza de los individuos y de las sociedades siempre estarán allí y que los revolucionarios, cuando se hayan convertido en los amos del Estado, se enfrentarán a la misma alternativa de acuerdo o despotismo"[46].

Sin embargo, a pesar de las experiencias del mundo con la realidad del marxismo, los profesores como Anyon siguen marchando. Escribió, por ejemplo —lo cual es ortodoxia marxista pura—, que "[d]ado que el aumento de salarios y beneficios reducirían los márgenes de ganancia de los dueños de empresas, los capitalistas son (por definición y en la mayoría de los casos reales) diametralmente opuestos a los intereses de los trabajadores, los cuales en general desean sindicatos, aumentos al salario mínimo vital y mejores beneficios. Por lo tanto, la relación económica trabajador/dueño puede ser vista como una relación contradictoria. Las contradicciones entre las principales clases (las clases trabajadoras y capitalistas) llevan a la tensión y a continuas batallas (huelgas, dilaciones, manifestaciones políticas), y con el éxito en estas luchas de clases los trabajadores pueden liberarse de las 'cadenas' que según Marx los retenían en fábricas, oficinas y otros emprendimientos capitalistas. Marx veía a esta lucha de clases como el detonante que finalmente llevaría al derrocamiento del capitalismo y al posible desarrollo del socialismo y el comunismo —un reparto democrático de los recursos y las ganancias—. Marx sostenía que, en un sistema socialista, 'En lugar de la vieja sociedad burguesa, con sus clases y su antagonismo de clases, tendremos una asociación en la que el libre desarrollo de cada individuo sea la condición para el libre desarrollo de todos' (Marx y Engels, 1848)"[47].

Para ser exactos, la gran mayoría de los empleados del sector privado no pertenecen a ningún sindicato[48], y no es por alguna conspiración para evitar la difusión de los sindicatos, sino porque en muchas industrias los sindicatos están desactualizados, en otras destruyen puestos de trabajo y en otras adicionales no sirven ningún propósito. Es más, muchos, sino la mayoría de los empleadores entienden que maltratar a su fuerza laboral es algo autodestructivo, ya que se torna difícil cubrir puestos de trabajo, retener a empleados en los que se ha invertido tiempo, entrenamiento y recursos y mantener un clima de trabajo leal y productivo. Para el marxista norteamericano, sin embargo, son útiles para la centralización del control del trabajo en manos de unos relativamente pocos que más que nada comparten su agenda colectivista. A menudo, el sindicato se convierte más en una voz para el Estado que para los miembros que dice representar, tal como vemos en muchos regímenes totalitarios. Al final, sin embargo, el debilitamiento de los sindicatos en el sector privado es una consecuencia natural de las preferencias y necesidades tanto de la gerencia como de los empleados en una sociedad abierta[49].

Anyon afirmó que "[e]n el capitalismo, según Marx, las relaciones económicas entre clases tienen una gran influencia en la situación social fuera del lugar de trabajo, y afectan los mundos domésticos y cívicos en los que vive la gente. [...] Sostuvo que, 'El modo de producción de la vida material condiciona el proceso de vida social, político e intelectual en general. No es la conciencia de los hombres la que determina su ser, sino, por el contrario, es su ser social el que determina su conciencia' (1859). [...] Marx sostuvo, siguiendo este razonamiento, que la relación económica y el contexto social en los que existe la clase trabajadora limitan la capacidad del trabajador de trascender su situación social. [...] Los hombres y las mujeres, sostuvo Marx, tienen algún tipo de libertad y de voluntad, pero no son tan libres de determinar sus propias elecciones de vida como sugiere vivir en una democracia (capitalista). 'Los hombres [y mujeres] hacen su propia historia —dijo— pero no la hacen según les place, no la hacen bajo circunstancias que hayan seleccionado ellos mismos, sino bajo circunstancias que ya existían, que les son dadas y transmitidas desde el pasado'"[50].

La más obvia de las afirmaciones en esta falacia es que nuestra nación existe en algún tipo de sistema de castas o clases, que la totalidad de nuestra existencia se decide según nuestra condición económica en un momento determinado de nuestras vidas y que no hay ninguna habilidad para, ni esperanza de, trascender esta supuesta condición. Sin embargo, en una sociedad relativamente libre, con un sistema económico relativamente libre, la verdad indica lo contrario. De hecho, son infinitos los ejemplos de la movilidad individual hacia arriba y hacia abajo en la cadena social y económica. Sencillamente no hay sistemas de castas o clases económicos o sociales estáticos. Esto no implica que no existan el esnobismo social y ese tipo de cosas que ocurren en cualquier sociedad. Sin embargo, no hay lugar en el que exista de forma más profunda un sistema de castas o clases impenetrable que en los regímenes comunistas alrededor del mundo, en los que un partido y una aristocracia gobernantes viven vidas con las que jamás podrían soñar las poblaciones sobre las que reinan.

Aron también lo pone al descubierto. Escribió: "La misión asignada al proletariado denota un menor grado de esperanza que la virtud que solía atribuirse a la gente. Creer en la gente era creer en la humanidad en su totalidad. Creer en el proletariado es creer en la elección a través del sufrimiento. Tanto la gente como el proletariado simbolizan la realidad de simples criaturas, pero la gente sigue siendo, según la ley, universal —uno podría concebir, de ser necesario, que los mismos privilegiados podrían ser incluidos en la comunión— mientras que el proletariado es una clase entre tantas otras, logra su triunfo liquidando a las otras clases y no puede identificarse con el todo social sino tras una gran lucha y un gran derramamiento de sangre. Quienquiera que hable en nombre del proletariado recordará, a través de los siglos, a los esclavos en conflicto con sus amos; ya no puede creer en el desarrollo progresivo de un orden natural, sino que cuenta con la revuelta suprema de los esclavos para abolir la esclavitud"[51].

A pesar de estos datos observables, Anyon repite la propaganda marxista cuando escribe que "la clase social es otro concepto de Marx que los neomarxistas en el ámbito educativo han usado de manera extensa. La clase social se define como la relación de una persona o grupo con los medios de producción, es decir, si la relación del individuo con las fábricas, las corporaciones y demás negocios es de propiedad y control o de trabajador que depende de ser contratado. Marx describió dos clases que caracterizaban el sistema capitalista. Los miembros de la clase trabajadora [...] tienen una relación desigual y contradictoria con los dueños que los contratan. Los capitalistas ocupan posiciones de propiedad y obtienen ingresos, no del trabajo, sino de la apropiación del excedente monetario que producen los trabajadores. Marx veía a la clase social como una categoría social fundamental basada en la forma en que se organiza y distribuye la producción de bienes y servicios dentro de la economía"[52].

Anyon continuó: "Marx sostuvo [...] que 'la clase que tiene a su disposición los medios de producción material [es decir, el capital industrial y financiero] al mismo tiempo controla los medios de producción mental [es decir, las escuelas, la impresión de libros, los medios informativos, etc.]'. [...] Estas ideologías se expresan y legitiman en las instituciones en las que vivimos y aprendemos (en escuelas, por ejemplo, como planes de estudio y competencia individual). Fue por el poder de las ideologías promulgadas por aquellos con poder económico para moldear a los niños y jóvenes de la sociedad que Marx dijo que necesitamos 'rescatar a la educación de la influencia de la clase dirigente'"[53].

Esta afirmación es sencillamente incorrecta. Los maestros y estudiantes en nuestras escuelas primarias y secundarias provienen de todo tipo de experiencias y condiciones económicas. No son los portavoces ni los representantes de los pudientes, quienesquiera que sean estos últimos. De hecho, "la clase dirigente" en nuestras escuelas públicas está conformada por maestros abrumadoramente "progresistas" y por sindicatos de maestros que son el baluarte del marxismo norteamericano[54]. Es más, el plan de estudios de las escuelas a menudo se enseña bajo el sesgo político de estos profesores[55] —incluida la teoría crítica de la raza, que analizo en un capítulo más adelante—. Lo que Anyon objeta es que no se ejerza mayor presión y a mayor velocidad en las escuelas públicas en favor de la revolución de Marx y el derrocamiento de la sociedad actual. Por lo tanto, el fracaso de no desempeñarse según sus estándares radicales es, absurdamente, la evidencia del control burgués sobre el aula.

"Mi generación se desarrolló en los rebeldes sesenta, y esa podría ser una de las razones por las que, como académicos, muchos de nosotros nos sentimos atraídos hacia una teoría que desafiaba aquello que nos habían enseñado sobre la sociedad estadounidense. En lugar de enfocarnos en la meritocracia, la democracia y el patriotismo, tal como nos habían enseñado nuestros libros de texto, nos enfocamos en lo que veíamos como inequidades estructurales, y lo que veíamos como medios sistemáticos a través de los cuales grupos enteros y culturas (por ejemplo, los trabajadores, los afroamericanos, las mujeres) eran excluidos del Sueño Americano"[56].

"Inequidades estructurales" y "medios sistemáticos". ¿Resulta familiar? Desde ya, estos términos caracterizan de eternamente disoluta, injusta e inmoral a nuestra sociedad. No puede haber ningún tipo de justicia ni mejoría. La empresa en su totalidad fue irredimible desde el comienzo, y no ha habido nada desde entonces que haya mejorado, o pueda mejorar a la sociedad de forma significativa. Debe ser atacada y condenada de modo implacable, agredida de manera pequeña y grande y, finalmente, arrancada de raíz en pos de una sociedad de fantasía que, a través de toda su historia y varias imposiciones, no ha prodigado más que la agonía humana.

Anyon y otros como ella ven a la sociedad estadounidense en su totalidad como un sistema de engranajes de opresión universal e inevitable al servicio de fuerzas oscuras y arcaicas que se aferran desesperadamente a su poder. Es más, se dice que estos objetivos son formalmente instituidos y consagrados por la Constitución y el sistema capitalista. Dondequiera que Anyon mire hay discriminación, injusticia y subyugación. Pero, de nuevo, la clave para hacer avanzar "la causa" es el adoctrinamiento.

Anyon explica: "Un principio central de la pedagogía crítica es que los estudiantes no siempre están incorporados a la ideología dominante, por momentos oponen resistencia. En efecto, pueden resistir más de lo que nos imaginamos"[57]. Anyon escribió que el ámbito académico neomarxista de finales de los setenta hasta 1989 estableció que "las instituciones educativas estadounidenses no eran neutras con respecto a la opresión social o la exclusión, sino que estaban implicadas a un nivel crítico en la reproducción de desigualdades económicas e ideologías sociales. El próximo periodo, 1990-2005, se ocupó de la crítica de que en nuestro análisis faltaban la raza y el género, y llevó al neomarxismo en nuevas direcciones". Anyon argumentó que su propio trabajo evolucionó de ser un "análisis de las manifestaciones de las clases sociales en la educación a ser una investigación de las maneras en que las decisiones económicas y políticas de corporaciones poderosas y cuerpos legislativos moldean de manera fundamental a las instituciones educativas y las oportunidades que presentan (o niegan) a varios grupos de estudiantes"[58].

"[A]demás de extender la teoría marxista —escribió Anyon—, las nuevas condiciones requieren de una extensión de nuestra práctica. La pedagogía crítica es una forma duradera e importante de práctica neomarxista para la educación en todos los niveles. Para hacer más efectiva esta práctica en su tarea de incentivar la participación política de jóvenes en luchas por la justicia social, necesitamos llevar nuestro trabajo más allá de las paredes de un aula hacia los mundos en los que habitan los estudiantes negros, latinos e inmigrantes de bajos recursos. Podemos [...] involucrar a nuestros alumnos en disputas en espacios públicos, luchas públicas con respecto a derechos, injusticias y oportunidades"[59].

En consecuencia, no es suficiente con enseñar el marxismo, sino que los estudiantes deben enrolarse para la revolución. Anyon sostenía que hay varias razones para que la gente se involucre en disputas políticas. "[T]iene que ver con cómo interpretan su entorno político y económico, y los cambios que allí se dan. Para estar dispuesta a involucrarse en una protesta social, la gente debe ver los acontecimientos actuales como la presentación de oportunidades para llevar a cabo la lucha. [...] Aquellas situaciones que antes se entendían como opresivas e inmutables pueden reimaginarse y ser vistas como útiles"[60]. "Los educadores críticos de hoy tienen un papel importante que desempeñar en la ayuda a los estudiantes para que comprendan la posibilidad que hay en lo que, a primera vista, podría aparecer como una subordinación racial, de clase o de género ya decidida o inmutable"[61].

Anyon y otros han introducido la palabra "reimaginar" en el léxico marxista, cuyo propósito es suavizar el puño de hierro del marxismo con un recurso menos amenazante. Esta descripción también se ha popularizado entre los políticos y los medios del Partido Demócrata. Se ha oído más recientemente aplicada al desfinanciamiento de los departamentos de policía. Por ejemplo: "es hora de reimaginar los cuerpos policiales". Por lo tanto, escribe Anyon, "los educadores críticos están involucrados en [el] proceso vital de reimaginar escuelas y aulas como espacios para la construcción de la justicia social. Es un trabajo extremadamente difícil, pero [...] no más imposible que la reimaginación de las relaciones económicas, la Iglesia y la cultura que emprendieron los estadounidenses negros para lograr las victorias en el movimiento por los derechos civiles"[62].

Reimaginemos una sociedad completamente nueva, construida sobre preceptos marxistas, que no deje ningún rincón social por rever. Por supuesto, no hay razón para reimaginar semejante lugar, dada la experiencia infernal de la humanidad con el totalitarismo y el genocidio marxistas. No obstante, poco se menciona acerca de este conocimiento a pesar de su familiaridad y de sus consecuencias en el mundo real y, en esas contadas ocasiones en las que sí se menciona, se enmarca de tal manera que se desvíe la atención de sus consistentes resultados inhumanos. A menudo, la distracción incluye afirmaciones como, "Bueno, Stalin era una persona con muchos defectos y no era un verdadero comunista", o "Mao mejoró la condición de los campesinos", o "la Cuba de Castro tiene cobertura médica universal", etc. Es decir, se utiliza la digresión semántica para justificar los horrores del despotismo.

De nuevo, Anyon no era una mera académica, al igual que tantos otros en su profesión. Urgía, como hizo Marx, a cargar contra las murallas de la sociedad civil. "Reimaginar el cambio económico y las instituciones como potencialmente oposicionistas no trae consigo, y de por sí, un cambio social. Y el desarrollo de una conciencia crítica en la gente a través de la información, la lectura y el debate no la induce, de por sí, a participar en una política transgresiva, aunque sí brinda una base crítica para el entendimiento. Para activar a la gente a que cree o se una a la contienda pública, es importante involucrarla de hecho en actividades de protesta de algún tipo"[63]. En efecto, escribió Anyon, "los cambios en la identidad política no motivan tanto a la acción política contenciosa como sí desarrollan una consecuencia lógica derivada de dicha acción. Uno desarrolla una identidad y compromiso políticos —un cambio de conciencia— uniéndose a demostraciones, marchas, cantos, uniéndose a las actividades de organizaciones por la justicia social en su vecindario, etc. La participación crea participantes individuales; y también conduce a que grupos desarrollen su propia identidad colectiva como agentes del cambio social"[64].

Si te preguntas por qué participó en las violentas revueltas del verano de 2020 en adelante gente en edad universitaria, ciertamente una de las principales razones fue el adoctrinamiento que habían estado recibiendo para "unirse a la revolución" y a la "resistencia", dirigido por grupos como BLM y Antifa. Y dado que la mayoría de los campus universitarios habían estado cerrados a las clases presenciales debido al coronavirus, tenían tanto el tiempo como la oportunidad para unirse a "protestas en su mayoría pacíficas".

En efecto, tal como escribió Anyon: "Para desarrollar un sentido propio como agentes de cambio, como actores políticos activos, los jóvenes también requieren de la oportunidad de involucrarse en dicha actividad. [...] El involucrarse en sí, por lo tanto, es una parte necesaria de seguir comprometiéndose aún más. Tal como montar en bicicleta, uno debe hacerlo para aprender a hacerlo. [...] Hay una razón adicional y muy importante por la que las personas se vuelven activas, y es que son parte de organizaciones y redes que ya están activas"[65].

El lavado de cerebros en contra de la fundación y la sociedad civil estadounidenses y el adoctrinamiento sobre el activismo y la protesta —incluso violenta de ser necesario— se predican de manera constante a través del ámbito académico. El objetivo es crear una generación de revolucionarios. Anyon sostiene que "a pesar de que los educadores críticos hacen bien en compartir información sobre causas sistémicas de subordinación con sus estudiantes, eso no es suficiente para involucrar a los estudiantes en la lucha por la justicia social. [...] [Hay] una necesidad de asistir a estudiantes para que interpreten los acontecimientos económicos y políticos como oportunidades para la participación, ayudándolos así a apropiarse de formas institucionales y organizacionales para brindar apoyo físico y emocional a [...] las contiendas públicas reales y a su propio desarrollo como agentes activos en el futuro tanto propio como de sus comunidades. [...] Al darles a los estudiantes una experiencia directa con el trabajo de la justica social, podemos educarlos para que aprecien y valoren aquellas formas de un proceso democrático que apuntan específicamente a crear una sociedad más equitativa: una contienda pública hacia un cambio social progresista. Al establecer situaciones en la experiencia educativa que permitan la práctica de, y la asistencia a estudiantes para que adquieran habilidades en una contienda política pública, legitimamos este trabajo y desarrollamos la predisposición de los estudiantes a involucrarse en ella"[66].

Así, la agenda para el miembro del profesorado marxista es clara: crear un ejército de jóvenes antiestadounidenses que harán la voluntad del profesorado marxista a medida que emergen del ámbito académico e ingresan a sus lugares de trabajo. Anyon proclama: "Reimaginar el cambio económico, las instituciones y las formas culturales como potencialmente oposicionistas no provoca de por sí el cambio social. Y el desarrollo de una 'conciencia crítica' en la gente a través de la información, la lectura y el debate no la induce de por sí a participar en una política transgresiva, aunque sí brinda una base crítica para el entendimiento. Para activar a la gente a que cree o se una a un movimiento social, es importante involucrarla de hecho en actividades de protesta de algún tipo. [...] Uno desarrolla una identidad política y un compromiso —un cambio de conciencia— al hablar, caminar, marchar, cantar, intentar votar, hacer sentadas o, de otro modo, manifestarse con otros"[67].

En su libro de 2020, *The Breakdown of Higher Education* [El análisis de la educación superior], John M. Ellis, distinguido profesor emérito de la Universidad de California en Santa Cruz, cita una encuesta de 2006 realizada por Neil Gross y Solon Simmons de una muestra muy grande de profesores de 927 instituciones, en la que Ellis estudió los datos de la encuesta y concluyó que "el 9%

del profesorado en su muestra era conservador (aunque moderadamente en promedio), mientras que el 80% era firmemente de izquierda, con más de la mitad de estos de extrema izquierda. [...] Hallaron que uno de cada cinco profesores en las ciencias sociales se autodefinía como 'marxista'. (En el área de la sociología, la proporción era de más de uno de cada cuatro)". [...] "Por más increíble que parezca esta estadística —escribe Ellis— casi de seguro subestima el problema. Al público en general no le cae bien la palabra 'marxista', y muchos de aquellos cuya estructura mental ha sido en gran parte formada por las ideas de Marx prefieren describirse como 'socialistas' o 'progresistas', o simplemente como 'activistas'. Por lo tanto, podemos asumir que el verdadero número de personas entre los profesores de ciencias sociales motivadas por ideas marxistas es más alto, quizá hasta el doble que el número de Gross y Simmons, pero ciertamente mucho más que uno de cada cinco"[68].

Ellis afirma que "[s]e puede decir, sin temor a equivocarse, que aquellos que se autodefinen como marxistas no son más que una pequeña fracción del público en general de los Estados Unidos, lo cual significa que hay una inmensa discrepancia entre este grupo muy pequeño de la población y el grupo de gran tamaño entre los profesores de ciencias sociales"[69]. Esto ayuda a explicar por qué el Partido Demócrata en general, y el senador Bernie Sanders en particular, presionan para conseguir que exista una educación superior gratuita y que se cancele la deuda de préstamos para estudiantes. Cuanto mayor sea la cantidad de jóvenes que se procesen a través de las instituciones de educación superior de los Estados Unidos, mayor será la probabilidad de una revolución.

CAPÍTULO CUATRO

RACISMO, GENERISMO Y MARXISMO

La pregunta fundacional: ¿qué es la teoría crítica de la que surgieron estos otros movimientos de la teoría crítica/marxistas? Uri Harris explica en *Quillette*: "La teoría crítica se apoya fuertemente en la noción de *ideología* de Karl Marx. Marx sugirió que, dado que la burguesía controlaba los medios de producción, controlaba la cultura. En consecuencia, las leyes, las creencias y la moralidad de la sociedad reflejaban los intereses de la burguesía. Y, un factor muy importante, la gente no era consciente de que sucedía esto. Es decir, el capitalismo creaba una situación en la que a los intereses de un grupo determinado de personas —aquellas que controlaban a la sociedad— se los hacía *aparecer* como verdades y valores universales cuando en realidad no lo eran"[1].

Harris continúa: "Los fundadores de la teoría crítica desarrollaron esta idea. Creían que podían lograr una imagen más fiel y precisa del mundo mediante la identificación de los efectos distorsivos del poder sobre las creencias y los valores de la sociedad. Y cuando la gente viera las cosas tal cual eran, se liberaría.

Sugirieron que la 'teoría' siempre sirve a los intereses de ciertas personas; la teoría *tradicional*, dado que no es crítica con respecto al poder, automáticamente sirve a los poderosos, mientras que la teoría *crítica*, dado que desenmascara estos intereses, sirve a los desamparados. Toda teoría es política, dijeron, y al elegir la teoría crítica por sobre la tradicional uno elige desafiar el *statu quo*, acorde a la famosa afirmación de Marx: 'Hasta ahora, los filósofos no han hecho más que interpretar al mundo de diversas maneras; el punto es cambiarlo'"[2].

El crédito por concebir la ideología de la teoría crítica desde la que se lanzaron los movimientos raciales, de género y demás movimientos de la teoría crítica en los Estados Unidos, se le atribuye a Herbert Marcuse. Como se mencionó anteriormente, fue un ideólogo hegeliano-marxista nacido en Alemania, perteneciente a la Escuela de Fráncfort de teóricos de la política. Es más conocido por intentar explicar por qué el llamado proletariado (los trabajadores) de los Estados Unidos y demás países no se ha alzado para derrocar al sistema capitalista de la burguesía gobernante. Por ello, debemos adentrarnos un poco más en la "erudición" de Marcuse.

En su trabajo de 1965, "La tolerancia represiva", cuyo título demuestra una distorsión bien perversa, por no decir bizarra, de la lógica y la realidad, Marcuse escribió en parte: "Este ensayo examina la idea de la tolerancia en nuestra sociedad industrial avanzada. La conclusión a la que se llega es que la realización del objetivo de la tolerancia implicaría un llamamiento a la intolerancia hacia las políticas, actitudes y opiniones prevalentes y la extensión de la tolerancia hacia políticas, actitudes y opiniones que están prohibidas y suprimidas. Es decir, hoy en día, la tolerancia aparece de nuevo como lo que fue en sus orígenes, a los comienzos del periodo moderno: un objetivo partisano, una noción y práctica subversiva y liberadora. Contrariamente, lo que hoy en día se proclama y practica como tolerancia sirve en muchas de sus manifestaciones más efectivas a la causa de la opresión"[3].

Por consiguiente, para Marcuse la tolerancia es de hecho un ardid instituido por las fuerzas poderosas y conspirativas de la burguesía en contra del inocente proletariado, en la que se engaña a las masas y se las programa para apoyar a sus opresores. En pocas palabras, la tolerancia es utilizada para reprimir al pueblo.

"La tolerancia es un fin en sí misma —afirma Marcuse—. La eliminación de la violencia, y la reducción de la represión hasta el punto requerido para proteger al hombre y a los animales de la crueldad y la agresión son condiciones previas a la creación de una sociedad compasiva. Dicha sociedad no existe todavía; el progreso en esa dirección quizá esté más frenado que nunca por la violencia y la represión a escala global. Tanto los gobiernos democráticos como los autoritarios promulgan, practican y defienden la violencia y la represión como medios disuasorios en guerras nucleares, como acción policial contra la subversión, como asistencia técnica en la lucha contra el imperialismo y el comunismo, como métodos de pacificación en masacres neocoloniales, y las personas sometidas a estos gobiernos son educadas para mantener dichas prácticas según sea necesario para la preservación del *statu quo*"[4].

Por lo tanto, el público en las sociedades no marxistas o no revolucionarias no tiene la capacidad suficiente como para darse cuenta de que está siendo oprimido y de que su existencia está al servicio de los ricos y poderosos que controlan a la sociedad.

Marcuse sostiene que "[l]a tolerancia se extiende a las políticas, las condiciones y los modos de comportamiento que no deberían tolerarse porque impiden, si es que no destruyen, las probabilidades de crear una existencia sin temor y miseria. Este tipo de tolerancia fortalece la tiranía de la mayoría contra la que protestaron auténticos liberales. El epicentro político de la tolerancia ha cambiado: mientras que se ha retirado de la oposición de manera más o menos callada y constitucional, se ha convertido en un comportamiento obligatorio con respecto a políticas establecidas. La tolerancia vira de un estado activo a uno pasivo, de la práctica a la no práctica: *laissez fair* de las autoridades constituidas. Las personas son las que toleran al gobierno, quien a su vez tolera a la oposición dentro del marco determinado por las autoridades constituidas. La tolerancia hacia aquello que es radicalmente perverso ahora se ve como algo bueno porque sirve a la cohesión del todo en el camino a una afluencia cada vez mayor. La tolerancia hacia la idiotización sistemática tanto de niños como de adultos a través de la publicidad y la propaganda, la liberación de la destructividad en la conducción agresiva, el reclutamiento y entrenamiento de fuerzas especiales, la tolerancia impotente y benevolente hacia el engaño descarado en cuanto a mercadería, desechos y obsolescencia programada no son distorsiones y aberraciones: son la esencia de un sistema que fomenta la tolerancia como un medio para perpetuar la lucha por existir y reprimir las alternativas. Las autoridades en educación, moral y psicología se manifiestan de forma vehemente en contra del aumento de la delincuencia juvenil; se manifiestan con menos vehemencia en contra de la orgullosa presentación, en palabras, hechos e imágenes, de misiles, cohetes, bombas cada vez más poderosos: la delincuencia madura de toda una civilización"[5].

Es decir, los Estados Unidos como tierra de oportunidades y libertad son una ficción, y la mayoría ciudadana que acepta esta ficción está compuesta por zombis autómatas sin capacidad de razonamiento propio —sirvientes inconscientes de sus propios perseguidores, que socavan ellos mismos la causa de la liberación económica y política—. La tolerancia es el medio a través del cual se logra este supuesto engaño.

En efecto, Marcuse insistió en que "[l]a tolerancia que ampliaba el rango y contenido de la libertad siempre fue parcial

—intolerante hacia los protagonistas del *statu quo* represivo—. El tema era solamente el grado y alcance de la intolerancia. En las sociedades liberales firmemente establecidas de Inglaterra y los Estados Unidos, la libertad de expresión y reunión fue otorgada incluso a los enemigos radicales de la sociedad, siempre y cuando no hicieran la transición de la palabra al hecho, del discurso a la acción"[6].

Por lo tanto, si la sociedad estadounidense no tolera su propia desaparición o derrocamiento a manos de ideólogos y movimientos marxistas, no puede decirse que sea verdaderamente tolerante. Por eso, Marcuse insiste en que una sociedad no es verdaderamente tolerante si no siembra las semillas de su propia desaparición a manos de revolucionarios marxistas.

Marcuse pone excusas por el fracaso de la ideología en echar raíces a través del pueblo estadounidense. Agrega: "Con la actual disminución de fuerzas disidentes dentro de la sociedad, la oposición está aislada en grupos pequeños y a menudo antagónicos que, incluso cuando se los tolera dentro de los estrechos márgenes establecidos por la estructura jerárquica de la sociedad, son impotentes mientras permanezcan dentro de estos límites. Pero la tolerancia que se les demuestra es engañosa y promueve la coordinación. Y sobre los firmes cimientos de una sociedad coordinada, prácticamente cerrada a cualquier cambio cualitativo, es la misma tolerancia la que está al servicio de contener dicho cambio en vez de promoverlo. Estas condiciones son precisamente las que hacen de las críticas a dicha tolerancia algo abstracto y académico, y la proposición de que el equilibrio entre la tolerancia hacia la Derecha y hacia la Izquierda debería ser radicalmente rectificado para reestablecer la función liberadora de la tolerancia se convierte tan solo en una especulación poco realista. En efecto, dicha rectificación parece ser equivalente a establecer un 'derecho a la resistencia' hasta el punto de la subversión. No hay, no debe haber, ningún derecho de este tipo para ningún grupo o individuo en contra de un gobierno constitucional sostenido por una mayoría de la población"[7].

Es más, dado que una república no consentiría a su propia subversión y disolución, rechazando de ese modo la verdadera tolerancia, los marxistas deben recurrir a otros medios para derrocarla, incluida la violencia. Marcuse declaró: "Creo que hay un 'derecho natural' de resistencia para las minorías reprimidas y subyugadas, a usar métodos fuera de la legalidad si los métodos legales han demostrado ser inadecuados. La ley y el orden son siempre y en todo lugar la ley y el orden que protegen a la jerarquía establecida; no tiene ningún sentido invocar la autoridad absoluta de esta ley y de este orden contra aquellos que sufren a causa de su existencia y que luchan en su contra —no para obtener ventajas personales y venganzas, sino para obtener su porción de humanidad—. No hay más juez sobre ellos que las autoridades constituidas, la policía y su propia conciencia. Si recurren a la violencia, no dan comienzo a una nueva cadena de violencia, sino que intentan romper la cadena ya establecida. Como serán castigados, conocen los riesgos, y cuando estén dispuestos a tomarlos, ningún tercero —y menos que menos todos los educadores e intelectuales— tiene derecho a predicarles la abstención"[8].

La conclusión ineludible es que, al final, Marcuse estaba urgiendo al derrocamiento violento de la sociedad estadounidense en la que la "jerarquía establecida" usaba la tolerancia para perpetuar la opresión contra una minoría. Este argumento absurdo ha servido como el catalizador fundacional para varias teorías críticas que se han convertido en movimientos ideológicos relacionados con el marxismo, los cuales, a su vez, han sido acogidos y promovidos por la administración Biden, el Partido Demócrata, los medios y las instituciones a través de nuestra sociedad y nuestra cultura. Entre todos estos movimientos, uno de los más destructivos es la teoría crítica de la raza (CRT, por sus siglas en inglés).

En resumidas cuentas, la CRT es una ideología marxista insidiosa y racista que se está expandiendo a través de nuestra cultura y nuestra sociedad. En su informe "La nueva intolerancia y su control sobre los Estados Unidos", Jonathan Butcher y Mike Gonzalez, de The Heritage Foundation, escriben que promueve, entre otras cosas:

- "El análisis marxista de la sociedad conformado por las categorías de opresor y oprimido;
- La idea de que los oprimidos impiden la revolución cuando adhieren a las creencias culturales de sus opresores —y deben someterse a sesiones de reeducación—;
- La necesidad concomitante de desmantelar toda norma social a través de una crítica implacable; y
- La sustitución de todos los sistemas de poder e incluso las descripciones de dichos sistemas con una perspectiva del mundo que solamente describe a opresores y oprimidos.

Lejos de ser meros ejercicios académicos esotéricos, estas filosofías tienen consecuencias en la vida real"[9].

George R. La Noue, catedrático de Políticas Públicas y Ciencias Políticas de la Universidad de Maryland, describe a la CRT a través de los escritos de "los dos defensores de la CRT, éxito en ventas, Robin DiAngelo e Ibram X. Kendi. […] La CRT parte de la presunción de que la raza es la manera principal de identificar y analizar a las personas y, en consecuencia, plantea una jerarquía racial que existe supuestamente con los blancos arriba y los negros abajo. El comportamiento individual es insignificante porque en los Estados Unidos todos funcionan dentro de una sociedad con racismo sistémico, racismo estructural y racismo institucional. La CRT pone el foco en diversas disparidades raciales de la actualidad para ratificar esta perspectiva, las cuales, sostiene, son el resultado de la discriminación racial. Según esta perspectiva, los esfuerzos de organizaciones públicas y privadas por hacer cumplir las leyes de derechos civiles en el empleo, las viviendas, los contratos, la educación, etc., son insuficientes o inútiles. La CRT ofrece dos respuestas ante esta situación. Primero, todos los blancos deben admitir su culpabilidad y confesar que su supremacía blanca les confiere ventajas. No hacerlo refleja 'fragilidad blanca', una defensiva instintiva que, según parece, despliegan los blancos luego de haber sido entrenados sobre su responsabilidad para con el racismo. Segundo, los blancos particulares no pueden esconderse detrás de ninguna historia personal de no discriminación o de la deseabilidad de leyes o políticas neutras ante la raza porque la acción colectiva de su raza ha sido opresiva"[10].

Como parte del reconocimiento de su privilegio blanco, La Noue explica que "[l]os blancos [...] deben apoyar políticas 'antirracistas' que requieren de varias formas de preferencias raciales hacia los no blancos a través de una variedad de áreas por un periodo indeterminado. Esto se requiere incluso cuando los blancos son una minoría local y las estructuras de poder son controladas por no blancos o negros, indígenas y personas de color, o 'BIPOC', (por sus siglas en inglés) según la terminología actual"[11].

En su libro *Intellectuals and Society* [Los intelectuales y la sociedad], el Dr. Thomas Sowell, escritor, académico y profesor, denuncia a todo el movimiento multicultural/de política de identidad. Explica que "[e]l tipo de justicia colectiva que se exige para grupos étnicos o raciales a menudo se propugna como 'justicia social', dado que busca reparar las disparidades creadas por las circunstancias, así como las creadas por las injusticias de los seres humanos. Es más, la justicia cósmica no solo se extiende desde los individuos hasta los grupos, sino también más allá de los grupos contemporáneos hacia abstracciones atemporales, de las que se considera la encarnación a los grupos de hoy en día"[12].

"Entre los intelectuales que confunden culpa con causalidad —escribe Sowell —la frase 'culpar a la víctima' que conduce a una pregunta obligada, se ha convertido en un elemento infaltable en las discusiones sobre diferencias intergrupales. No se puede culpar a ningún individuo o grupo por haber nacido en determinadas circunstancias (incluidas las culturas) que carecen de las ventajas que tienen las circunstancias de otras personas. Pero tampoco se puede asumir de forma automática que la 'sociedad' es la causa o la cura de dichas disparidades. Y menos puede asumirse de forma automática que una institución en particular cuyos empleo, establecimiento de precios, decisiones en cuanto a préstamos *expresan* diferencias intergrupales, esté *causando* esas diferencias"[13]. De hecho, la CRT lleva la culpa a niveles insospechados, y cargados con un nivel peligroso de odio, o sea, el privilegio blanco y la cultura blanca dominante son los responsables de todo tipo de agravio y descontento de los negros y las minorías.

Es más, lo que se dice es que, desde su fundación a manos de racistas blancos, el sistema actual ha sido permanentemente manipulado en contra de los negros y las minorías. Sowell explica que "[i]ncluso si uno cree que el entorno es la clave para las diferencias intergrupales, ese entorno incluye un legado cultural del pasado; y el pasado está tan fuera de nuestro control como lo están los escenarios geográficos y las casualidades históricas que han dejado no solo diferentes individuos y razas, sino naciones y civilizaciones completas con herencias muy diferentes"[14].

Mientras que Marcuse y su descendencia están obsesionados con la categorización de los individuos y el tratamiento de dichos grupos como estáticos y operantes dentro de sus propios perímetros, Sowell sostiene que tal creencia y abordaje es de hecho destructivo de la misma gente que se dice está siendo oprimida. Dentro del contexto del multiculturalismo, Sowell afirma: "Si los dogmas del multiculturalismo declaran que las diferentes culturas son igualmente válidas, y por tanto sacrosantas contra todo esfuerzo por cambiarlas, entonces estos dogmas no hacen más que terminar de acordonar una visión, separándola de lo que son hechos —y de acordonar a muchas personas de grupos rezagados de los avances disponibles de otras culturas a su alrededor, dejando poco más que una agenda para la edificación del resentimiento y de cruzadas del lado de los ángeles contra las fuerzas del mal—, sin importar cuán inútiles o hasta contraproducentes puedan acabar siendo estos hechos para quienes son los ostensibles beneficiarios de dichos melodramas morales"[15].

De hecho, la CRT va mas allá de la discusión sobre el hecho de que las diferentes culturas son igualmente válidas. Declara que la sociedad es una cultura sistémicamente racista y dominantemente blanca y enrola a aquellos que están marginados, insatisfechos y descontentos en una legión creciente de revolucionarios antiestadounidenses, en la que las minorías están a punta de daga con las fuerzas sociales "dominantes blancas". En su libro de 1964, *One-Dimensional Man* [El hombre unidimensional], Marcuse urge a la expansión de la ideología y la revolución marxistas para incluir a grupos raciales y étnicos. "Debajo de la base popular conservadora se encuentra el substrato de los marginados y parias —escribió—, los explotados y perseguidos de otras razas y otros colores, los desocupados y los no empleables. Existen por fuera del proceso democrático; su vida es la necesidad más inmediata y real de terminar con condiciones e instituciones intolerables. Por lo tanto, su oposición es revolucionaria, incluso si su conciencia no lo es. Su oposición golpea al sistema desde afuera y por ello no es desviada por el sistema; es una fuerza elemental que viola las reglas del juego y, al hacerlo, revela que el juego está arreglado. Cuando se juntan y salen a las calles, sin armas, sin protección, para pedir por los derechos civiles más primitivos, saben que se enfrentan a perros, piedras y bombas, a la cárcel, a campos de concentración, incluso a la muerte. Su fuerza está detrás de cada manifestación política por las víctimas de la ley y el orden. El hecho que señala el principio del fin de un periodo"[16].

En efecto, Marcuse y otros marxistas engendraron la CRT y una lista aparentemente interminable de grupos resentidos y motivados por una ideología. La discriminación se basa en la raza, la procedencia étnica, el género, la preferencia sexual, la economía y un potencial sinnúmero de demás características, cualidades, preferencias y circunstancias humanas. De hecho, a menudo se dice que los individuos y los grupos son víctimas de más de un tipo de discriminación. Por ejemplo, si una persona es femenina, musulmana y negra, se dice que está sometida a múltiples formas de discriminación. A esto también le ha dado un nombre, entre otras personas, Kimberlé Crenshaw, profesora de Derecho de la Universidad de California en Los Ángeles: *interseccionalidad*.

En una entrevista con la cadena CNN en 2020, Crenshaw describió la CRT como "una práctica. Es un método para confrontar con una historia de supremacía blanca que rechaza la creencia de que lo que está en el pasado está en el pasado, y que las leyes y sistemas que crecen de aquel pasado están desconectados de él"[17].

"La teoría crítica de la raza se ocupa no solo del rol transformador de las leyes, el cual se celebra a menudo —sostuvo Crenshaw—, sino también de su rol en el establecimiento de los mismos derechos y privilegios que la reforma legal se proponía desmantelar. Al igual que ocurre con la propia historia estadounidense, para tener un entendimiento adecuado del piso sobre el que estamos parados se requiere una valoración equilibrada, no un compromiso simplista con los relatos ultrapatrióticos sobre el pasado y sobre la dinámica actual de nuestra nación"[18].

Dicho de otro modo, la CRT socava y explota la fusión única, y muy exitosa, de diversidad y asimilación cultural que existe en los Estados Unidos, y considera todos los problemas en el contexto de imperfecciones sociales pasadas, sin importar las enormes luchas y esfuerzos para crear una sociedad más perfecta, incluidas una guerra civil, una cuantiosa redistribución económica y cambios legales revolucionarios. Incluso más, incorpora y promueve una lista creciente de causas como razones nuevas o adicionales para la erradicación de la sociedad y la transformación del país. En efecto, la CRT reposiciona a la sociedad más tolerante y benefactora del planeta como una nación miserablemente oscura y empobrecida, desde sus comienzos hasta la actualidad.

A pesar del llamado de Marcuse a la revolución entre los grupos minoritarios, algunos puristas marxistas consideraron que la CRT tamizaba o socavaba el historicismo material de Marx, es decir, la noción de la lucha de clases basada en condiciones económicas. Esa visión ya casi ha desaparecido. Los teóricos de la CRT son en general de orientación marxista y tienden a considerar que su teoría para la transición de la sociedad se funde con la agenda marxista. Por ejemplo, para el marxista y el teórico de la CRT, el pasado es evidencia de la manipulación, la explotación, el maltrato y la corrupción de diferentes clases de personas. Por lo tanto, los Estados Unidos son una sociedad irredimible y despreciable que debe ser condenada de forma implacable y, en última instancia, derrocada.

Al igual que Marx, los partidarios de la CRT se manejan según estereotipos y prejuicios grupales, ya sea que hablen de perpetradores o de víctimas, basados en la raza, etc. Se hacen suposiciones sobre los individuos basadas en características físicas, religiosas, ancestrales, entre otras. Pero los seres humanos son más que seres raciales, al igual que son más que seres económicos, y la ideología marxista predica una distorsión monumental y letal de la naturaleza del hombre. Los individuos son complejos y complicados, únicos y espirituales. Son influenciados por innumerables acontecimientos, circunstancias, motivaciones, deseos, intereses, etc. Son los marxistas y los académicos y activistas de la CRT los que crean estas categorías por propia conveniencia y sus propios propósitos revolucionarios cuando exigen la disolución de la sociedad y su renacer como algún tipo de autocracia o multitudicracia utópica. Desde luego, esto no significa que los individuos y la sociedad en general no estén afectados por distinciones raciales y de otras índoles, pero no al punto de excluir y no a través de la lente única de una variedad de demás influencias humanas.

Como era de esperar, uno de los libros más leídos sobre la CRT es *Critical Race Theory* [Teoría crítica de la raza]. Los autores, el profesor Richard Delgado y su esposa, Jean Stefancic, enseñan Derecho en la Universidad de Alabama. Escriben, en parte: el movimiento de la CRT "es una colección de activistas y académicos comprometidos con el estudio y la transformación de la relación entre raza, racismo y poder. El movimiento toma en cuenta muchos de los mismos temas que toman los discursos de los estudios étnicos y de derechos civiles convencionales, pero los coloca dentro de una perspectiva más amplia que incluye a la economía, la historia, el entorno, el grupo y el interés propio y las emociones y el inconsciente. A diferencia del discurso tradicional por los derechos civiles, que enfatiza el gradualismo y el progreso paso a paso, la teoría crítica de la raza cuestiona las bases mismas del orden liberal, incluida la teoría de la equidad, el razonamiento legal, el racionalismo de la Ilustración y los principios neutrales del derecho constitucional. Después de la primera década, la teoría crítica de la raza empezó a fragmentarse y ahora incluye una jurisprudencia asiaticoamericana sólidamente establecida, un contingente latino crítico (LatCrit, por su denominación en inglés) contundente, grupos de presión LGBT enérgicos y, ahora, un comité árabe y musulmán. Aunque los grupos siguen manteniendo buenas relaciones bajo el paraguas de la teoría crítica de la raza, cada uno ha desarrollado su propio cuerpo de literatura y serie de prioridades"[19].

De este modo, al igual que Marx, el movimiento de la CRT desprecia y rechaza abiertamente el progreso de la especie humana a través de los siglos, si no de los milenios, que sirve como el puntal de la sociedad estadounidense y demás sociedades avanzadas, así como el progreso racial logrado en nuestro país, el cual se desestima como una mejoría de y para la clase privilegiada blanca. Al rechazar "la teoría de la equidad, el razonamiento legal, el racionalismo de la Ilustración y los principios neutrales del derecho constitucional", la CRT se revela como un dogma radical y una causa fanática liderada por devotos fervientes.

Delgado y Stefancic analizan el significado y las bases de la CRT de la siguiente manera: "Primero, el racismo es común, y no una aberración: una 'ciencia normal', la manera en la que habitualmente se maneja la sociedad, la experiencia común y corriente de la mayoría de las personas de color en este país"[20].

Por lo tanto, el racismo es desenfrenado, ubicuo, consciente e inconsciente. Está en todas partes, y no hay forma de escaparle. Las minorías son incansablemente victimizadas a nivel individual y como clase, y de todo tipo de maneras, por la dominación blanca. Y a menos que se erradique la sociedad, no hay cura. Esa es la mentalidad; esa es la doctrina.

"Segundo —escriben Delgado y Stefancic— la mayoría estaría de acuerdo con que nuestro sistema de ascendencia de blanco sobre color sirve importantes propósitos, tanto psíquicos como materiales, para los grupos dominantes. La primera característica es que el racismo es difícil de curar porque no se reconoce. Las concepciones de igualdad 'formales', o de indiferencia ante el color (*color blindness*), expresadas en reglas que insisten solamente en un trato equitativo generalizado, pueden por tanto remediar tan solo las formas más flagrantes de discriminación"[21].

El argumento es que, por lo tanto, el privilegio blanco generalizado y la supremacía blanca son hechos científicos que deben ser reconocidos si ha de haber un verdadero progreso racial. Las referencias a, y las acciones basadas en, la promoción de la "indiferencia ante el color" o la "igualdad" son distracciones superficiales y sin sentido de lo que es la verdadera revolución cultural.

"La segunda característica, [...] el determinismo material, agrega una dimensión más —declaran Delgado y Stefancic—. Dado que el racismo promueve los intereses tanto de las élites blancas (a nivel material) y de las clases trabajadoras blancas (a nivel mental), hay grandes segmentos de la sociedad que no tienen mucho incentivo para erradicarlo"[22]. Para nuestra finalidad aquí, el "determinismo material" de Marx simplemente significa que los individuos y la especie humana están influenciados y motivados por factores puramente materiales.

Por lo tanto, la CRT toma prestado de Marx al promover el concepto de determinismo material, pero lo involucra aún más con la raza; es decir, las élites blancas y hasta incluso la clase trabajadora blanca son parte de la burguesía en el modelo de lucha de clases de Marx. Como tal, la mayoría blanca debe seguir apoyando un régimen social racista porque son ellos los beneficiarios en lo económico y en cuanto al "poder".

Delgado y Stefancic escriben que "[un] tercer tema [...] [es] la tesis de la 'construcción social' [la cual] sostiene que la raza y las razas son productos del pensamiento social y de las relaciones. Al no ser ni objetivas, ni inherentes ni fijas, no corresponden a ninguna realidad biológica o genérica; en vez, las razas son categorías que la sociedad inventa, manipula o retira cuando le resulta conveniente. Las personas con orígenes comunes comparten ciertas características físicas, por supuesto, como el color de la piel, el físico y la textura del cabello. Pero estas constituyen tan solo una porción extremadamente pequeña de su legado genético, son diminutas al lado de lo que tenemos en común y tienen poco o nada que ver con las características distintivamente humanas y de un orden superior, tales como la personalidad, la inteligencia y el comportamiento moral. El hecho de que la sociedad busque ignorar estas verdades científicas, que cree las razas y las dote de características pseudopermanentes es de gran interés para la teoría crítica de la raza"[23].

Si este tercer tema te ha dejado algo perplejo, es comprensible. Los teóricos y el movimiento de la CRT tratan de promover dos ideas contrapuestas en simultáneo: primero, que la discriminación que sufren los grupos minoritarios se basa en su raza, su género, su procedencia étnica, etc., pero se argumenta que la sociedad injusta fue la que inventó estas categorías de los grupos minoritarios, con propósitos estereotípicos. De hecho, son los defensores de la teoría crítica los que hablan y escriben sobre grupos, y desarrollan nuevos grupos de personas, los cuales se dice están sometidos a la injusticia y la discriminación, conocida y desconocida, consciente e inconsciente, interminable y por doquier, de modo estereotípico. En tanto, política de la identidad, interseccionalidad, etc.

Y, por supuesto, Delgado y Stefancic celebran la interseccionalidad como un elemento clave del movimiento de la CRT, es decir, la discriminación a menudo ocurre a múltiples niveles. Escriben: "La racialización diferencial —la idea de que cada raza tiene sus propios orígenes e historia en constante evolución— está estrechamente vinculada con la noción de interseccionalidad y antiesencialismo. No hay persona que tenga una identidad única, fácil de describir, unitaria. [...] Todos tenemos identidades, lealtades y fidelidades potencialmente contrapuestas y superpuestas"[24]. Es más, el antiesencialismo es la idea de que no existe una única respuesta para cada situación; por lo tanto, las soluciones gubernamentales para la discriminación deben ser flexibles e infinitas para poder adaptarse a todo tipo de prácticas, comportamientos y pensamientos discriminatorios dentro de una sociedad racista, hoy y en el futuro.

Está claro que el mundo académico no se ocupa solo de enseñar a los estudiantes a pensar —o, en el caso del marxismo y la CRT, a pensar a través de la repetición y el adoctrinamiento— sino de desarrollar un ejército de revolucionarios activistas. Delgado y Stefancic escriben que "a diferencia de algunas disciplinas académicas, la teoría crítica de la raza contiene una dimensión activista. Intenta no solo comprender nuestra situación social, sino que también cambiarla con la intención de no solo establecer cómo se organiza la sociedad según líneas y jerarquías raciales, sino transformarla para mejor"[25].

El difunto Derrick Bell, profesor de Derecho de Harvard, es considerado por algunos como el padre fundador de la teoría crítica de la raza. Thomas Sowell conoció a Bell, y también tenía poco aprecio por Bell o por su movimiento ideológico. Consideraba que Bell no era competente para enseñar en Harvard ni, previamente, en la Escuela de Derecho de Stanford, y denunció a Bell por exigir "no solo que la gente sea contratada según su raza, sino que sea contratada según la ideología de Derrick Bell"[26].

En efecto, parecería que los reveses que sufrió Bell, así como las críticas tanto de colegas como de estudiantes, afectaron su mirada sobre la vida y la victimización. En su libro de 1992, *Inside American Education: The Decline, the Deception, the Dogmas* [Dentro de la educación estadounidense: la decadencia, la decepción, los dogmas], Sowell se refiere a Bell de esta manera: "sostenía que la 'acción directa' es más efectiva que las leyes, que 'la reforma requiere del enfrentamiento' el cual 'no puede ser intelectualizado'. Al tiempo que admitía que 'hay pocos académicos de minorías que tengan reputaciones a nivel nacional o sean publicados a menudo en las publicaciones de derecho más relevantes', Bell lo atribuía a la 'exclusión' que sufrían por parte de los blancos. Bell desestima a los negros con perspectivas diferentes, al considerar que solo 'se ven negros' pero 'piensan como blancos'"[27].

Bell era crítico de la mayoría de los avances en materia de derechos civiles que lo precedieron, incluidas las leyes de derechos civiles y las decisiones de la Corte Suprema, tales como el Caso Brown contra el Consejo de Educación (*Brown v. Board of Education*) y las ideas de indiferencia ante el color (*color blindness*), el mérito y la igualdad de oportunidades. Sostuvo que servían a los intereses de la élite blanca al ocultar un racismo sostenido e interminable, el llamado "dilema de la convergencia de intereses"[28]. Para Bell y sus adeptos no existen las leyes, las decisiones o las acciones neutras, dado que todas se ven afectadas por la cultura blanca dominante y por el privilegio blanco. Por lo tanto, tal como sucede con Marx, la sociedad debe someterse a un "borrón y cuenta nueva".

"Esperamos —escribió Bell— que la resistencia académica establezca los cimientos de una resistencia a gran escala. Creemos que los estándares y las instituciones creados por el poder blanco, al cual fortalecen, deben ser resistidos. Según nuestra perspectiva, la descontextualización muy a menudo encubre un poder no regulado, incluso no reconocido. Insistimos, por ejemplo, en que la abstracción, presentada como una verdad 'racional' u 'objetiva', contrabandea las elecciones privilegiadas de los privilegiados para despersonificar sus argumentos y luego hacerlos pasar por autoridad universal y bien universal. Para contrarrestar dichas suposiciones, intentamos traer al ámbito académico legal una preocupación basada en la experiencia, expresada de manera opositora y con aspiraciones transformadoras con respecto a la raza y otras jerarquías producto de un constructo social"[29].

Y, por supuesto, cualquier crítica negativa hacia la "justa" causa de Bell se encontró con el cargo tanto de arrogancia blanca como de ignorancia blanca. Por lo tanto, ninguna crítica ni a Bell ni a la CRT se considera legítima. De hecho, es la evidencia del propio racismo sistémico del que se queja Bell. Bell escribió: "Comparar la escritura de la teoría crítica de la raza con el Espiritual es de una arrogancia injustificada, pero la esencia de ambos es muy similar: comunicar comprensión y consuelo a almas necesitadas atrapadas en un mundo hostil. Es más, el uso de una estructura, un lenguaje, una forma poco ortodoxos para dar sentido al sinsentido es otra similitud. Es bastante predecible que los críticos casados con los cánones legales existentes critiquen a la teoría crítica de la raza —y al trabajo comparable de feministas— con sus estándares de excelencia, y que encuentren que este nuevo trabajo es seriamente deficiente. Muchos de estos críticos están empapados de la teoría y aterrados de la experiencia. Diseccionan porciones de estos escritos para encontrar algún sentido: la calidad autobiográfica de algunos trabajos y las características alegóricas y narrativas de otros. Pero todas estas críticas son desacertadas. La teoría crítica de la raza no se puede entender sosteniendo que no es efectiva en su expresión de los argumentos de discriminación y las desventajas de la mayoría. Es más, es presuntuoso sugerir, como lo hacen algunos críticos, que al brindar su atención, incluso si esta es negativa, le otorgan legitimidad a este trabajo para que el mundo lo tome en serio. Incluso de ser correcto, este punto de vista es tanto paternalista como un esfuerzo patéticamente pobre de recuperar una posición de dominación"[30].

Pero hubo, y hay, prominentes críticos de la CRT que tenían un rol activo en los principios del movimiento por los derechos civiles, incluido el difunto jefe de personal, confidente y amigo del reverendo Martin Luther King Jr., el Dr. Wyatt Tee Walker. Walker fue una leyenda por derecho propio en el movimiento por los derechos civiles. Su amigo y habitual colaborador en el movimiento por la opción escolar, Steve Klinsky, escribe que Walker era el "'general de campo' [de King] en la resistencia organizada contra el infame comisionado de seguridad pública 'Bull' Connor. Walker compiló y dio nombre a la 'Carta desde la cárcel de Birmingham' de King. Estuvo junto a King en la marcha en Washington que produjo el discurso de '*I have a dream*' (Yo tengo un sueño) y en Oslo para el Premio Nobel de la Paz"[31]. Walker rechazó enfáticamente a la CRT. En 2015, Klinsky y Walker fueron coautores de un ensayo en el que escribieron, en parte: "Hoy en día, hay demasiados 'remedios' —tales como la teoría crítica de la raza, el enfoque posmarxista/posmodernista cada vez más en boga que analiza a la sociedad como estructuras institucionales de grupos de poder en lugar de a nivel espiritual o humano cara a cara— que nos están llevando por el camino equivocado: separan en grupos raciales explícitos hasta a niños de la escuela primaria, y enfatizan las diferencias en lugar de las similitudes"[32].

"La respuesta es calar más hondo que la raza, más hondo que la riqueza, más hondo que la identidad étnica, más hondo que el género —explicaron—. Es enseñarnos a nosotros mismos a comprender a cada persona, no como símbolo de un grupo, sino como un individuo único y especial dentro de un contexto común de humanidad compartida. Dirigirnos a ese lugar fundamental donde todos somos simplemente criaturas mortales en busca de la creación de orden, de belleza, de familia y de conexiones con el mundo —por sí solo— parecería doblarse demasiado a menudo hacia la arbitrariedad y la entropía"[33].

Klinsky agrega que "el Dr. Walker estaba *a favor* del respeto fundamental hacia todas las personas, sin reparar en su grupo étnico o su religión o el color de su piel. Las opiniones del

Dr. Walker sobre los derechos civiles están ligadas a los valores religiosos, al humanismo, al racionalismo, a la Ilustración. Las raíces de la CRT están plantadas en tierra intelectual completamente diferente. Parte de 'bloques' (con cada persona asignada a un bloque identitario o económico, como en el marxismo). Las interacciones cara a cara son reemplazadas con interacciones bloque a bloque. [...] ¿Cómo hemos de encontrar paz entre las razas y las religiones si no nos miramos, persona por persona, basándonos en hechos e intenciones concretos?"[34].

En efecto, la CRT es una pseudoacademia incubada en sus inicios por una pequeña camarilla de profesores marxistas de Derecho, liderados por Bell, basada en la victimización, las súplicas emocionales, la balcanización y el separatismo. A estas alturas debería quedar claro que es una ideología basada en el marxismo, teñida en toda su extensión por una intolerancia, un antagonismo y un odio brutales.

Como era de esperarse, Delgado y Stefancic promueven "la narración legal y el análisis narrativo" como algunas de las formas más efectivas de persuasión, y no el verdadero estudio. "Los teóricos de la CRT han construido sobre la base de las experiencias cotidianas con perspectiva, punto de vista y el poder de las historias y de la persuasión para llegar a un entendimiento más profundo de cómo ven la raza los estadounidenses. Han escrito parábolas, autobiografías y 'contrahistorias' y han investigado el entorno fáctico de las personalidades, frecuentemente ignorados en los libros de registros. [...] Los cuentistas legales, tales como Derrick Bell [...] parten de una larga historia con raíces que datan de las narrativas de esclavos, de las conversaciones escritas por cautivos negros para describir su condición y desenmascarar la finura que aparentaba la sociedad blanca de las plantaciones. [...] A pesar de que algunos escritores critican a la CRT por su exceso de negatividad y su fracaso a la hora de desarrollar un programa positivo, la narración legal y el análisis narrativo son avances clarísimos que puede reclamar el movimiento. [...] Una de las premisas de los cuentistas legales es que los miembros del grupo racial dominante de este país no pueden comprender con facilidad lo que es no ser blanco"[35].

Tal como destacan Jonathan Butcher y Mike Gonzalez de The Heritage Foundation, "la CRT es deliberadamente política y prescinde de la idea de derechos porque culpa de toda desigualdad en los resultados a lo que sus adherentes dicen es el racismo generalizado de los Estados Unidos. El término 'supremacía blanca', que aparece a menudo en el discurso de la CRT y que continúan usando con mucha frecuencia hoy en día los líderes de las organizaciones de Black Lives Matter, debe destrozarse. El concepto de supremacía blanca, sin embargo, no significa creer realmente en la superioridad de la gente blanca. Puede significar cualquier cosa desde los filósofos clásicos hasta los pensadores de la Ilustración hasta la Revolución Industrial"[36].

Butcher y Gonzalez apuntan al uso que hace la autora Robin DiAngelo del término "supremacía blanca" para condenar a toda la sociedad. DiAngelo es profesora adjunta afiliada de Educación en la Universidad de Washington. En su libro *White Fragility* [Fragilidad blanca] escribe: "Supremacía blanca es un término descriptivo y útil para captar la abarcadora centralidad y la superioridad asumida de personas definidas y percibidas como blancas, y las prácticas basadas en esta suposición. En este contexto, la supremacía blanca no se refiere a personas blancas individuales y sus intenciones o acciones individuales, sino a un sistema de dominación político, económico y social general. De nuevo, el racismo es una estructura, no un acontecimiento. Aunque existen grupos que proclaman su supremacía blanca de forma abierta y este término se refiere también a ellos, la conciencia popular solo asocia a la supremacía blanca con estos grupos radicales. Esta definición reduccionista oculta la realidad del funcionamiento de un sistema mucho mayor, y nos impide abordar este sistema"[37]. Por lo tanto, la supremacía blanca define y explica el experimento estadounidense completo, no solo una periferia extrema de supremacistas blancos.

Los teóricos y activistas de la CRT declaran que la sociedad no solo es irremediablemente racista y está dominada por los blancos, sino que no tiene ningún sentido intentar hacer valer o perseguir tus "derechos" porque dichos derechos en realidad no son en absoluto derechos. ¿Por qué? Porque no brindan el tipo de igualitarismo marxista y el paraíso de las personas (los trabajadores) que exige el movimiento de la CRT. En efecto, los derechos son utilizados para sostener la estructura racial blanca y negarles poder a las minorías. Delgado y Stefancic sostienen que "[e]n nuestro sistema, los derechos son casi siempre procesales (por ejemplo, a un justo proceso) en vez de sustanciales (por ejemplo, a los alimentos, a la vivienda o a la educación). Pensemos en cómo ese sistema aplaude el ofrecer a todos la igualdad de oportunidades, pero se resiste a los programas que garanticen la igualdad de resultados, tales como la acción afirmativa en una institución de educación superior de élite o los esfuerzos para igualar el financiamiento de escuelas públicas a través de los distritos de una región. Es más, los derechos casi siempre se restringen cuando entran en conflicto con los intereses de los poderosos. Por ejemplo, los discursos de odio, que apuntan más que nada a las minorías, los gays, las lesbianas y demás *outsiders*, están protegidos legalmente, mientras que las expresiones que ofenden a los intereses de los grupos empoderados encuentran una dispuesta excepción dentro de la ley de la Primera Enmienda. [...] Es más, se dice que los derechos son alienantes. Separan a las personas —'mantén la distancia, tengo mis derechos'— en lugar de estimularlas a formar comunidades unidas y respetuosas"[38].

Los activistas de la CRT, tal como los revolucionarios marxistas, son intolerantes ante los argumentos contrapuestos y los desafíos a sus puntos de vista. Por lo tanto, la libertad de expresión es particularmente amenazante para "la causa". A pesar de que el enfoque dice estar puesto en el discurso del odio, un término aplicado tanto a las difamaciones raciales obvias y ofensivas como a los desacuerdos políticos y filosóficos más amplios, Chris Demaske, profesor adjunto de Comunicación en la Universidad de Washington en Tacoma, explicó que los "académicos de la CRT han criticado muchas de las suposiciones que ellos consideran constituyen la ideología de la Primera Enmienda. Por ejemplo, en lugar de ayudar a lograr un debate sano y robusto, la Primera Enmienda en realidad sirve para preservar las inequidades del *statu quo*; no puede existir en el derecho en general, ni con respecto a la Primera Enmienda en particular, semejante cosa como una interpretación objetiva o neutra en cuanto a contenido; hay ciertas expresiones que deberían ser entendidas en términos del daño que causan, en vez de valuar toda expresión sobre la base de ser una expresión; y no hay 'igualdad' en la 'libertad' de expresión"[39].

Para los defensores de la CRT, las expresiones contrarias, la mayor expresión y el mercado de las ideas están envenenados por el dominio y el privilegio blancos. Por supuesto, esto lleva a la represión, la censura y la "cultura de la cancelación" de hoy en día, a la que me refiero más adelante en este capítulo.

Delgado y Stefancic declaran: "una de las primeras propuestas de la teoría crítica de la raza tiene que ver con el discurso de odio —la lluvia de insultos, epítetos y apelativos ofensivos a los que se enfrentan cotidianamente muchas personas pertenecientes a minorías—. Un viejo artículo documenta algunos de los daños que puede infligir este tipo de discurso. Señalaba que las cortes ya estaban ofreciendo algún tipo de respuesta intermitente a las víctimas de discursos de odio bajo doctrinas tales como la de difamación, imposición intencional de aflicción emocional y la de agresión física, y concluía urgiendo a la creación de un delito independiente en el que las víctimas de vituperios deliberados cara a cara puedan hacer demandas y proveer daños. Varios artículos y libros posteriores se basaron en esta idea. Un escritor sugirió que la respuesta fuera la criminalización; otros instaron a que las instituciones de educación superior adoptaran reglas de conducta estudiantil diseñadas para desalentar el discurso de odio en los campus. Y otros incluso conectaron el discurso de odio con la hipótesis sobre el constructo social de la raza, señalando que el vilipendio racial concertado contribuye a las imágenes sociales y los preconceptos enraizados de que la gente de color es indolente, inmoral o intelectualmente deficiente"[40].

Por lo tanto, la respuesta es la regulación de la libertad de expresión. Entonces, las autoridades gobernantes o, por ejemplo, sus sustitutos en las *big tech*, los medios y el ámbito académico, deben ocuparse de determinar qué tipo de discurso es aceptable y cuál no lo es. Por supuesto, para los marxistas y los ideólogos de la CRT hay solo un tipo de discurso aceptable: el suyo. En consecuencia, la demanda de códigos de expresión en los campus, la guerra contra la libertad académica y las amenazas a la diversidad intelectual tanto entre el profesorado como entre los estudiantes y la demanda de leyes criminales federales y estatales contra el discurso de odio. Obviamente, lo que acaba siendo un problema es la vaguedad, la excesiva amplitud y el inmenso alcance de dichas políticas y leyes y, finalmente, el control de las autoridades gubernamentales y gobernantes sobre el discurso. Este es otro ejemplo de las contradicciones y la hipocresía del marxismo, y aquí el movimiento de la CRT, dado que despotrican contra la sociedad actual al tiempo que exigen que el gobierno intervenga para lograr sus fines ideológicos.

Delgado y Stefancic también apuntan contra internet. "El discurso de odio en internet está planteando un problema difícil. Los blogs, los tuits, las caricaturas [...] y demás mensajes en este medio no son costosos y circulan fácilmente, a menudo de forma anónima. Permiten que aquellos a quienes les disgusta cierta persona o raza encuentren a personas afines, construyendo así un refuerzo a menudo sin oposición. La sociedad se polariza, con grupos que desconfían unos de otros y que creen que el otro lado está completamente equivocado. Por supuesto, en internet el contradiscurso es fácil y barato. De igual manera, la inmediata disponibilidad de una avenida para responder a un mensaje injurioso no ha resuelto del todo el problema"[41]. Sin embargo, ahora han dilucidado cómo usar internet para sus propios fines. De nuevo, más adelante hablaré de este tema.

Asimismo, se dice que la idea del mérito como fin justo, objetivo y deseable dentro de la sociedad es visto y aplicado a través de los ojos del privilegio blanco. Delgado y Stefancic declaran que "la crítica al mérito que hace la CRT toma una variedad de formas, todas diseñadas para mostrar que la noción se aleja mucho del estándar neutro que imaginan sus adeptos. Muchos escritores critican los exámenes estandarizados, y demuestran que se puede 'entrenar' para pruebas tales como el SAT y el LSAT que premian a las personas de nivel socioeconómico alto que pueden pagar costosos cursos de preparación. Las bajas calificaciones en estos exámenes no predicen más que las notas del primer año —e incluso modestamente— y no miden otras cualidades importantes como la empatía, los logros, la orientación, la orientación de los logros o las habilidades comunicacionales. Estos escritores señalan que el mérito es sumamente situacional. Si uno mueve el aro en una cancha de baloncesto para arriba o para abajo seis pulgadas, uno cambia radicalmente la distribución de quién tiene mérito"[42].

Claramente, el movimiento de la CRT se ha diseminado no

solo a través del ámbito académico, sino también en los medios, la política y las corporaciones, y ha dado lugar a la racialización de prácticamente todas las condiciones sociales. A menudo he dicho que, a pesar de que se derrotó a la Unión Soviética, en los campus de las instituciones de educación superior estadounidenses se pueden encontrar manifestaciones de ese régimen totalitario. Butcher y Gonzalez explican por qué: "Dado que la CRT se originó en instituciones postsecundarias, era de esperar que algunas de las manifestaciones más intolerantes de la CRT se encuentren en los campus universitarios. Los predios de educación superior han sido el hogar de protestas durante décadas, pero muchos en la generación actual de alborotadores están decididos a hacer oír sus ideas y a no permitir que otros se expresen, a veces incluso recurriendo a la violencia. Es más, los estudiantes activistas y sus aliados plantean exigencias a los administradores de las instituciones que intentan ejercer el poder por sobre aquellos en posiciones de autoridad"[43]. Desde los campus de las instituciones de educación superior, la cultura de la cancelación intolerante y demoledora del discurso ahora está en todas partes. Y el fin es el mismo que el del objetivo marxista: la destrucción de la sociedad actual.

Hoy, las editoriales producen libros sobre la CRT a paso acelerado. Los materiales educativos se usan en las aulas de las escuelas públicas a través de los Estados Unidos para adoctrinar y lavar los cerebros de los niños. Se está "reeducando" y entrenando a los maestros sobre la teoría crítica de la raza. Por ejemplo, *Is Everyone Really Equal?: An Introduction to Key Concepts in Social Justice Education* [¿Somos realmente todos iguales?: Una introducción a conceptos clave en la educación de la justicia social] es un libro de Özlem Sensoy y Robin DiAngelo muy popular, que actualmente circula a través de los ámbitos de la educación pública. En el prefacio del libro, James A. Banks, editor de la Serie de Educación Multicultural, explica la agenda: "Este libro incisivo y oportuno está escrito para ayudar tanto a quienes se preparan para ser maestros como a quienes ya lo son para que obtengan los conocimientos, las actitudes y las habilidades necesarias para trabajar efectivamente con estudiantes de grupos diversos, incluidos los grupos prevalecientes. Un supuesto importante de este libro es que los maestros necesitan desarrollar una perspectiva crítica de la justicia social para comprender los complejos problemas relacionados con la raza, el género, la clase y la excepcionalidad de los Estados Unidos y Canadá, y para enseñar de tal forma que promuevan la justicia social y la igualdad"[44].

Banks advierte que "[u]no de los mayores retos que experimentamos aquellos de nosotros que enseñamos cursos de educación multicultural a estudiantes de formación docente es la resistencia al conocimiento y las habilidades que enseñamos. Esta resistencia tiene raíces profundas en las comunidades en las que están socializados la mayoría de los estudiantes de formación docente, así como también dentro del conocimiento de la cultura dominante que se ha institucionalizado en el interior de la comunidad académica y en la cultura popular, y que la mayoría de los estudiantes no ha cuestionado hasta que se matricula en un curso de educación multicultural o diversidad…"[45].

El libro se divide en los siguientes capítulos:

Capítulo 1: Cómo involucrarse de manera constructiva en cursos con un enfoque crítico de la justicia social

Capítulo 2: El pensamiento crítico y la teoría crítica

Capítulo 3: La cultura y la socialización

Capítulo 4: El prejuicio y la discriminación

Capítulo 5: La opresión y el poder

Capítulo 6: Cómo entender el privilegio a través de la discriminación contra las personas con discapacidad

Capítulo 7: Cómo entender la invisibilidad de la opresión a través del sexismo

Capítulo 8: Cómo entender la naturaleza estructural de la opresión a través del racismo

Capítulo 9: Cómo entender la organización global del racismo a través de la supremacía blanca

Capítulo 10: Cómo entender la interseccionalidad a través del clasismo

Capítulo 11: "Sí, pero...", refutaciones comunes

Capítulo 12: Cómo convergen todos los temas[46].

Banks describe la agenda ideológica que se propone el libro: "Esperamos poder llevar a nuestros lectores a través de un viaje que resulte en una mayor capacidad de ver más allá de la superficie inmediata para llegar a la injusticia profundamente arraigada [...] una injustica que para muchos de nosotros es normal y se da por hecho. Puede resultar doloroso mirar de frente a la injusticia, en especial cuando entendemos que todos somos partícipes en ella. Sin embargo, no es nuestra intención embarcar a nuestros lectores en este viaje para generarles remordimiento o endilgar culpas. A estas alturas en nuestra sociedad, el remordimiento y la culpa no son ni útiles ni constructivos; nadie que lea este libro tuvo que ver con la creación de los sistemas que mantienen en su lugar a la injusticia. Pero cada uno de nosotros sí debe decidir si vamos a trabajar para interrumpir y desmantelar estos sistemas o vamos a ignorarlos y apoyar su existencia. No hay un espacio neutro; optar por la inacción ante la injusticia es optar por permitirla. Esperamos que este libro les brinde a nuestros lectores la base conceptual a partir de la cual actuar contra la injusticia"[47].

Hoy en día, la CRT está firmemente arraigada en las instituciones de educación superior estadounidenses, y su alcance está muy extendido. El sitio web Legal Insurrection [Insurrección Legal], fundado por el profesor William Jacobson de la Escuela de Derecho de Cornell, brinda la base de datos más completa de más de doscientas instituciones de educación superior que utilizan entrenamiento crítico de la raza en sus campus.[48]

Es más, la CRT se está expandiendo rápidamente a través de las escuelas públicas de los Estados Unidos. Entre otras cosas, esto se está logrando con el fuerte apoyo y con la maquinaria corporativa del *New York Times* y del Proyecto 1619.

¿Qué es el Proyecto 1619? Krystina Skurk, asistente de investigación en Hillsdale College, escribe en *Real Clear Public Affairs* y explica que "el Proyecto 1619 es una serie de ensayos publicados por el *New York Times* [...] [que] le dan un nuevo marco a la historia de los Estados Unidos con el argumento de que 1619, el año en que fueron traídos los primeros esclavos a Jamestown, es el año de la verdadera fundación de los Estados Unidos. En asociación con el *Times*, el Centro Pulitzer creó un plan de estudios basado en 1619 que distribuyeron por más de 3500 escuelas. Según un plan de estudios del Centro Pulitzer, el currículo enseña que la esclavitud ha tenido un impacto sostenido en el tiempo sobre todas las instituciones estadounidenses. Una pregunta de la guía de discusión plantea: ¿Qué influencia tienen las estructuras sociales que se desarrollaron para apoyar la esclavitud de las personas negras, y el racismo antinegro que se cultivó en los Estados Unidos para justificar la esclavitud, sobre diversos aspectos de las leyes, las políticas, la cultura y los sistemas modernos?"[49].

Skurk continúa: "En un video creado para el currículo, Nikole Hannah-Jones, la creadora del Proyecto 1619, explica que en el Medio Oeste donde se crio 'veía un panorama de desigualdad' a través de la ventanilla del autobús de su escuela. La parte más reveladora del video es aquella en la que Hannah-Jones habla sobre la historia estadounidense, donde describe primero al año 1776 como el año en que, sin lugar a duda, se puso en marcha 'el experimento democrático más libertador de la historia mundial'. A medida que habla, se despliegan imágenes icónicas de los Padres Peregrinos, de los fundadores de los Estados Unidos, de la década del cincuenta, de la Estatua de la Libertad. Luego, las imágenes empiezan a rebobinar y Hannah-Jones dice: 'De la única manera que puedes creer que este país fue la nación democrática más libertadora que el mundo haya visto jamás es, por supuesto, borrar a los pueblos originarios que ya estaban aquí [...] e ignorar a los africanos esclavizados'"[50].

Dondequiera que mire Hannah-Jones, desde el posadero del *New York Times*, ve racismo. "Hannah-Jones sostiene que casi todo en la vida moderna estadounidense está manchado por el legado de la esclavitud —escribe Skurk—. Señala los índices de encarcelamiento, la falta de un sistema de cobertura médica universal, la duración de las licencias por maternidad, las leyes de salario mínimo, los bajos números de las membrecías a los sindicatos, los sistemas de autopistas, las leyes discriminatorias explícitas e implícitas y el bajo rendimiento de los sistemas escolares en los vecindarios de minorías como ejemplos de los continuos efectos del racismo"[51].

¿Cuál es el propósito de este proyecto del *New York Times*? El director del *Times*, Jake Silverstein, declaró que es "reenmarcar la historia estadounidense teniendo en cuenta qué significaría considerar a 1619 como el nacimiento de nuestra nación [en vez de 1776]. Hacerlo requiere que situemos las consecuencias de la esclavitud y las contribuciones de los estadounidenses negros en el centro de la historia que nos contamos sobre quiénes somos como país"[52].

En su libro *1620: A Critical Response to the 1619 Project* [1620: una respuesta crítica al Proyecto 1619], Peter W. Wood, presidente de la Asociación Nacional de Académicos y exprofesor, escribió una respuesta devastadora al Proyecto 1619. Entre otras cosas, explica que: "El objetivo más amplio del Proyecto 1619 es cambiar el entendimiento que los Estados Unidos tienen de sí mismos. No está claro todavía si esto acabará por ocurrir, pero ciertamente logró moldear la manera en que los estadounidenses discuten ahora sobre aspectos clave de su historia. El Proyecto 1619 se alinea con los puntos de vista de aquellos en la izquierda progresista que detestan a los Estados Unidos y a quienes les gustaría transformar radicalmente al país en otro tipo de nación. Dicha transformación sería un error irreparable: pondría en peligro la libertad que tanto esfuerzo nos costó conseguir, nuestra autonomía y nuestras virtudes como pueblo. [...]"[53]. Wood observa que "el Proyecto 1619 ha trasladado ideas que hace unos años pertenecían exclusivamente a una periferia, hacia el centro de la esfera de la opinión dominante. La idea, por ejemplo, de que la Revolución de los Estados Unidos fue un acontecimiento a favor de la esclavitud solía circular solamente entre activistas de mentes conspirativas con teorías de la historia en formato de historietas. El Proyecto 1619 lo ha llevado desde el patio de la escuela hasta el aula, para gran consternación de historiadores serios en todas partes"[54].

Wood condena el proyecto como falsa erudición. Y, por supuesto, lo es. Es la teoría crítica de la raza disfrazada de historia. "La manera típica de resolver disputas sobre la historia —dice Wood— es que los historiadores presenten sus mejores argumentos, y sus fuentes, en artículos dentro de publicaciones; luego, cada lado puede examinar la evidencia por cuenta propia y llegar a la verdad. El Proyecto 1619 evade este tipo de transparencia. [...] Hannah-Jones, que hace algunas de las declaraciones más audaces, no cita ninguna fuente: el proyecto según se presenta [originalmente] en la [*New York Times*] *Magazine* no contiene ninguna nota a pie de página, ninguna bibliografía ni ningún otro sustento académico"[55].

En diciembre de 2019, en la *New York Times Magazine*, cinco historiadores ejemplares "expresa[ron] [...] fuertes reservas sobre aspectos importantes del Proyecto 1619. El proyecto intenta ofrecer una nueva versión de la historia estadounidense en la que la esclavitud y la supremacía blanca se convierten en los temas organizativos dominantes. El *Times* ha anunciado planes ambiciosos para que el proyecto esté disponible en las escuelas a modo de planes de estudios y material de instrucción relacionado"[56]. Ellos fueron: Victoria E. Bynum, profesora distinguida emérita de Historia, Texas State University; James M. McPherson, profesor emérito George Henry Davis 1886 de Historia Estadounidense, Princeton University; James Oakes, profesor distinguido, Graduate Center, City University de Nueva York; Sean Wilentz, profesor George Henry Davis 1886 de Historia Estadounidense, Princeton University; y Gordon S. Wood, profesor emérito Alva O. Wade University y profesor emérito de Historia, Brown University.

Los historiadores explicaron que "[e]stos errores, con respecto a acontecimientos cruciales, no pueden describirse como interpretaciones o 'marcos'. Son cuestiones de hechos verificables, que son la base tanto de una erudición honesta como de un periodismo honesto. Sugieren el desplazamiento de un entendimiento histórico por una ideología. La desestimación de las objeciones con fundamentos raciales —que son objeciones de 'historiadores blancos' solamente— ha afirmado dicho desplazamiento"[57].

"Sobre la Revolución de los Estados Unidos, crucial en cualquier recuento de nuestra historia —escriben— el proyecto asevera que los Padres Fundadores declararon la independencia de Gran Bretaña de las colonias 'para asegurar que continuara la esclavitud'. Esto no es cierto. Si se pudiera fundamentar, el alegato sería asombroso; sin embargo, todas las declaraciones ofrecidas por el proyecto para validarlo son falsas. Hay porciones del resto del material del proyecto que están distorsionadas, incluida la afirmación de que los negros estadounidenses han librado las luchas por su libertad 'prácticamente solos' "[58].

Los historiadores continuaron: "Y hay otro material que es engañoso. El proyecto critica la mirada de Abraham Lincoln sobre la igualdad racial, pero ignora su convicción de que la Declaración de Independencia proclamaba la igualdad universal, tanto para negros como para blancos, una mirada que sostuvo repetidas veces contra poderosos supremacistas blancos que se oponían a él. El proyecto también ignora el acuerdo de Lincoln con Frederick Douglass sobre que la Constitución era, según palabras de Douglass, 'un DOCUMENTO GLORIOSO SOBRE LA LIBERTAD'. En cambio, el proyecto afirma que los Estados Unidos se fundaron sobre la esclavitud racial, argumento que rechaza la mayoría de los abolicionistas y que proclaman los impulsores de la esclavitud como John C. Calhoun"[59].

En una entrevista con la revista *The Atlantic* Wilentz explicó: "Enseñarles a los niños que la Revolución de los Estados Unidos se luchó en parte para asegurar la esclavitud sería brindar un malentendido fundamental no solo sobre qué implicó la Revolución de los Estados Unidos, sino sobre qué defendían y representaban los Estados Unidos y lo que han representado desde su fundación". [...] "La ideología antiesclavista era 'algo muy nuevo en el mundo en el siglo XVIII' dijo, y 'había más actividad antiesclavista en las colonias de la que había en Gran Bretaña' "[60].

Cabe recordar que el *New York Times* tiene un historial desastroso en lo que de verdades y derechos humanos se trata. Ha actuado como operador de propaganda para algunos de los monstruos y regímenes más crueles de la historia moderna. Tal como detallé en *Unfreedom of the Press* [La no libertad de prensa] el *Times* prácticamente encubrió, durante casi todo el Holocausto, el exterminio que hizo Adolf Hitler de los judíos europeos. Previo a eso, Walter Duranty, su corresponsal en jefe en Moscú de 1922 a 1936, fue el periodista preferido de Occidente de Joseph Stalin. Duranty escribió elogiosamente acerca del dictador genocida y de la Unión Soviética, y ayudó a encubrir la hambruna masiva intencional de millones de ucranianos en 1932[61]. Y a finales de la década del cincuenta, Herbert L. Matthews, corresponsal extranjero del *Times*, "fue el primer periodista estadounidense en entrevistar a Fidel Castro y el último en reconocer al hombre como un asesino totalitario despiadado y un tanto demente. Construyó una mitología en torno a Castro de la cual se enamoró y que acabó por devorarlo sin llegar a comprender jamás del todo qué estaba sucediendo"[62]. Hoy, el *Times* le da voz a una ideología racista y antiestadounidense construida sobre ideas y tácticas marxistas, que lava los cerebros de nuestros niños con mentiras y que socava a nuestro propio país.

Sin embargo, incluso antes que el Proyecto 1619, los medios acogieron y promovieron la teoría crítica de la raza, montando el escenario para los disturbios violentos que han consumido a varias ciudades. Zach Goldberg, un candidato doctoral de Ciencias Políticas en Georgia State University, llevó a cabo lo que podría considerarse el examen más exhaustivo de la cobertura periodística de la raza y el racismo en años recientes. "Tras las protestas, los disturbios y la agitación general desatados por el asesinato de George Floyd a manos de la policía en Minneapolis —escribió Goldberg—, los Estados Unidos están viviendo un ajuste de cuentas racial. La respuesta de las instituciones liberales de élite estadounidenses sugiere que muchas han adoptado la ideología de los manifestantes. He aquí, por ejemplo, una muestra de los títulos de los artículos de opinión y periodísticos publicados durante el pasado mes en los dos periódicos más influyentes del país, el *Washington Post* y el *New York Times*:

'Mientras la gente negra sufre, la gente blanca forma grupos de lectura'

'Los activistas negros se preguntan: ¿es acaso la protesta una moda para la gente blanca?'

'Para la gente blanca que quiere ser "uno de los buenos"'

'El imperecedero sistema de castas de los Estados Unidos: nuestros ideales fundacionales prometen libertad e igualdad para todos. Nuestra realidad es una perpetua jerarquía racial que ha persistido durante siglos'".

El último título de esa lista, un largo artículo sobre el "sistema de castas" de los Estados Unidos de la *New York Times Magazine*, compara a los Estados Unidos con la Alemania nazi de manera explícita[63]. Goldberg continúa: "Lo que sugiere la evidencia es que las publicaciones líderes no solo han expandido su definición de racismo y han promovido activamente una visión más radicalizada de la sociedad estadounidense —en un periodo que comienza bajo un presidente negro y durante el cual numerosos indicadores mostraban un progreso racial lento y frustrante pero consistente— sino que lo han hecho, en parte, mediante la normalización y la popularización de la noción de la culpa colectiva de la 'gente blanca'. El ofrecimiento más reciente dentro de la lista popular de podcasts del *New York Times* [...] se titula 'Padres blancos buenos' e ilustra perfectamente el punto. La descripción que hace el *Times* del podcast, que se concentra en por qué las iniciativas de reforma han fracasado en solucionar los problemas en las escuelas públicas estadounidenses, sugiere haber hallado el origen del problema: 'Se podría decir que la fuerza con más poder dentro de nuestras escuelas son los padres blancos'"[64].

Con el énfasis puesto en el *Times* y el *Washington Post*, Goldberg encontró que "[a]ntes de 2013, los términos 'blanco' y 'privilegio racial' aparecían en un promedio de 0,000013% y 0,000015% de todas las palabras en el *Times* y el *Post* respectivamente. Entre

2013 y 2019, estas frecuencias promedio crecieron un pasmoso 1200% en el *Times*, que fue sobrepasado por un aumento de casi un 1500% en el *Post*. Entretanto, la frecuencia con que 'privilegio' compartió el mismo espacio léxico con términos tales como 'blanco', 'color' y 'piel' alcanzó un nivel récord"[65].

Incluso si no eres un espectador o lector de noticias a diario, es imposible no notar la radicalización del supuesto periodismo de hoy en día. Goldberg señala: "Los picos en 'supremacía blanca' y términos afines son notables dado que no son, de manera alguna, nóveles, y por ello arrancaron desde una base más alta. Hasta hace unos años, su uso en general se limitaba a referencias a supremacistas blancos de carné. Pero, tal como sucedió con 'racismo', a partir de entonces estos términos han sido propagados radicalmente por una rápida expansión semántica impulsada a nivel ideológico. Hoy en día, la supremacía blanca es un rótulo vago y amplio. En lugar de describir las ideas y acciones manifiestamente discriminatorias de ciertos individuos o instituciones, ahora muchos progresistas conciben que la supremacía blanca es el *ethos* fundamental del sistema estadounidense en su conjunto"[66].

El uso que hacen los medios del término "supremacía blanca" y términos afines para describir cualquier cosa y a cualquier persona que no se ajuste a la ideología racista de la CRT está muy generalizado. "Más allá de lo que significara en su momento —escribe Goldberg— la supremacía blanca ahora está en todas partes y es aplicable a cualquier contexto. Tengamos en cuenta que hasta 2015, los términos relacionados con 'supremacía blanca' casi nunca se registraban en más de un 0,001% de todas las palabras en un año determinado en cualquiera de los periódicos mencionados arriba. A excepción del *Wall Street Journal*, cuya alza fue menos consistente, este techo ha sido atravesado cómodamente todos los años a partir de entonces. Para 2019, el *Times* y el *Post* usaban estos términos respectivamente con una frecuencia aproximadamente 17 y 18 veces mayor de lo que ocurría en 2014”[67].

Es más, la vasta burocracia federal está inundada de la agenda y la instrucción de la CRT. El pasado 22 de septiembre de 2020, el presidente Donald Trump tomó medidas para terminar con la diseminación de la ideología mediante el Decreto Ejecutivo 13950. En parte declara que: “Esta ideología destructiva se basa en la tergiversación de la historia de nuestro país y su papel en el mundo. A pesar de ser presentada como nueva y revolucionaria, resucita las nociones desacreditadas de los apologistas de la esclavitud del siglo XIX quienes, al igual que el rival del presidente Lincoln, Stephen A. Douglass, sostenían que nuestro gobierno ‘estaba conformado sobre la base blanca’ [...] ‘por el hombre blanco, para beneficio del hombre blanco’. Nuestros documentos fundacionales rechazaron estos puntos de vista radicalizados sobre los Estados Unidos, los cuales fueron plenamente derrotados en los campos de batalla de la Guerra Civil. Sin embargo, ahora están siendo reempaquetados y vendidos como perspicacia de vanguardia. Están diseñados para dividirnos y evitar que nos unamos como pueblo en pos de un destino común para nuestro gran país”[68].

El decreto ejecutivo explicaba que el movimiento de la CRT y su agenda marxista-racista estaban consumiendo al gobierno: “Desgraciadamente, esta ideología maliciosa ahora está migrando desde los márgenes de la sociedad estadounidense y amenaza con infectar a instituciones fundamentales de nuestro país. En los entrenamientos sobre diversidad en los lugares de trabajo a lo largo del país, incluso en componentes del Gobierno federal y entre contratistas federales, aparecen educadores y materiales que enseñan que los hombres y los miembros de ciertas razas, al igual que nuestras instituciones más venerables, son inherentemente sexistas y racistas. Por ejemplo, recientemente, el Departamento del Tesoro llevó a cabo un seminario que promovía los argumentos de que 'virtualmente toda la gente blanca, sin importar cuán consciente de las inequidades estuviera, contribuía al racismo' y esto instaba a los líderes de pequeños grupos a que estimularan a los empleados a que evitaran las 'narrativas' de que los estadounidenses debían 'ser más indiferentes ante el color' o 'permitir que fueran las habilidades y personalidades de las personas las que las diferenciaran'. El material de instrucción de los Argonne National Laboratories —también una entidad federal— para hombres que no pertenecen a minorías, declaraba que el énfasis de la 'racionalidad por sobre la emocionalidad' era una característica de 'hombre[s] blanco[s]', y les pedía a aquellos presentes 'reconocer' su 'privilegio' los unos a los otros. Una gráfica del museo de la Smithsonian Institution recientemente sostenía que conceptos tales como el 'pensamiento racional linear y objetivo', el 'trabajo duro' como 'la llave del éxito', la 'familia tradicional' y la creencia en un solo dios no son valores que unan a los estadounidenses de todas las razas, sino que son en vez 'aspectos y suposiciones de blancura'. El museo también sostenía que '[e]frentarte a tu blancura es difícil y puede resultar en sentimientos de culpa, tristeza, confusión, actitud defensiva o temor'"[69].

El decreto ejecutivo prohibía que se enseñara a "estereotipar o buscar chivos expiatorios en base a la raza o el sexo", incluidos:

1. Una raza o sexo es inherentemente superior a otra raza o sexo.

2. Un individuo, dados su raza o sexo, es inherentemente racista, sexista u opresor/a, se haga esto de manera consciente o inconsciente.

3. Un individuo debería ser discriminado o recibir un trato adverso solamente o en parte por su raza o sexo.

4. Los miembros de una raza o sexo no pueden ni deberían intentar tratar a otros sin respeto hacia la raza o el sexo.

5. El carácter moral de un individuo es determinado necesariamente por su raza o sexo.

6. Un individuo, dados su raza o sexo, es responsable de las acciones cometidas en el pasado por otros miembros de la misma raza o el mismo sexo.

7. Cualquier individuo debería sentir incomodidad, culpa, angustia o cualquier otra forma de aflicción psicológica dados su raza o sexo.

8. La meritocracia o los rasgos tales como la ética del trabajo duro son racistas o sexistas, o fueron creados por una raza en particular para oprimir a otra raza.[70]

En su primer día en funciones, el presidente Joe Biden firmó su propio decreto ejecutivo para revertir y cancelar el decreto ejecutivo del presidente Trump, alegando falsamente que el decreto de Trump había eliminado los instructivos sobre la diversidad. Entre otras cosas, al anunciar este decreto ejecutivo, Biden reemplazó la frase "igualdad racial" con "equidad racial", un claro indicio de que sus intenciones se alinean con la visión del movimiento de la CRT de que el objetivo es iguales resultados, y *no* igual acceso y trato. En efecto, la búsqueda de la "equidad" hace que la búsqueda de la igualdad sea imposible. Es más, Biden ordena a la burocracia federal recopilar agresivamente todo tipo de datos sobre las características de ciudadanos individuales para asegurarse de ser capaces de ejecutar resultados equitativos, a menudo llamado igualitarismo radical. El decreto ejecutivo sostiene, en parte: "Muchos grupos de datos federales no están desagregados por raza, procedencia étnica, género, discapacidad, ingresos, estatus de veterano/a, ni ninguna otra variable demográfica clave. Esta falta de datos tiene un efecto cascada e impide todo esfuerzo por medir y promover la equidad. Un primer paso para promover la equidad en el accionar del Gobierno es recopilar los datos necesarios para informar a dicho esfuerzo. [...] Por la presente, se establece un Grupo de Trabajo Interagencial de Datos Equitativos (Grupo de Trabajo de Datos)"[71].

El rastreo del comportamiento ciudadano en las bases de datos del Gobierno con el propósito de hacer cumplir los objetivos sociales y culturales del Gobierno —en este caso, las metas racistas de la CRT—, es reminiscente del sistema de crédito social de la China comunista. El programa de China se basa en un sistema de puntos para regular el comportamiento de sus ciudadanos. Tal como informó Fox News: "[b]ajo este sistema, se clasifica a los ciudadanos según un *ranking* dentro de diferentes áreas de la vida civil; para ello se utilizan datos tomados de documentos legales, registros gubernamentales o corporativos y, en algunos casos, observadores civiles. A aquellos ciudadanos con los puntajes más altos les ha sido más fácil obtener préstamos bancarios, chequeos médicos gratis y descuentos en los costos de calefacción. Se han quitado puntos por infracciones de tránsito, por vender productos defectuosos o por el incumplimiento en el pago de préstamos. En algunos casos, a aquellos con un bajo puntaje de capacidad crediticia social se les ha prohibido comprar pasajes de avión o tren. Otras infracciones han incluido fumar en zonas donde está prohibido fumar, comprar —o jugar a— demasiados videojuegos y publicar noticias falsas en línea"[72]. Es más, "aquellos que no han cumplido han sido colocados en una llamada 'lista negra' a la que pueden hacer referencia las compañías al considerar a potenciales empleados. En otros casos, se les puede negar la admisión a universidades a estudiantes dado el bajo puntaje de capacidad crediticia social de sus padres"[73].

Es más, uno de los primeros actos presidenciales de Biden fue abolir la Comisión Asesora 1776 de Trump, la cual se estableció para "permitir que una generación en crecimiento entienda la historia y los principios de la fundación de los Estados Unidos en 1776 y para esforzarse por formar una Unión más perfecta"[74]. "La primera responsabilidad de la Comisión es producir un informe que resuma los principios de la fundación estadounidense y cómo esos principios han moldeado a nuestro país"[75]. Antes de que Biden jurara como presidente, la comisión emitió el Informe 1776, el cual fue inmediata y duramente criticado por los medios.

El 19 de enero de 2021, Chuck Todd de la cadena NBC y Trymaine Lee de MSNBC se negaron a siquiera indagar de lleno en el contenido del informe al aire antes de ridiculizarlo. Su compromiso con la teoría crítica de la raza era obvio:

> TODD: "Bueno, miren, lo hemos visto hasta en los deportes lo que Deion Sanders quiere hacer en Jackson State y de algún modo romper algunas de esas barreras y reestablecer muchas de las metodologías de las HBCU [siglas en inglés para Universidades y *Colleges* Históricamente Negros]. Sé que una de las cosas que queríamos que hicieras era hablar con los estudiantes en las universidades para ver cuáles eran sus reacciones sobre la pancarta que decía "1776...".
>
> LEE: Sí, Chuck. Hablamos con un profesor de Ciencias Políticas que dijo que en realidad es solo la respuesta a 1619 y realmente está basada en una ficción, una hipocresía de los Estados Unidos que no hay manera de desenredar a la esclavitud. Presentar este tipo de chapucería burda, no es un *shock* para nadie, francamente, porque ya lo vienen haciendo hace rato.
>
> TODD: Es un *shock* y, tristemente, no creo que haya sido una sorpresa para nadie[76].

Todd, Lee y otras personalidades dentro de los medios acatan las reglas del partido. Con esto me refiero a que no rompen ni romperán filas con la mentalidad de grupo ni con los imperativos ideológicos de los diversos movimientos surgidos del marxismo. Son voceros y encargados del cumplimiento de la pureza ideológica, devotos fervientes para la intersección de los diversos sistemas de creencias y causas Marxcéntricos y, más que nada, miembros leales del Partido Demócrata. No puede haber ningún desacuerdo ni alejamiento de las reglas del partido. Y, en general, no los hay.

Delgado y Stefancic nos recuerdan, tal como lo hizo Marcuse antes que ellos, que, si al final no ocurre una "transición pacífica" dado que "la clase dirigente blanca podría resistirse a una progresión ordenada hacia el reparto de poder, en particular en conexión con puestos altos y técnicos, agencias de políticas y el gobierno", lo que sigue, "tal como ocurrió en Sudáfrica, el cambio podría ser convulsivo, un cataclismo. De ser así, los teóricos críticos y activistas deberán proveer una defensa criminal para los movimientos y activistas de la resistencia y articular teorías y estrategias para la resistencia. De lo contrario, se podría asentar un tercer régimen, o un régimen intermedio. [...] Los blancos podrían desplegar mecanismos neocoloniales, que incluyen las concesiones simbólicas y la creación de un montón de gerentes intermedios pertenecientes a minorías de piel clara y así mantener a raya la transferencia de poder lo más posible"[77]. Este es un movimiento racista verdaderamente peligroso y desquiciado.

El grupo Black Lives Matter (BLM) es producto de la fusión del marxismo y la CRT. En una entrevista a través de video de 2015 con Jared Ball de Real News Network con base en Baltimore, una de las tres cofundadoras de BLM, Patrisse Khan-Cullors, sostuvo que ella y su cofundadora Alicia Garza eran marxistas. Cullors dijo, en parte: "Pienso en muchas cosas, lo primero que pienso es que de hecho tenemos un marco ideológico; yo, y Alicia [Garza] en particular, somos organizadoras preparadas, somos marxistas preparadas. Somos altamente versadas en teorías ideológicas y creo que lo que realmente intentamos construir es un movimiento que podría utilizarse por muchas, muchas personas negras"[78]. (La tercera cofundadora es Opal Tometi).

Entretanto, la marxista de BLM Khan-Cullors ha adquirido cuatro casas que valen varios millones de dólares. Publicó un libro de gran éxito comercial y firmó lucrativos contratos con Warner Bros. y otras compañías para promover su agenda radical.[79] Son pocos los revolucionarios y simpatizantes marxistas que viven según predican.

Y hay abundante evidencia que liga a la BLM Global Network, la extensiva organización, con violentos movimientos marxista-anarquistas del pasado. Mike Gonzalez de The Heritage Foundation señala que "[Khan-]Cullors se preparó durante una década para ser una organizadora radical del Labor/Community Strategy Center, establecido y dirigido por Eric Mann, un exmiembro de Weather Underground, la facción radical de los sesenta identificada por el FBI como un grupo terrorista doméstico. En su declaración fundacional de 1969, los 'Weathermen' explicaban que se dedicaban a la 'destrucción del imperialismo estadunidense y a alcanzar un mundo sin clases: el comunismo mundial'"[80].

Gonzalez descubrió un seminario en el que Mann les decía a los asistentes que se preguntaran, "¿Estoy tomando decisiones para cambiar el sistema? ¿Estoy atado a las masas?". Es más, Mann señaló que "[l]a universidad es el lugar en el que se radicalizó Mao Zedong, en el que se radicalizaron Lenin y Fidel, en el que se radicalizó el Che. El concepto de la clase media radical del pueblo colonizado, o, en mi caso, la clase media radical del pueblo privilegiado, es un modelo de cierto tipo de revolucionario". [...] "Quítenle este país al Estado colono blanco, quítenle este país al imperialismo y logren una revolución antirracista, antimperialista y antifascista"[81].

Scott Walter del Capitalist Research Center explica: "Si había alguna duda sobre si Black Lives Matter estaba ligada ideológicamente a los terroristas comunistas de los sesenta, la historia de Susan Rosenberg debería despejar todas esas dudas. [...] BLM está ligada ideológicamente —al punto de tener a [Susan] Rosenberg en el consejo del grupo central— a marxistas preparados con un historial de extremismo y violencia. De hecho, Rosenberg fue miembro de la Organización Comunista 19 de Mayo (M19)"[82]. Rosenberg tenía un prontuario extenso y violento como revolucionaria marxista, por el que cumplió dieciséis años de una condena de cincuenta y ocho, hasta recibir un indulto total de Bill Clinton. Gonzalez señala que Rosenberg es "vicedirectora de la junta directiva de Thousand Currents, la institución radical que otorga subvenciones y que, hasta julio [de 2020], patrocinó a la BLM Global Network. Rosenberg también fue acusada a nivel federal de haber colaborado con la fuga de prisión de Joanne Chesimard en 1979, una comunista que ahora vive en Cuba"[83].

Rosenberg y Mann, así como los antiguos colegas de Barack Obama, Bill Ayers y Bernardine Dohrn, estaban relacionados con la Weather Underground. *Britannica* explica: "The Weather Underground, originalmente conocida como Weathermen, evolucionó de Third World Marxists [Marxistas del Tercer Mundo], [y] fue una facción dentro de Students for a Democratic Society (SDS) [Estudiantes por una Sociedad Democrática] la gran organización nacional que representaba a la creciente Nueva Izquierda a finales de los sesenta"[84].

Es más, en parte de una declaración de objetivos anterior, que luego fue borrada de su sitio web, BLM hacía un llamado a la disolución de la familia tradicional: "Alteramos el requerimiento de la estructura familiar tradicional prescripta por occidente para apoyarnos unos a otros, como familias extendidas y 'pueblos' que cuidan unos de otros colectivamente, en especial de nuestros niños, hasta el punto con el que se sientan cómodas las madres, los progenitores y los niños"[85]. Ni la declaración de objetivos original, ni la subsiguiente eliminación de aquella parte fueron accidentales. Marx creía que la familia tradicional era una manifestación de la sociedad burguesa. Tal como la religión, la familia tradicional interfería con el tipo de lavado de cerebros ideológico social necesario para alcanzar el paraíso marxista. Por lo tanto, la atacaba y hacía un llamado a su destrucción:

> ¡Querer abolir la familia! Hasta los más radicales se indignan de este infame designio de los comunistas. ¿Sobre qué base descansa la familia burguesa en nuestra época? Sobre el capital, el provecho individual. En su plenitud, la familia no existe sino para la burguesía, que encuentra su complemento en la supresión forzosa de toda familia para el proletario y en la prostitución pública.
>
> La familia burguesa se desvanece naturalmente con el desvanecimiento de su complemento necesario, y una y otra desaparecen con la desaparición del capital.
>
> ¿Nos reprocháis el querer abolir la explotación de los niños por sus familias? Confesamos este crimen.
>
> Pero nosotros quebrantamos, decís, los lazos más sagrados, sustituyendo la educación de la familia por la educación de la sociedad.
>
> Y vuestra educación, ¿no está también determinada por la sociedad, por las condiciones sociales en que educáis a vuestros hijos, por la intervención directa o indirecta de la sociedad en la escuela, etc.? Los comunistas no inventan

esta injerencia de la sociedad en la instrucción; no buscan sino cambiar el carácter y arrancar la educación de la influencia de la clase dominante.

Las declamaciones burguesas sobre la familia y la educación, sobre los dulces lazos que unen al niño con sus familiares, resultan más repugnantes a medida que la gran industria destruye todo vínculo de familia para el proletario y transforma a los niños en simples objetos de comercio, en simples instrumentos de trabajo[86].

Entretanto, innumerables corporaciones, grupos sin fines de lucro otorgadores de subsidios, atletas, actores y ejecutivos de empresas, entre otros, brindan decenas de millones de dólares de apoyo económico a BLM. Alcaldes del Partido Demócrata nombran calles y bulevares en honor a la organización. Y BLM es celebrada y hasta idolatrada a través de la cultura y los medios, atrayendo el apoyo de innumerables individuos, especialmente de la gente joven.

A medida que la ideología y la propaganda de la teoría crítico-marxista se diseminan a través del ámbito académico, de los medios y demás áreas, también lo hacen un número de movimientos asociados con dicha teoría. Por ejemplo, otro movimiento considerable y en crecimiento es el de la "teoría crítica de la raza latina" (LatCrit) el cual, según escribe Lindsay Pérez Huber, "académica postdoctoral" de UCLA, comprende "experiencias singulares de la comunidad latina tales como la inmigración, el estatus, el lenguaje, la procedencia étnica y la cultura. Un análisis de la LatCrit ha permitido a investigadores desarrollar un marco conceptual del nativismo racista, una lente que pone de relieve la intersección entre racismo y nativismo. [...] Los extensivos marcos teóricos [...] son la CRT y, en particular, la LatCrit. En investigaciones sobre la educación, la CRT se centra sin remordimientos en la manera en que la raza, la clase, el género, la sexualidad y otras formas de opresión se manifiestan en las experiencias educativas de las personas de color. La CRT se basa en múltiples disciplinas para desafiar a las ideologías dominantes tales como la meritocracia y la indiferencia ante el color, que sugieren que las instituciones educativas son sistemas neutrales que funcionan de la *misma* manera para *todos* los estudiantes. Este marco desafía estas creencias mediante el aprendizaje y la construcción a partir del conocimiento de las comunidades de color cuyas experiencias educativas están marcadas por estructuras y prácticas opresivas. Los esfuerzos por revelar el racismo en la educación son una movida consciente hacia la justicia social y racial y el empoderamiento entre las comunidades de color"[87].

Para entender a la LatCrit, uno debe entender la raza y el racismo, es decir, como ocurre con la CRT en general, la naturaleza de la supremacía blanca y de la cultura blanca dominante. "Entender el racismo como herramienta para subordinar a las personas de color revela su intención como función ideológica de la supremacía blanca. La supremacía blanca puede entenderse como un sistema de dominación y explotación racial en el que el poder y los recursos se distribuyen de manera desigual para privilegiar a los blancos y oprimir a las personas de color". De hecho, escribe Huber, "Uno puede ser victimizado por el racismo, a pesar de la realidad de si existe alguna diferencia real o no. [...] El racismo se define como la *asignación de valores a las diferencias reales o imaginarias con el fin de justificar la supremacía blanca, a las creencias de los blancos y a expensas de las personas de color, y de ese modo defender el derecho de los blancos a la dominación*"[88]. (Las itálicas aparecen en el original).

Además, al definir el nativismo racista, Huber declara: "Históricamente, las percepciones del nativo han estado directamente ligadas a las definiciones de blancura. Las creencias en la superioridad blanca y la amnesia histórica han borrado las historias de las comunidades indígenas que ocupaban los Estados Unidos antes que los primeros colonos europeos blancos. Los blancos han sido considerados histórica y legalmente como los 'padres fundadores' nativos de los Estados Unidos. Si tenemos en cuenta esta importante conexión entre nativismo y blancura, el nativismo racista se define como *la asignación de valores a las diferencias reales e imaginarias con el fin de justificar la supremacía del nativo, a quien se percibe como blanco, sobre la del no nativo, a quien se percibe como personas e inmigrantes de color y, de ese modo, defender el derecho de los blancos a la dominación*"[89].

Stefancic afirma que la CRT Latina existe hace aproximadamente medio siglo. Su "progenitor fue Rodolfo Acuña, [...] el primer académico en reformular la historia estadounidense teniendo en cuenta la colonización que hicieron los Estados Unidos de tierra que había pertenecido a México y cómo esta colonización afectó a los mexicanos que vivían en esos territorios. Su tesis ha sido tan poderosa para los latinos como lo han sido las potentes teorías de Derrick Bell para entender la dinámica de la raza para los negros"[90].

Por lo tanto, los Estados Unidos no solo son una sociedad de dominación blanca sistémicamente racista que oprime a todas las personas de color, sino que la existencia misma del país es ilegítima dada su colonización de la tierra de México. En consecuencia, los verdaderos nativos son los mexicanos indígenas, no los blancos que promueven un nativismo racista.

El libro de Acuña de 1972, *Occupied America* [América ocupada] comienza de la siguiente manera: "Hoy, los mexicanos —chicanos— en los Estados Unidos son un pueblo oprimido. Son ciudadanos, pero su ciudadanía es, a lo sumo, de segunda clase. Aquellos con más poder los explotan y manipulan. Y, tristemente, muchos creen que la única manera de que todos se lleven bien en anglo-Norteamérica es que se 'americanicen'. La conciencia sobre su historia —sobre sus contribuciones y luchas, sobre el hecho de que no eran el 'enemigo traidor' que las historias anglo-norteamericanas dijeron que eran— puede reestablecer el orgullo y una sensación de herencia a un pueblo que ha sido oprimido por tanto tiempo. En resumen, la conciencia puede ayudarlos a liberarse"[91].

En otras palabras, al ser los verdaderos nativos, los mexicanos y los chicanos no deberían asimilarse a la cultura anglo-norteamericana. Los primeros son oprimidos, y los segundos son colonialistas.

Pero la valoración nefasta que hace Acuña con respecto a la condición de la población mexicana en los Estados Unidos no puede explicar por qué "México es el país de origen de donde proviene la mayor cantidad de la población inmigrante de los Estados Unidos. En 2018, alrededor de 11,2 millones de inmigrantes que vivían en los Estados Unidos eran de allí, y representaban el 25% de todos los inmigrantes a los Estados Unidos"[92]. ¿Por qué habrían de abandonar su país de origen millones de ciudadanos mexicanos para migrar, tanto legal como ilegalmente, a los Estados Unidos, en algunos casos jugándose la vida, solo para ser "explotados y manipulados"? El hecho es que están escapando de la opresión, de la pobreza, del crimen y de la corrupción en sus propios países hacia una vida mejor en los Estados Unidos.

En su libro *Navigating Borders—Critical Race Theory Research and Counter History of Undocumented Americans* [Navegar las fronteras: investigación de la teoría crítica de la raza y contra-historia de norteamericanos indocumentados], Ricardo Castro-Salazar, profesor de la Universidad de Arizona, y Carl Bagley, profesor de la UK-Durham University proclamaron que "los académicos han señalado reiteradamente que los estadounidenses y sus líderes tienden a ser 'ignoradores crónicos de la historia'.

Esta amnesia se torna dañina cuando establece los límites de la inclusión en las narrativas modernas de identidad y ciudadanía estadounidenses. Las narrativas cotidianas de la historia y los temas de actualidad en los Estados Unidos omiten que 'América' comprende dos continentes e incluye a argentinos, brasileros, canadienses, colombianos, cubanos, dominicanos, guatemaltecos, haitianos, jamaiquinos, mexicanos, salvadoreños, venezolanos y muchas otras naciones por las que viajaron los exploradores europeos en el siglo XVI. En una proclividad por la simplificación y la abreviación, muchos estadounidenses [...] se han olvidado de que los Estados Unidos son *de* América, y no a la inversa. Los Estados Unidos se ubican en Norteamérica, pero han moldeado las realidades de naciones centroamericanas y sudamericanas"[93].

Por ello, continúa el argumento, América es más grande que los Estados Unidos ya que abarca dos contenientes, y los Estados Unidos y su población mayormente blanca y con lazos europeos —más precisamente, los estadounidenses— son los verdaderos intrusos. Es más, según Castro-Salazar y Bagley, los "estadounidenses de origen mexicano" tienen más derecho al territorio estadounidense que los "estadounidenses angloprotestantes". Escriben: "Irónicamente, los americanos indocumentados de origen mexicano tienen una identidad americana doble (estadounidenses y mexicanos) y poseen una conexión histórica más fuerte con el continente americano que la mayoría de la población de los Estados Unidos. Las personas de origen mexicano, es decir, aquellos con una amalgama de herencia indígena y europea, vivían en las tierras que hoy comprenden el sudoeste de los Estados Unidos siglos antes de que el expansionismo estadounidense desposeyera a México de la mitad de su territorio. Quienes perciben a los americanos de origen mexicano como una amenaza a la 'identidad angloprotestante' americana no desconocen este hecho; temen que 'Ningún otro grupo inmigrante en la historia estadounidense haya hecho valer, o pueda hacer valer, un reclamo histórico del territorio estadounidense. Los mexicanos y los mexicoamericanos pueden hacer, y hacen, ese reclamo'"[94].

Al aplicar la CRT a la discusión sobre lo que Castro-Salazar y Bagley definen como "americanos indocumentados de origen mexicano", argumentan que la CRT sostiene que "todo conocimiento es histórico y, por lo tanto, parcial y subjetivo. Su teoría crítica de la sociedad rechazó cualquier atribución de conocimientos objetivos y se enfocó en revelar los mecanismos opresivos de la sociedad. El propósito era entender dichos mecanismos para poder desarrollar condiciones que permitieran que los oprimidos se liberaran"[95].

Por lo tanto, los inmigrantes ilegales no son ni ilegales ni inmigrantes, y son de hecho las víctimas del "colonialismo interno", es decir "[e]l grupo conquistado es dominado y controlado por varios medios, incluidos la violencia y los ataques más sutiles a la cultura, la lengua, la religión y la historia del grupo subordinado"[96]. En consecuencia, hay oposición y resistencia a la asimilación a la cultura estadounidense por parte de una multitud de activistas raciales y étnicos, la cultura de la identidad angloprotestante o la cultura blanca dominante por la que les enseñan a sentir un total y pasional desprecio.

¿Y qué hay de los estadounidenses latinos que rechazan este fanatismo ideológico? De nuevo, haciéndose eco de Marcuse y su teoría de la "tolerancia represiva", Castro-Salazar y Bagley sostienen que "[e]l fenómeno se vuelve más complejo cuando los colonizados internalizan la mentalidad de los colonialistas y pasan a ser parte de la mayoría colonizadora. En una democracia pluralista y capitalista, aquellos que han internalizado la mentalidad del opresor pueden volverse parte de la estructura colonizadora y apoyar muchas de sus acciones..."[97]. Por lo tanto, los mexicoamericanos y demás inmigrantes que se asimilan a la sociedad estadounidense han sido engañados por, o se han vendido a, la "mayoría colonizadora blanca".

Castro-Salazar y Bagley declaran: "El colonialismo interno es una forma de pluralismo no igualitario en el que coexisten diferentes etnias y culturas, pero las relaciones étnicas tradicionalmente siguen un modelo de asimilación, como en los Estados Unidos. Es también una forma de racismo en el que la cultura dominante ve a las etnias y culturas dominadas como foráneas e inferiores, como sucede en el caso de los nativo-, afro-, asiático- y mexicoamericanos en los Estados Unidos. El colonialismo interno existe en los Estados Unidos, con o sin la intención de los individuos, y puede encontrarse en todos los órdenes de la vida. [...] El colonialismo interno contradice la noción de una sociedad integrada y democrática en la que, según algunos estudiosos, las desigualdades políticas y económicas no son temporarias, sino necesarias para el sistema capitalista industrial. La sociedad dominante no ve dicha contradicción, lo cual perpetúa sus privilegios..."[98].

De ahí que, según Castro-Salazar y Bagley, la asimilación y el capitalismo promuevan la opresión y las desigualdades dirigidas hacia minorías a manos de la sociedad de dominación blanca.

Tal como sucedió con su adhesión a la CRT, poco después de jurar como presidente, Biden firmó cinco medidas ejecutivas que cambiaron unilateralmente las políticas migratorias, todas ellas alineadas con, y en apoyo del, movimiento de la "teoría crítica de la raza latina" (LatCrit). Entre otras cosas, dio por terminada la construcción del muro fronterizo (del que más adelante continuó construyendo unos meros 22 kilómetros), dio por terminadas las políticas de implementación internas de Trump, instituyó una moratoria de cien días para las deportaciones y propuso la amnistía para los individuos sin estatus legal.[99] Es más, Biden acabó con los acuerdos que la administración Trump había asegurado con México y otros países de Centroamérica para enviar a aquellos que llegaran a la frontera entre los Estados Unidos y México solicitando asilo a uno de tres países de Centroamérica. El resultado, según lo informado incluso por el *Washington Post* que apoya a Biden: "[E]l nuevo presidente comenzó a derribar algunas de las vallas de contención [instituidas por la administración Trump]. [Biden] emitió cinco decretos ejecutivos con relación a la inmigración el mismo día de su investidura presidencial, y prometió una política de inmigración mucho más compasiva y cordial que la de su predecesor. Su administración también comenzó a permitir que ingresaran al país menores que no estuvieran acompañados por un mayor de edad, un desvío notable del enfoque de la administración Trump. [...] La situación en la frontera —que tanto Biden como sus asesores se negaron enfáticamente a llamar una crisis— es el resultado de una administración que fue alertada acerca de la ola que se avecinaba, pero de todas formas no estuvo preparada ni tuvo la capacidad de manejarla. Los funcionarios de la administración han estado plagados de mensajes confusos, con pedidos que por momentos parecen dirigidos más a los activistas liberales que a los migrantes a quienes tienen que disuadir de venir al país"[100].

Los funcionarios de inmigración federales advirtieron a Biden y a su equipo de transición desde un principio que sus iniciativas abrumarían la frontera y los sistemas de inmigración, pero Biden los ignoró. El *Post* informó: "Durante el periodo de transición, funcionarios de carrera de la Oficina de Aduanas y Protección Fronteriza de los Estados Unidos (CBP, por sus siglas en inglés) intentaron emitir serias alarmas al equipo de Biden sobre la probabilidad de una crisis en la frontera que podría sobrepasar rápidamente la capacidad de la nación. Según un funcionario y dos exfuncionarios del Departamento de Seguridad Nacional de los Estados Unidos, altos oficiales de la CBP realizaron sesiones informativas a través de Zoom con el equipo de transición de Biden, que incluían proyecciones modelo que mostraban un marcado aumento en el arribo de menores sin la compañía de un mayor de edad si se levantaban repentinamente las políticas de Trump"[101].

Lo que faltaba en este informe era que las decisiones de Biden se alineaban con los puntos de vista sobre la inmigración del movimiento LatCrit al que apelaba. El agobio al sistema de inmigración y a la seguridad fronteriza forzó a un número significativo de oficiales de la CBP a abandonar su obligación de hacer cumplir las leyes fronterizas, y tuvo el efecto de crear una frontera abierta y descuidada. Quién sabe a cuántos miles de inmigrantes se les permitió el ingreso a nuestro país sin siquiera recibir fechas de comparecencia para una audiencia por asilo, y otros tenían coronavirus, entre otras enfermedades. Por lo tanto, en vez de desfinanciar a la CBP, una política impulsada por marxistas dentro del Partido Demócrata —y activistas de la LatCrit— pero que no habría recibido suficientes votos en el Congreso, la administración Biden simplemente cambió la dinámica de la frontera y la inmigración a través de un fíat ejecutivo.

Ay, pero, tal como predica la LatCrit, no existe realmente una soberanía de los Estados Unidos porque América es más grande que tan solo los Estados Unidos y, además, los estadounidenses son los verdaderos intrusos. Los que cruzan la frontera de a cientos de miles son los verdaderos indígenas americanos. Es más, el Partido Demócrata espera beneficiarse de la adhesión al movimiento, ya que cuenta con ola tras ola de inmigrantes ilegales, y el subsiguiente otorgamiento de amnistías, como una de las maneras en las que busca retener el poder de modo permanente. Tal como ha informado el Pew Resarch, los votantes latinos se inclinan hacia el Partido Demócrata por un margen significativo[102].

Jim Clifton, director y CEO de Gallup, pregunta: "Estas son algunas de las preguntas que todo líder debería poder responder sin importar su orientación política: ¿Cuántas personas más están viniendo a la frontera sur? ¿Y cuál es el plan? En Latinoamérica y el Caribe hay 33 países. Viven en la región alrededor de 450 millones de adultos. Gallup les preguntó si les gustaría mudarse permanentemente a otro país si pudieran. Un sorprendente 27% dijo que sí. Esto significa que unos 120 millones querrían migrar a algún lado. Luego, Gallup les preguntó adónde les gustaría mudarse. De aquellos que quieren abandonar su país de manera *permanente*, un 35% —o 42 millones— dijo que quiere ir a los Estados Unidos. Los que buscan la ciudadanía y el asilo están observando para determinar exactamente cómo y cuándo es el mejor momento para dar el paso. Además de encontrar una solución para los miles de migrantes que se encuentran en la frontera en la actualidad, incluyamos la pregunta más abarcadora, más difícil: ¿Qué hay de todos aquellos a los que les gustaría venir? ¿Qué mensaje se les está enviando? ¿Cuál es el plan a diez años? Se lo preguntan 330 millones de ciudadanos estadounidenses. Y también 42 millones de latinoamericanos"[103].

El plan está ligado a la ideología marxista de la teoría crítica, o sea que, cuantos más migrantes, mejor, sigamos abrumando y haciendo colapsar el sistema, cambiemos la política, la demografía y la ciudadanía de la nación para así, por fin, transformar la naturaleza del sistema gobernante. Y de ningún modo apoyemos o aceptemos la asimilación. Después de todo, la balcanización y la tribalización de seguro destruirán a cualquier país.

Otro de los movimientos interseccionales que también se han convertido en fuerzas políticas poderosas se relaciona con el género: la teoría crítica del género. Como sucede con otros movimientos de la teoría crítica, en el corazón de este movimiento encontramos la afirmación de que la sociedad y la cultura dominantes, que ven al género a través de la lente de un hecho biológico, empírico, científico y normativo, han estado oprimiendo a las comunidades LGBTQ+ que ven al género como un constructo social en el que las creencias dominantes son simples puntos de vista y tradiciones del *statu quo* privilegiado en un momento determinado. Por lo tanto, prácticamente todas las distinciones binarias de género y sexo tradicionales y las creencias morales que se relacionan con ellas son consideradas opresivas, intolerantes e injustas.

Es más, a lo largo de las últimas décadas, se ha desarrollado una distinción entre "sexo" y "género", los cuales históricamente eran intercambiables tanto en su comprensión como en su uso. Pero ya no es así. Tal como escribe Scott Yenor, profesor de Ciencias Políticas en Boise State University: "Hoy, muchos estadounidenses han aceptado lo que habría parecido inconcebible hace apenas una generación: que el género es artificial, que se construye socialmente y que puede ser elegido libremente por todo individuo. Esta noción —que el sexo biológico puede separarse deliberadamente del género— tuvo su origen en los argumentos de influyentes feministas radicales que escribieron a partir de los años cincuenta hasta los setenta. A su vez, las premisas de sus teorías han abierto el camino al nuevo mundo transgénero. Lo que fuera la escandalosa teoría de ayer, hoy se ha convertido en norma aceptada y vigente, con más cambios por venir. Sin embargo, está por verse si este nuevo mundo será apto para el fortalecimiento humano". Yenor explica que, hoy en día, "a la identidad humana no la determinan nuestra biología, nuestros genes o nuestra crianza; es el producto de la manera en la que las personas se conciben a ellas mismas. Bajo esta perspectiva, los seres humanos son personas asexuadas atrapadas en el cuerpo de uno y otro sexo sin necesidad alguna de seguir antiguos guiones de género. 'No hay ejemplo más vívido', escribe el filósofo Roger Scruton, 'de la determinación del ser humano de triunfar por sobre su destino biológico en favor de los intereses de una idea moral'"[104].

De hecho, nos dicen, las orientaciones sexuales y de género son más complicadas de lo que creíamos. "'A menudo, las personas no son conscientes de la complejidad biológica del sexo y el género', dice el Dr. Eric Vilain, director del Center for Gender-Based Biology de UCLA, donde estudia la genética del desarrollo sexual y de las diferencias sexuales. 'La gente tiende a definir el sexo de manera binaria —o completamente varón, o completamente mujer— basada en apariencias físicas o según qué cromosomas sexuales tiene un individuo. Pero, a pesar de que el sexo y el género podrían parecer dicotómicos, en realidad hay muchos intermedios'"[105].

El ámbito académico, las corporaciones, los medios y hasta la Cámara de Representantes están adoptando códigos del habla que eliminan distinciones pronominales entre varones y mujeres. En la Cámara, "'Él' o 'Ella' se transformaría en 'Miembro'. Y 'padre' y 'madre' se transformarían en 'progenitores'...'"[106]. Sin embargo, Nancy Pelosi nos recuerda orgullosamente y a menudo, tal como lo hacen los medios, que ella es la primera *presidenta* de la Cámara de Representantes.

ABC News informa que Facebook no solo permite que sus usuarios elijan entre "él", "ella" y "ello", sino que también de un largo listado de opciones de género adicionales: "Andrógina, Andrógino, Androginx, Asexual mujer, Asexual varón, Cysexual femenina, Cysexual femenino, Cysexual masculine, Cysexual masculine, Cysexual mujer, Cysexual varón, Femenino, Gay, Hombre trans, Intersex, Intersexual, Lesbiana, Lesboflexible, Masculino, Mujer bisexual, Mujer heteroflexible, Mujer heterosexual, Mujer homosexual, Mujer trans, Neutro, Ninguno, Pansexual mujer, Pansexual varón, Poliamorosa, Poliamoroso, Poliamorosx, Queer, Torta, Trans, Trans femenino, Trans masculine, Transexual, Transgénero, Transgénero femenina, Transgénero masculine, Trava, Travesti, Varón, Varón bisexual, Varón heteroflexible, Varón heterosexual, Varón homosexual, Varón trans"[107]. Y Facebook no es el único.

Tal como sucedió con la CRT y la LatCrit, pocas horas después de jurar como presidente Biden firmó un decreto ejecutivo que reestableció una política crítica de género de la era de Obama que sostiene, en parte: "Todas las personas deberían recibir el mismo trato ante la ley, sin importar su identidad de género u orientación sexual. Estos principios se reflejan en la Constitución, la cual promete una protección equitativa de las leyes. Estos principios también se hallan consagrados en las leyes contra la discriminación de nuestra Nación, entre ellas Title VII de la Ley de Derechos Civiles de 1964, según su enmienda (42 U.S.C. 2000e seq.)"[108].

Pero la Ley de Derechos Civiles de 1964 no dice nada acerca de la "identidad de género" o la "orientación sexual". Prohíbe la discriminación en lugares públicos y en programas subvencionados por el Estado, y prohíbe la discriminación en las contrataciones basada en la raza, el color, la religión, el sexo o la nación de origen. Por lo tanto, ya es una violación de la ley federal discriminar basándose en el sexo de alguien.

De hecho, "Biden está [...] disponiendo explícitamente el plan de su administración para instituir la ideología transgénero en todos los ámbitos de la vida, desde las escuelas, los vestuarios y los equipos deportivos hasta los servicios de salud y los refugios para indigentes", escribieron los editores del *National Review*. Es más "[e]l decreto ejecutivo insta 'a los directores de cada agencia' a revisar toda regulación actual en la que aparezca una prohibición de 'discriminación sexual', y a aplicar las 'prohibiciones de discriminación sexual sobre la base de la identidad de género y la orientación sexual' de la resolución del verano pasado de la Corte Suprema en el caso *Bostock v. Clayton County*. Esto es una extralimitación, lisa y llana. En *Bostock*, la corte limitó su decisión explícitamente a Title VII, y afirmó que 'otras políticas y prácticas', tales como 'baños, vestuarios y demás instancias afines' eran 'preguntas para casos futuros'. A modo de contraste, el decreto ejecutivo toma el razonamiento falaz de *Bostock* —que la discriminación basada en la 'identidad de género' necesariamente 'implica una discriminación basada en el sexo'— y lo aplica a 'cualquier otro estatuto o regulación que prohíba la discriminación sexual'"[109].

Además, el ministerio de Educación de Biden cambió de lado en dos juicios ante la Corte Suprema, revirtiendo así el apoyo que había dado la administración Trump a atletas mujeres —una en Connecticut y otra en Idaho— en los que atletas de la secundaria iniciaron una demanda para evitar que atletas biológicamente varones que se identificaban como mujeres compitieran en deportes femeninos. Por lo tanto, la teoría crítica del género se impuso tanto a la ciencia como a la integridad de los deportes femeninos en la secundaria.

En otro decreto ejecutivo, Biden "estableció un Consejo de Políticas Públicas de Género dentro de la oficina ejecutiva del presidente" con una autoridad de amplio alcance. Se le otorga un extenso poder en la "coordinación de esfuerzos del Gobierno federal para promover la equidad y la igualdad de género". De nuevo, igualdad y equidad no son lo mismo. La búsqueda de la equidad, la cual es un resultado o un fin, a menudo requiere del trato desigual de un individuo o grupo para alcanzarla. Por ejemplo, la destrucción de deportes en la secundaria para mujeres biológicas con el fin de promover la "equidad" para varones biológicos que se identifican como mujeres. No obstante, se instruye a la comisión a que haga cumplir los objetivos del movimiento de la teoría crítica del género según se aplica a la identidad de género y a la orientación sexual[110].

¿Aplican estas directivas y acciones de la administración Biden a los niños de los Estados Unidos? Según la Human Rights Campaign, sí. Dentro de su sitio web, en una sección titulada "Niños y jóvenes transgénero: cómo comprender lo básico" el grupo declara:

> Los niños no nacen sabiendo lo que significa ser varón o mujer; lo aprenden de sus padres, de niños mayores y demás personas a su alrededor. Este proceso de aprendizaje comienza a una edad temprana. Apenas un médico, o algún otro prestador de servicios médicos declara —basándose en la observación de los órganos sexuales externos del recién nacido— 'es un varón' o 'es una mujer', el mundo que rodea a un niño empieza a enseñar estas lecciones. Ya sea a través de la distinción entre la ropa celesta y la rosa, o a través de los 'juguetes para varón' y los 'juguetes para mujer' o al decirles a las niñas que son 'bonitas' y a los niños que son 'fuertes'. Continúa hasta la pubertad y la adultez en las que las expectativas sociales de la expresión y el comportamiento masculino y femenino a menudo se tornan más rígidas. Pero el género no existe simplemente en esos términos binarios; el género es más un espectro en el que todos los individuos se expresan y se identifican según diversos grados tanto de masculinidad como de femineidad. Las personas transgénero se identifican dentro de este espectro, pero también se identifican con un género que es diferente del que les fue asignado al nacer[111].

La doctora en medicina Michelle Cretella, directora ejecutiva del American College of Pediatrics, una organización nacional de pediatras y demás profesionales de la salud dedicados a la salud y el bienestar de los niños, no concuerda. "[L]a ideología transgénero no solo está infectando nuestras leyes. Se está metiendo en las vidas de los más inocentes entre nosotros —los niños— y con el aparentemente creciente apoyo de profesionales de la comunidad médica"[112]. A eso agrega: "Las instituciones de hoy en día que promueven la reafirmación de la transición están empujando a los niños a que actúen como si pertenecieran al sexo opuesto, lo cual lleva a muchos de ellos a tomar un camino de bloqueadores de pubertad, esterilización, extracción de partes del cuerpo sanas y un daño psicológico incalculable"[113].

¿Qué tiene que ver todo esto con el marxismo? Primero, recordemos la guerra de Marx contra la familia tradicional. Tal como lo describe la Wiley Online Library, "el feminismo marxista es una especie de teoría y política feminista que basa sus orígenes teóricos en el marxismo, particularmente la crítica del capitalismo como un conjunto de estructuras, prácticas, instituciones, incentivos y sensibilidades que promueven la explotación de la mano de obra, la alienación de los seres humanos y la degradación de la libertad. Para las feministas marxistas, el empoderamiento y la igualdad para las mujeres no se puede alcanzar dentro del marco del capitalismo. El feminismo marxista se resiste a tratar a las 'mujeres' como un grupo en sí con intereses y aspiraciones similares. Por lo tanto, el feminismo marxista se diferencia de otras modalidades de pensamiento y políticas feministas dado que se ocupa crítica y sistemáticamente de la organización económica de las sociedades, incluida la estratificación en torno a la clase; se rehúsa a darle a la categoría de 'mujeres' un estatus aparte y especial, sin importar la clase; dado su compromiso al derrocamiento del capitalismo; y su lealtad a las mujeres empobrecidas y de la clase trabajadora"[114].

El sitio web de Socialismo Internacional explica, en parte: "[E]l desarrollo de las fuerzas y relaciones de la producción moldearon, y continuaron haciéndolo de diferentes maneras, el impacto que tuvo la biología en la posición de la mujer y en el desarrollo de la opresión de la mujer. Esta conexión entre fuerzas productivas y la estructura familiar no es mecánica —cada nueva formación construye sobre lo que vino antes y también sufre el impacto de las luchas entre clases en puja—." [...] "El materialismo histórico enfatiza las circunstancias históricas particulares en las que surgió y se desarrolló la opresión de las mujeres, y más tarde de las personas trans. Nos permite observar la interacción entre lo biológico y lo social. El punto no es preguntar por qué existen las personas trans, sino defender su derecho a su identidad de género de manera incondicional"[115].

Laura Miles, autora del libro *Transgender Resistance: Socialism and the Fight for Trans Liberation* [Resistencia transgénero: el socialismo y la lucha por la liberación trans] y colaboradora del *Socialist Review*, "ubica los orígenes de la opresión trans en la obligación al cumplimiento de roles de género aún más rígidos dentro de la familia tradicional emergente que surgió en la época en que se dio otra gran transformación de las fuerzas productivas: la revolución industrial. Las mujeres y los niños fueron llevados a las nuevas fábricas junto con los hombres, donde trabajaban en condiciones horrendas que resultaron en un gran incremento en la mortalidad infantil. La clase dirigente necesitaba un suministro confiable de mano de obra futura, y algunas porciones de la clase dirigente vieron que esto se veía amenazado"[116].

Incluso si uno no acepta una conexión directa o un paralelismo con el materialismo histórico marxista y con la teoría de clases *clásicos*, tal como ocurre con otros movimientos de la teoría crítica, no hace falta que los haya. Se dice que los movimientos se desarrollaron o confeccionaron a partir de la ideología marxista. De hecho, esa fue la base de la adaptación de Marcuse.

Sería negligente de mi parte no mencionar siquiera el hecho de que los niños están siendo atraídos hacia estos movimientos y están siendo programados. Natalie Jesionka escribió en el *Washington Post* que "[e]n el año de Black Lives Matter y #MeToo muchos padres se preguntan cuál es el momento adecuado para hablar con sus hijos sobre la justicia social. Los expertos dicen que nunca es demasiado pronto, y hay una nueva ola de herramientas y recursos que pueden ayudar a entablar esta conversación. Puedes anotarte en clase de música [...] que desarrolla el entendimiento de género y persona. La hora del cuento de las *drag queens* pronto se convertirá en un programa de televisión. Y hay más y más libros para niños que hablan sobre la interseccionalidad y que amplían la representación, además de tarjetas de memoria y videos breves que enseñan sobre ideas antirracistas tanto a los padres como a los niños"[117]. "Leigh Wilton y Jessica Sullivan, profesoras de Psicología de Skidmore College que estudian las interacciones raciales y sociales, dicen que a los tres meses de edad los niños ya desarrollan sesgos implícitos y que a los cuatro años ya categorizan y desarrollan estereotipos"[118].

Con respecto a la teoría crítica del género, en un ensayo de The Heritage Foundation titulado "Adoctrinamiento de la ideología sexual: el impacto del Proyecto de Ley para la Igualdad en los planes de estudio escolares y en los derechos parentales", Andrea Jones y Emilie Kao explican: "En los últimos años, grupos activistas han reforzado la presión sobre legisladores y educadores para que la enseñanza de la ideología radical lesbiana, gay, bisexual y transgénero sea un requisito en las escuelas. Argumentan que la inclusión y la no discriminación de estudiantes que se identifican como gay o transgénero requiere de una revisión radical del currículo. Hay escuelas alrededor del país y alrededor del mundo que han intentado implementar un plan de estudios que enseñe a los estudiantes la creencia no científica de que el género es fluido y subjetivo, y de que las creencias tradicionales sobre el matrimonio y la familia tienen sus orígenes en la intolerancia"[119].

Y el activismo se ha introducido en las clases en un creciente número de estados: "Alrededor del país, cinco estados y el Distrito de Columbia han comenzado a requerir un currículo SOGI [siglas en inglés de 'orientación sexual e identidad de género'] en Educación Sexual e Historia, mientras que otros diez lo han prohibido explícitamente. Si el Congreso aprueba una ley federal ['el

Proyecto de Ley para la Igualdad'] estaría usurpando la autoridad del estado en la materia y socavando los derechos parentales"[120].

Jones y Kao señalan que la poderosa "Human Rights Campaign, una organización activista líder, ya asevera que a los estudiantes LGBT 'se les ha negado el mismo acceso a las oportunidades educativas en escuelas de todas partes de nuestra nación' y lo compara explícitamente con las protecciones de la Ley de Derechos Civiles para características tales como la raza, el sexo y la nación de origen"[121].

Quiero aclarar que, en términos generales, yo creo en el lema "Vivir y dejar vivir". Dicho esto, muchos de sus activistas son abiertos defensores de la teoría crítica y están haciendo demandas cada vez más intensas para imponer sus creencias al resto de la sociedad y la cultura, incluso en las aulas y con respecto a niños cada vez más pequeños, en las Fuerzas Armadas de los Estados Unidos, etc., mediante la fuerza del gobierno y de la ley, de ser necesario. Como tal, no se trata tanto de tolerancia, sino de adoctrinamiento, de obediencia y de la institución extendida de una agenda de acción afirmativa. Es más, la conexión interseccinonal con otros movimientos de la teoría crítica, y sus raíces marxistas, es innegable.

También debe quedar claro que el movimiento de la teoría crítica, nacido y desarrollado por marxistas alemanes, primordialmente el difunto Herbert Marcuse, es más influyente en la Oficina Oval, los pasillos del Congreso, las aulas de instituciones de educación superior, las escuelas públicas, las salas de juntas de corporaciones, los medios, *Big Tech* y la industria del entretenimiento que el genio y las obras de Aristóteles, Cicerón, John Locke, Montesquieu, Adam Smith, John Adams, Thomas Jefferson, James Madison y tantos otros que contribuyeron poderosamente a un mundo civilizado y compasivo. Tiene cada vez más influencia a través de la cultura, a menudo a expensas de valores judeocristianos y de lecciones de la Ilustración que aseguran las sociedades más tolerantes, libres y benefactoras, en especial los Estados Unidos. En vez, la red interseccional de una lista aparentemente eterna de individuos y grupos oprimidos está obsesivamente comprometida a transformar y derrocar a la república y a la sociedad estadounidenses —es decir, a la cultura dominante y sus instituciones supuestamente opresivas— y está destrozando el país. Por supuesto, esto no quiere decir que cada individuo o grupo asociado con estos movimientos o los propósitos que profesan sea conscientemente parte de semejante rebelión o revolución. No cabe duda de que muchos no están al tanto de los verdaderos objetivos y motivaciones de líderes, organizadores y activistas fanáticos a su alrededor. No obstante, están contribuyendo a los propósitos y fines extremadamente destructivos de la teoría crítica.

CAPÍTULO CINCO

EL FANATISMO DEL "CAMBIO CLIMÁTICO"

El capitalismo ha sido explicado de muchas maneras por muchos académicos y filósofos brillantes. Pero el economista George Reisman, autor y profesor emérito de Economía de Pepperdine University, brinda una definición útil y concisa, funcional a los propósitos de este capítulo.

En su libro *Capitalism* [Capitalismo], Reisman explica: "La actividad económica y el desarrollo de las instituciones económicas no ocurren en un vacío. Son profundamente influenciados por las convicciones fundamentales y filosóficas de las personas. En particular, el desarrollo de las instituciones capitalistas y la elevación del nivel de producción al nivel que ha alcanzado a lo largo de los dos últimos siglos presupone la aceptación de una *filosofía de este mundo y prorazón*. De hecho, en su desarrollo esencial, las instituciones del capitalismo y el progreso económico resultante representan la implementación del *derecho del hombre a la vida*. [...] El capitalismo es el sistema económico que se desarrolla siempre y cuando las personas sean libres de ejercer su derecho a la vida y elijan ejercerlo. [...] [S]us instituciones representan, en efecto, un poder del razonamiento humano de expansión propia para servir a la vida humana. La resultante abundancia creciente de bienes es el medio material mediante el cual las personas impulsan, completan y disfrutan de sus vidas. Los requisitos filosóficos del capitalismo son idénticos a los requisitos filosóficos del reconocimiento y la implementación del derecho del hombre a la vida"[1].

Es más, tal como explicó F. A. Hayek, economista, teórico social, filósofo, profesor y ganador del Premio Nobel de Economía de 1974, en su libro *The Fatal Conceit: The Errors of Socialism* [La arrogancia fatal: los errores del socialismo], mientras que las personas y las instituciones de las economías capitalistas aplican la razón en la toma de decisiones que las afectan directamente, "[p]ara entender a nuestra civilización, uno debe apreciar que el orden extendido no resulta del designio o la intención humanos, sino que fue espontáneo: surgió de la conformidad involuntaria a ciertas prácticas tradicionales y mayormente *morales*, muchas de las cuales le suelen disgustar al hombre, cuya importancia no suele llegar a comprender, cuya validez no puede probar y las cuales se han expandido relativamente rápido de todos modos mediante una selección evolutiva. [...] Este proceso quizá sea la faceta menos valorada de la evolución humana. [...] La disputa entre el orden del mercado y el socialismo destruiría a una gran parte del género humano y empobrecería a gran parte del resto. [...] [G]eneramos y obtenemos un mayor conocimiento y una mayor riqueza de los que podrían obtenerse o utilizarse jamás en una economía centralizada cuyos adherentes aleguen proceder estrictamente según la 'razón'. Por consiguiente, los objetivos y programas socialistas son fácticamente imposibles de lograr o ejecutar; y también sucede [...] que son lógicamente imposibles"[2].

Incluso más, Milton Friedman, economista, filósofo, profesor y ganador del Premio Nobel de Economía en 1976, describe el vínculo inextricable entre la libertad económica y la libertad política: "Es una creencia generalizada que la política y la economía son cosas separadas y en general desconectadas; que la libertad individual es un problema político y que el bienestar material es un problema económico; y que cualquier tipo de organización política puede combinarse con cualquier tipo de organización económica. La principal manifestación contemporánea de esta idea es el apoyo al 'socialismo democrático...'". Friedman condena dicha perspectiva la cual considera un "autoengaño". "[E]xiste una conexión íntima entre la economía y la política, tal que solo son posibles ciertas combinaciones de organización económica y política y que, en particular, una sociedad que es socialista no puede también ser democrática, en el sentido de garantizar la libertad individual. La organización económica juega un doble rol en la promoción de una sociedad libre. Por un lado, la libertad en la organización económica es en sí un componente de la libertad en su acepción más amplia, por lo que la libertad económica es un fin en sí misma. Por otro lado, la libertad económica es también un medio indispensable hacia lograr la libertad política"[3]. "Visto como un medio hacia el fin de una libertad política, la organización económica es importante dado su impacto en la concentración o dispersión de poder. El tipo de organización económica que brinda libertad económica directa, es decir, el capitalismo competitivo, también promueve la libertad política porque separa al poder económico del poder político y, de esta manera, permite que el uno compense al otro"[4]. "La historia sugiere que el capitalismo es una condición necesaria de la libertad política". También es posible, desde luego, "tener una organización económica que sea fundamentalmente capitalista y una organización política que no sea libre"[5].

Además de la libertad de la que disfrutan los estadounidenses, más allá de la creciente amenaza de, entre otras cosas, los movimientos tratados en este libro, el capitalismo ha creado un nivel de vida para la gran mayoría de las personas sin parangón en ninguna otra sociedad, antigua o presente. Es importante evaluar los vastos beneficios para la vida humana producto de este extraordinario sistema económico. En efecto, el hecho de que necesitemos que nos lo recuerden pone de relieve su omnipresencia. Respecto a este tema, Reisman escribe que la "civilización industrializada ha producido la mayor abundancia y variedad de comida de la historia mundial, y ha creado el almacenamiento y los sistemas de transporte necesarios para hacerla llegar a todos. Esta misma civilización industrializada ha producido la mayor abundancia de ropa y calzado, y de viviendas, en la historia mundial. Y mientras que en algunos países puede haber personas hambrientas o sin hogar [...] de seguro en los países industrializados nadie debería pasar hambre ni prescindir de un techo. La civilización industrial también ha producido tuberías de hierro y acero, los sistemas de purificación química y de bombeo y las calderas, lo cual permite que todos tengan acceso instantáneo a agua potable segura, caliente o fría, cada minuto del día. Ha producido el sistema de cloacas y los automóviles que han quitado la inmundicia de los excrementos humanos y animales de las calles de ciudades y pueblos. Ha producido las vacunas, la anestesia, los antibióticos y todas las otras 'drogas milagrosas' de los tiempos modernos, junto con todo tipo de nuevos y mejorados equipos de diagnóstico y quirúrgicos. Son dichos logros en los cimientos de la salud pública y la medicina, junto con una mejor nutrición, vestimenta y vivienda, lo que ha dado fin a las plagas y ha reducido de manera drástica la incidencia de casi cualquier tipo de enfermedad"[6].

Es más, "[c]omo resultado de la civilización industrializada —escribe George Reisman— no solo sobreviven miles de millones más de personas, sino que, en países avanzados, lo hacen a niveles que exceden los de reyes y emperadores de edades pasadas, a un nivel que, apenas hace un par de generaciones se habría concebido como posible solo en un mundo de ciencia ficción. Con girar una llave, con presionar un pedal y con tomar un volante conducen a través de autopistas en máquinas asombrosas a noventa y cinco kilómetros por hora. Con tocar un interruptor, encienden una habitación en medio de la oscuridad. Con presionar un botón, ven sucesos que se desarrollan a quince mil kilómetros. Con presionar otros botones, hablan con otras personas al otro lado de la ciudad o del mundo. Incluso vuelan a través del cielo a novecientos kilómetros por hora, a cuarenta mil pies de altura, mientras ven películas y disfrutan de martinis en la comodidad del aire acondicionado. En los Estados Unidos, la mayoría de las personas tienen todo esto, y hogares y apartamentos espaciosos, y pisos calefaccionados, y aire acondicionado, y neveras, y congeladores, y cocinas a gas y eléctricas y también bibliotecas personales con cientos de libros, vinilos, discos compactos y grabaciones en cintas; pueden tener todo esto, así como una larga vida y buena salud, por el hecho de trabajar cuarenta horas por semana"[7].

Contrariamente, el llamado movimiento medioambiental de los setenta se ha vuelto a otra vía para atacar al republicanismo constitucional estadounidense y, por supuesto, al capitalismo. Desde el aire limpio y el agua limpia, hasta el enfriamiento/calentamiento/cambio climático, el objetivo de muchos de los intelectuales líderes detrás de este esfuerzo ha sido la introducción del pensamiento y los objetivos marxistas a través del disfraz del ambientalismo, como el Nuevo Pacto Verde, que promueve la regresión económica, el igualitarismo radical y el gobierno autocrático. Pero el movimiento se ha expandido mucho más allá para incluir a prácticamente cada uno de los objetivos programáticos e impulsados por una agenda de marxismo norteamericano, a los cuales ha adherido a algún u otro nivel el Partido Demócrata, entre otros. Es más, el movimiento medioambiental ha desarrollado numerosas áreas que se superponen con las otras ideologías o movimientos marxistacéntricos, tales como la teoría crítica de la raza a través de la justicia medioambiental, que declara la existencia de un racismo medioambiental dirigido hacia comunidades conformadas por minorías. Algunas de las mentes maestras del movimiento insisten en que el marxismo no llega lo suficientemente lejos como para establecer su utopismo de decrecimiento, ya que imaginan su vida en un perpetuo estado de naturaleza en el que la productividad, el crecimiento y la adquisición material son tóxicos para el espíritu humano. Por supuesto, al fin y al cabo, todo implica una forma de represión y autocracia.

En el centro de esta cruzada soporífera y amalgamada marxistacéntrica, o de tipo marxista, se encuentra el "movimiento por el decrecimiento". El género humano consume y produce demasiado, y la culpa es del capitalismo y de los Estados Unidos. De nuevo, hay una variedad de movimientos dentro de movimientos que apuntan hacia uno u otro enfoque, pero existen principios básicos. La mejor manera de explicarlo es exponer lo que dicen algunos de sus principales adherentes.

En su ensayo "Qué es el decrecimiento: de consigna activista a movimiento social", los líderes del movimiento del decrecimiento Federico Demaria, François Schneider, Filka Sekulova y Joan Martinez-Alier escriben que "[e]l decrecimiento se lanzó a principios del siglo XXI como un proyecto de achicamiento social voluntario de la producción y el consumo con el objetivo de una sustentabilidad social y ecológica. Pronto se convirtió en una consigna en contra del crecimiento económico y se transformó en un movimiento social. [...] A diferencia del desarrollo sustentable, un concepto basado en un falso consenso, el decrecimiento no aspira a ser adoptado como un objetivo común por las Naciones Unidas, la OCDE (siglas en inglés para Organización para la Cooperación y el Desarrollo Económicos) o la Comisión Europea. La idea del 'decrecimiento socialmente sustentable' o, simplemente, decrecimiento, nació como propuesta para un cambio radical. El contexto contemporáneo del capitalismo neoliberal aparece como una condición pospolítica, o sea, una formación política que imposibilita lo político e impide la politización de demandas particulares. Dentro de este contexto, el decrecimiento es un intento por repolitizar el debate sobre una muy necesaria transformación socioecológica, afirmando la disidencia con las representaciones actuales del mundo y buscando otras alternativas. [...] El decrecimiento [...] desafía la idea del 'crecimiento verde' o de la 'economía verde' y la asociada creencia en el crecimiento económico como un camino deseable en las agendas políticas. [...] El decrecimiento no es solamente un concepto económico. [E]s un marco constituido por un amplio abanico de preocupaciones, objetivos, estrategias y acciones. Como resultado, el decrecimiento se ha convertido en un punto de confluencia en el que convergen el flujo de ideas críticas y la acción política"[8].

Por consiguiente, el objetivo es revertir el enorme progreso económico que resulta de, entre otras cosas, la Revolución Industrial, que creó una clase media inmensa y dinámica e infinitos avances tecnológicos, científicos y médicos que han mejorado la condición humana de manera abrumadora.

El cuarteto continúa: "El decrecimiento ha evolucionado y se ha convertido en un marco interpretativo para un movimiento social, entendido como el mecanismo a través del cual los actores participan en una acción colectiva. Por ejemplo, los activistas anticoche y antipublicidad, los abanderados de los derechos de los ciclistas y los peatones, los partidarios de la agricultura orgánica, los críticos de la expansión urbana y los promotores de la energía solar y las monedas locales han comenzado a ver al decrecimiento como un marco representativo común apropiado para sus visiones globales"[9].

El movimiento social imaginado por estos utópicos arrastraría a los Estados Unidos hacia una sociedad regresiva y empobrecida con una disrupción económica y social generalizada, es decir, un ambiente preindustrializado en el que el progreso llega a su fin, dado que ese es el objetivo. Anticoche (movilidad), antipublicidad (expresión), anti agricultura moderna (alimentos abundantes), anti combustibles fósiles (energía abundante), etc. Uno no puedo sino preguntarse, ¿qué hay de los avances científicos y médicos? ¿Cómo se desarrollarían y aplicarían extensamente para beneficio de la población general? Tal como el marxismo en general, este movimiento se basa en teorías y abstracciones que, al aplicarse forzosamente en el mundo real, en particular en una sociedad ampliamente exitosa y avanzada, tienen un resultado desastroso para la población. Es más, la experiencia nos muestra que aquellos entre sus adeptos que son famosos, ricos y/o poderosos, continuarán disfrutando de los lujos de un estilo de vida creado por el capitalismo.

"El decrecimiento es [también] un marco de diagnóstico interpretativo de que fenómenos sociales dispares tales como las crisis sociales y medioambientales se relacionan con el crecimiento económico —escriben los cuatro—. Los actores del decrecimiento por lo tanto son 'agentes significantes' involucrados en la producción de significados alternativos y contenciosos que difieren de aquellos que defiende el común de la gente. [...] El diagnóstico, en general caracterizado por una fuerte dimensión utópica, busca soluciones y plantea hipótesis sobre nuevos patrones sociales. Más allá de los objetivos prácticos, este proceso abre nuevos espacios y posibilidades para la acción. Las estrategias asociadas con el diagnóstico tienden a ser múltiples. En cuanto a métodos, estos pueden ser alternativas en la construcción, investigación opositora y, con relación al capitalismo, pueden ser 'anticapitalistas', 'poscapitalistas' y 'a pesar del capitalismo'"[10].

Y ahí lo tenemos. Para muchos de los intelectuales "medioambientalistas" detrás de este movimiento amorfo pero extendido, el objetivo es generar un sinnúmero de submovimientos con la mira puesta en la destrucción del sistema capitalista. Tal como expliqué en 2015 en *Plunder and Deceit* [Saqueo y engaño], entre otras cosas, "[l]os adeptos al decrecimiento buscan eliminar las fuentes de energía de carbón y redistribuir la riqueza según ellos consideren equitativo. Rechazan la realidad económica tradicional que reconoce al crecimiento como el promotor de mejores condiciones de vida en general, pero en especial para los empobrecidos. Adhieren a una 'menor competencia, a una redistribución a gran escala, al reparto y la reducción de ingresos y riquezas excesivos'. Los adeptos al decrecimiento quieren involucrarse en políticas que establezcan un 'ingreso máximo, o una riqueza máxima, para debilitar a la envidia como motor del consumismo, y abrir fronteras ("no frontera") para reducir los medios que mantengan la desigualdad entre los países ricos y los pobres'. Y exigen reparaciones mediante el apoyo del 'concepto de deuda ecológica, o la demanda para que el Norte Global pague por la explotación colonial pasada y presente del Sur Global'"[11]. Los adeptos al decrecimiento también exigen que el gobierno establezca un salario mínimo vital y que reduzca la semana laboral a veinte horas[12].

El francés Serge Latouche, profesor emérito de Economía de la Universidad de Paris-Sud es uno de los líderes del decrecimiento. "En los setenta, Serge Latouche pasó varios años en Sudáfrica, donde realizó una investigación exhaustiva sobre el marxismo tradicional, y donde formó su propia ideología basada en el 'progreso y el desarrollo'. Es uno de los pioneros de la teoría del decrecimiento"[13]. Latouche enfatiza una doctrina de tipo utópico en la cual hasta el marxismo no da la talla. En *Farewell to Growth* [Adiós al crecimiento] declaró: "No nos detenemos en una crítica específica al capitalismo, porque nos parece que no tiene sentido exponer lo evidente. Esa crítica fue, en general, postulada por

Karl Marx. Y, sin embargo, no es suficiente una crítica al capitalismo: también necesitamos una crítica a toda sociedad de crecimiento. Y eso es precisamente lo que Marx no provee. Una crítica a la sociedad de crecimiento implica una crítica al capitalismo, pero lo contrario no es necesariamente cierto. Tanto el capitalismo, ya sea neoliberal o cualquier otro, como el socialismo productivista son variantes del mismo proyecto de una sociedad de crecimiento basada en el desarrollo de las fuerzas productivas que supuestamente facilitarán la marcha de la humanidad en dirección al progreso"[14].

En otras palabras, hasta el enfoque ideológico de Marx, el cual no rechaza la creación de riqueza, sino que ataca los métodos de producción y distribución, no está a la altura. Aunque eliminar al capitalismo y promover la redistribución y el igualitarismo son objetivos importantes, aparentemente la vigorosa producción económica y el materialismo en sí son el mayor problema.

Latouche escribe que "[d]ado que no puede integrar restricciones ecológicas, la crítica marxista a la modernidad sigue siendo terriblemente ambigua. Se critica y se denuncia la economía capitalista, pero el crecimiento de las fuerzas que desencadena es descripto como 'productivo' (a pesar de ser tan destructivo como lo es productivo). En última instancia, al crecimiento, visto en términos del trío producción/empleos/consumo, se le reconocen todas, o casi todas, las virtudes a pesar de que, cuando se lo analiza en términos de acumulación de capital se lo responsabiliza por todos los flagelos. [...] El decrecimiento es fundamentalmente anticapitalista. No tanto por denunciar las contradicciones y limitaciones ecológicas y sociales del capitalismo, sino porque desafía su 'espíritu'. [...] Un capitalismo generalizado no puede sino destruir el planeta de la misma manera en que está destruyendo a la sociedad y a cualquier otra cosa que sea colectiva"[15].

Aquí, por supuesto, Latouche sí señala una falla significativa del marxismo, o sea, más allá de sus ataques contra el capitalismo, Marx no abandona los objetivos de crecimiento y productividad inherentes al capitalismo. Entretanto, para Latouche, el absurdo obvio de su radicalismo es afirmar o inferir que la regresión económica puede ocurrir de algún modo sin la regresión humana, y que, de alguna manera, la población participará de manera voluntaria en la creación de su propia degradación tanto económica como de su estilo de vida.

Latouche también escribe: "Hoy más que nunca, el desarrollo está sacrificando a las poblaciones y su bienestar concreto y local sobre el altar de un bienestar abstracto y aterritorial. El sacrificio se hace para honrar a un pueblo mítico e incorpóreo, y funciona, por supuesto, para beneficio de 'los desarrolladores' (compañías transaccionales, políticos, tecnócratas y mafias). Hoy en día el crecimiento es un negocio rentable, solo si los costos recaen en la naturaleza, las generaciones futuras, la salud de los consumidores, las condiciones laborales de los asalariados y, sobre todo, los países del Sur. Por eso debemos abandonar la idea del crecimiento. [...] Todos los regímenes modernos han sido productivistas: las repúblicas, las dictaduras, los sistemas autoritarios, sin importar si eran gobiernos de derecha o de izquierda, y sin importar si eran liberales, socialistas, populistas, liberales socialistas, centristas, radicales o comunistas. Todos asumían que el crecimiento económico era la piedra angular de sus sistemas. El cambio de dirección que hace falta no es uno que pueda resolverse con una mera elección que produzca un nuevo gobierno o una nueva mayoría. Lo que hace falta es mucho más radical: una revolución cultural, ni más ni menos, que reestablezca a la política sobre una nueva base. [...] El proyecto de decrecimiento es por lo tanto una utopía o, dicho de otro modo, una fuente de sueños y esperanza. Lejos de representar un escape hacia una fantasía, es un intento por explorar la posibilidad objetiva de la implementación"[16].

Latouche y otros como él lo llaman "utopismo concreto". Desde luego, no tiene nada de concreto. De hecho, dice que no importa cuál sea el régimen gobernante, son todos "productivistas". Cómo harán grandes poblaciones de personas para alimentarse, una empresa comercial inmensamente compleja desde los campos hasta la mesa, sin mencionar cómo tendrán acceso a innovaciones y tratamientos médicos como las vacunas y los tratamientos que salvan vidas, esto no se menciona. Y cuando rara vez se aborda, se hace de manera abstracta y hasta inmadura.

Sin embargo, no importa cuánto lo intente Latouche, la inspiración detrás de este movimiento ecototalitario es, para incontables activistas, innegablemente marxismo. En su ensayo "Expansión urbana, cambio climático, agotamiento del petróleo y ecomarxismo", George A. Gonzalez, profesor de Ciencias Políticas de la Universidad de Miami, escribe: "Las zonas urbanas estadounidenses son las más extendidas del mundo. [...] La expansión urbana solo puede comprenderse realmente dentro del marco de la economía política desarrollado por Marx. Los conceptos de valor y renta de Marx son indispensables para entender el derrochador uso de los combustibles fósiles —con relación a la expansión urbana— que ha contribuido considerablemente al agotamiento del petróleo y a la reciente tendencia al calentamiento global. Este argumento es consistente con el argumento ecomarxista de que los escritos de Marx y Frederick Engels contienen una crítica ecológica exhaustiva del capitalismo"[17].

Por lo tanto, para Gonzalez, los escritos ideológicos de Marx brindan una "crítica ecológica exhaustiva del capitalismo". Para Latouche, están completamente vacíos de consideraciones ecológicas y adoptan objetivos capitalistas relacionados a la producción y el crecimiento. Y, sin embargo, para ambos el progreso económico es el enemigo.

"La expansión urbana —escribe Gonzalez— fue desplegada

durante los años treinta en los Estados Unidos como un medio para reavivar al capitalismo estadounidense de lo que fue la Gran Depresión. La expansión de las zonas urbanas incrementó de manera significativa la necesidad de automóviles y otros bienes duraderos. Esta utilización de la expansión urbana para aumentar la demanda económica es consistente con el argumento de Marx de que la demanda dentro del capitalismo es maleable y que está orientada hacia el incremento en el consumo de bienes y servicios producidos a través del trabajo social. La explotación del trabajo social es la base de la riqueza capitalista"[18].

Uno se pregunta qué mente perversa estuvo detrás del "despliegue" de la "expansión urbana". El gran movimiento de individuos de los campos a las ciudades, así como los movimientos de inmigrantes a las ciudades, no tuvo nada que ver con un "despliegue" de personas para salvar al capitalismo. La gente llegó a los centros poblacionales, incrementando así la población de las ciudades, por una cuestión de necesidad económica, es decir, para buscar trabajo, para comenzar un negocio, para vivir rodeado de grupos de un origen étnico similar y por una cantidad de razones de interés propio totalmente comprensibles. No tuvo nada que ver con el "despliegue" de personas y recursos.

Y no puede caber ninguna duda de que el propósito de este movimiento es abolir o perjudicar al sistema económico capitalista y, necesariamente, al republicanismo constitucional y su énfasis en el individualismo y los derechos a la propiedad privada. En su libro *In Defense of Degrowth* [En defensa del decrecimiento] por ejemplo, Giorgos Kallis, economista ecológico de Grecia y catedrático de ICREA en la ICTA-Universitat Autònoma de Barcelona, quien tiene una influencia considerable entre los ecorradicales de los Estados Unidos, explica que "[e]l decrecimiento sustentable se define como una reducción equitativa de la producción y el consumo que incrementa el bienestar humano y mejora las condiciones ecológicas. Concibe un futuro en el que las sociedades vivan dentro de los límites de sus medios ecológicos, con economías locales que distribuyan los recursos de manera más equitativa a través de nuevas formas de instituciones democráticas. [...] La acumulación material ya no tendrá una posición central en el imaginario cultural. La primacía dada a la eficiencia será sustituida por una concentración en la suficiencia. Los principios organizativos serán la simplicidad, la cordialidad y el compartir. La innovación ya no estará dirigida hacia nuevas tecnologías por la tecnología en sí, sino hacia nuevos arreglos sociales y tecnológicos que posibilitarán una forma de vida cordial y frugal"[19].

De nuevo, uno se pregunta, ¿fantasea Kallis sobre algún tipo de comuna *hippie* nacional e internacional de los sesenta? Y, sin embargo, uno también se pregunta cómo ocurrirá este "nirvana", y que al mismo tiempo sea sustentable; es decir, la naturaleza misma del individuo y de la humanidad en general requeriría de un adoctrinamiento forzoso, de una reeducación forzosa, de un traslado forzoso en muchas instancias, etc. Dicho de otro modo, tal como predicó Marx, se debe abolir a la sociedad actual —su historia, sus familias, sus escuelas y sus religiones— lo cual podría requerir de un periodo de despotismo para limpiar a la sociedad de las normas existentes y reemplazarlas con el paraíso marxista. El panorama que pintan Kallis y demás radicales no se parece en nada a la pesadilla inevitable y espeluznante que desatarían sus sueños abstractos.

Kallis continúa: "El decrecimiento sustentable denota un proceso intencional de un suave y 'próspero descenso' a través de una gama de políticas e instituciones sociales, medioambientales y económicas, orquestadas para garantizar que, mientras que la producción y el consumo decaen, mejore el bienestar humano y sea distribuido de manera más equitativa. Hay varias propuestas concretas y prácticas que están siendo debatidas para dar lugar a dichas transiciones hacia el decrecimiento. Estas incluyen tanto cambios en las políticas y las instituciones *dentro* del sistema actual —tales como los cambios drásticos a las instituciones financieras, los límites a los recursos y a la polución y los santuarios, las moratorias de infraestructura, los ecoimpuestos, el reparto del trabajo y el horario reducido de trabajo, el salario básico y la seguridad social garantizados para todos— como ideas para la creación de nuevos espacios por fuera del sistema, tales como las ecovillas y las coviviendas, la producción y el consumo cooperativos, varios sistemas de reparto o monedas emitidas y reguladas por la comunidad, el trueque y los intercambios no monetarios en el mercado. El lema que impulsa al decrecimiento es 'salir de la economía' para crear nuevos espacios de simplicidad, de cordialidad donde poder compartir"[20].

Pero el marxismo disfrazado de movimiento verde sigue siendo marxismo, al menos en gran parte. Es más, "salir de la economía" no llevaría a "compartir" y a la "cordialidad", sino a la necesidad, a la pobreza, a la indolencia y a la decadencia en general de la sociedad civil y de la calidad de vida. Uno puede imaginarse cómo la contracción *deliberada* de la economía destruiría la "cordialidad" y, de hecho, crearía una reacción social explosiva dada la reducción de la oferta de bienes básicos (alimentos, medicina, energía, vestimenta, vivienda, etc.) al tiempo que crece la demanda de dichos bienes (la gente corriendo tras la disponibilidad de menos bienes). Hasta en las instancias en las que la contracción de una economía no es deliberada sino inevitable, tal como en el caso de ciertos tipos de regímenes comunistas (se me vienen a la mente Venezuela y Corea del Norte, y Camboya en un pasado no muy lejano), es claramente inmanejable una vez que se le da rienda suelta, y las consecuencias para las personas que viven en estos lugares, tanto en términos de dignidad humana como de libertad, y hasta incluso de supervivencia, se vuelven horriblemente nefastas.

Kallis insiste en que "[e]scapar de la economía capitalista mediante la formación de utopías actuales (*nowtopias*) no es un llamado idílico y ecologista para regresar a un pasado bucólico que nunca existió. Es, por supuesto, un proyecto romántico, y eso está bien, ya que lo que necesitamos en esta era de utilitarismo individualista a sangre fría y autodestructivo es precisamente una dosis de romanticismo. Las utopías actuales no son meramente 'elecciones de estilos de vida': representan 'proyectos de vida' conscientes para sus participantes, y son acciones políticas, conscientes y explícitas para algunos e inconscientes para otros. Pero es poco probable que 'salir de la economía' se convierta en un movimiento masivo por sí solo sin un cambio conectado a nivel político-institucional que haga posible que prospere. Las instituciones que limiten la expansión de la economía y que abran espacios para proyectos de vida alternativos son prerrequisitos para una utopía actual"[21].

En efecto, Kallis, entre otros, pone en duda hasta el *hecho* de una economía. "[P]rimer principio: la economía es un invento". "¿Cuándo y cómo llegamos a creer en la existencia de un sistema autónomo llamado 'la economía'?"[22]. Y la economía es una creación política, y no un conjunto espontáneo de incontables interacciones comerciales y financieras entre personas libres. "[L]a economía en la literatura del decrecimiento es política. No es un sistema independiente gobernado por las leyes de la oferta y la demanda. El libre mercado imaginario no existe. [...] En la economía ecológica sí reconocemos la naturaleza política de la economía. [...] Sin embargo, a menudo reproducimos la distinción económica entre una economía, con sus leyes y procesos, y un proceso político que distribuye los frutos de este proceso o lo limita..."[23].

Por lo tanto, los principios sobre los cuales se fundaron los Estados Unidos, tales como el derecho a la propiedad privada, el libre flujo del comercio, el intercambio voluntario y la santidad del individuo, y el establecimiento de un gobierno en torno a estos principios —con la intención de afianzar estos principios y limitar su propia autoridad para corromperlos o alterarlos— son desestimados.

En su libro *The Return of the Primitive—The Anti-Industrial Revolution* [El regreso a lo primitivo: la revolución antindustrial], publicado hace más de cuarenta años, Ayn Rand expuso el propósito de este movimiento de manera profética: "El objetivo inmediato es obvio: la destrucción de los restos del capitalismo en la economía mixta de hoy en día, y el establecimiento de una dictadura global. No hace falta que se infiera el objetivo, muchos discursos y libros sobre la materia plantean de manera explícita que la cruzada ecológica es un medio hacia un fin". Rand también señaló que el movimiento demostraba el fracaso del marxismo, al escribir que el nuevo enfoque comprendía "la sustitución de pájaros, abejas y belleza —'la belleza de la naturaleza'— con parafernalia pseudocientífica y supertecnológica del determinismo económico de Marx. Ni en ficción podría haberse inventado más absurdo encogimiento del rango de un movimiento ni más obvia confesión de una bancarrota intelectual"[24].

"En lugar de sus viejas promesas —escribe Rand—, de que el colectivismo crearía una abundancia universal y sus denuncias contra el capitalismo por crear pobreza, ahora *denuncian al capitalismo por crear abundancia.* En lugar de prometer comodidad y seguridad para todos, ahora denuncian a las personas por tener comodidad y seguridad. Sin embargo, todavía tienen dificultades para inculcar la culpa y el temor; estas siempre han sido sus herramientas psicológicas. Solo que, en lugar de exhortarte a sentir culpa por explotar a los pobres, ahora te exhortan a que sientas culpa por explotar la tierra, el aire y el agua. En lugar de amenazarte con la rebelión sangrienta de las masas desheredadas, ahora intentan [...] darte tremendo susto con amenazas estruendosamente vagas de un cataclismo cósmico, amenazas que no pueden corroborarse, verificarse ni probarse"[25].

Rand hizo añicos lo "[de]l significado más profundo de la cruzada ecológica" del cual dijo que "se halla en el hecho de que sí expone una profunda amenaza al género humano, mas no en el sentido que sus líderes sostienen. Expone la verdadera motivación de los colectivistas, la esencia desnuda del *desprecio* por los logros, lo cual significa: el desprecio por la razón, por el hombre, por la vida". En vez de condenar a la Revolución Industrial, Rand explica que "fue el gran avance que liberó a la mente del hombre del peso del lastre. El país que fue posible gracias a la Revolución Industrial —los Estados Unidos de América— alcanzó la magnificencia que solo pueden lograr los hombres libres, y demostró que la razón es el medio, la base, la condición previa de la supervivencia del hombre"[26].

El punto de Rand, por supuesto, es que la libertad y el capitalismo están inextricablemente ligados. Y la Revolución Industrial es una evidencia magnífica de las capacidades de un pueblo libre.

Rand explicó: "Los enemigos de la razón —los místicos, los odiadores del hombre y de la vida, los buscadores de lo no ganado y lo irreal— han estado reuniendo fuerzas para un contrataque desde entonces. [...] Los enemigos de la Revolución Industrial —sus personas desplazadas— eran del tipo que luchó contra el progreso humano por siglos...". Hoy en día "están [...] reducidos, cual animales acorralados, a mostrar sus dientes y sus almas, y a proclamar que el hombre no tiene derecho a existir..."[27]. De hecho, el refrán del movimiento es una condena implacable al estilo de vida del hombre moderno, tal como el "cambio climático provocado por el hombre".

En su ensayo "Climatologías como crítica social: la construcción/creación del calentamiento global, el oscurecimiento global y el enfriamiento global", Timothy W. Luke, profesor de Ciencias

Políticas de la Virginia Polytechnic Institute and State University, otra de las lumbreras líderes del movimiento y defensor de la teoría crítica, escribe que, debido al género humano y al capitalismo, el planeta ya ha sido transformado: de naturaleza a urbanaturaleza. "El calentamiento, oscurecimiento y/o enfriamiento global es la consecuencia involuntaria del remodelado de los medioambientes naturales y artificiales de la tierra realizado por organismos humanos para apoyar su supervivencia. Y, al hacerse estos movimientos, las formas de vida humana y natural comienzan a habitar en una naturaleza que, como hábitat, está siendo recreada por la producción de laboratorios corporativos, importantes industrias y grandes corporaciones de la agroindustria. Los productos y sus derivados se infiltran en las ecologías terrestres a través de las acciones humanas, y esta tecnonaturaleza cuaja en una 'Segunda Creación', o medioambientes urbanaturalizados, con una nueva atmósfera, océanos cambiantes, una biodiversidad diferente y masas de tierra rehechas. Y el estudio del cambio climático debe considerar todas estas ramificaciones"[28].

Además del uso y abuso que hace Luke del idioma, el cual se extiende a través del ámbito académico, describe el progreso humano bajo el capitalismo como un renacer infernal del planeta, alejado de la naturaleza. De hecho, argumenta que el sistema capitalista es tal desastre que es el ímpetu para el comunismo.

"La climatología como crítica social mapea el modo en que las consecuencias involuntarias del capitalismo industrial se externalizan como subproductos de la producción y el consumo masivos, comenzando así a alterar la atmósfera de la tierra. En algún momento el 'socialismo científico' presumió advertir a los trabajadores del mundo sobre la crisis del capitalismo que se avecinaba, de la cual surgiría un orden comunista más racional, justo y equitativo. Se creía que un grupo de tendencias intrínsecas estaban creando la base para una racionalización total de los medios de producción, así como la oportunidad de prescribir nuevas formas de igualdad material, de deliberación política y de emancipación psicológica. Las leyes inalterables de plusvalía garantizarían el advenimiento y la permanencia de estos resultados mientras que la dinámica caótica del mercado empujaría a la anarquía del intercambio hacia el orden del comunismo"[29].

Rand también lidia con esto al observar que "en toda la propaganda de los ecologistas —en medio de todos sus llamamientos a la naturaleza y pedidos por la 'armonía con la naturaleza'— no hay discusión sobre las necesidades del *hombre* ni sobre los requisitos para *su* supervivencia. Se trata al hombre como si fuera un fenómeno *antinatural*. El hombre no puede sobrevivir en el tipo de estado de naturaleza que conciben los ecologistas, es decir, al nivel de los erizos de mar o los osos polares. En ese sentido, el hombre es el más débil de los animales: nace desnudo y sin armas, sin colmillos, garras, cuernos ni ningún conocimiento 'instintivo'. A nivel físico, sería presa fácil no solo de los animales por encima de él, sino que también de la bacteria más inferior: es el organismo más complejo y, en una contienda de fuerza bruta, es extremadamente frágil y vulnerable. Su única arma, su medio básico de supervivencia, es su mente"[30].

"No hace falta que les recuerde —escribe Rand— cómo fue la existencia humana, por siglos y milenios, antes de la Revolución Industrial. Que los ecólogos lo ignoren o lo evadan es un crimen contra la humanidad tan terrible que les sirve de protección: nadie cree que alguien pueda ser capaz de semejante cosa. Pero, en este tema, ni siquiera hace falta ver la historia; echemos un vistazo a las condiciones de existencia en los países subdesarrollados, lo cual significa: en la mayor parte de esta tierra, con la excepción de la bendecida isla que es la civilización occidental"[31].

Luke reconoce que, aunque el movimiento ecorradical no es idéntico al modelo de Marx, tampoco es del todo diferente.

"Mientras que su credibilidad científica excede claramente a la del materialismo histórico, la climatología contemporánea, en especial en sus expresiones más comprometidas como la política pública, la ciencia popular o la predicción económica, a menudo se hace extrañamente eco, se iguala o reimagina postulados que no se alejan mucho de la concepción materialista de la historia. Aunque claramente no es lo mismo exactamente, tampoco es del todo diferente"[32].

En *El manifiesto comunista* (1848), Marx y Engels declaran, en parte: "La burguesía no existe sino a condición de revolucionar incesantemente los instrumentos de trabajo, es decir, todas las relaciones sociales. [...] Este cambio continuo de los modos de producción, este incesante derrumbamiento de todo el sistema social, esta agitación y esta inseguridad perpetuas distinguen a la época burguesa de todas las anteriores. Todas las relaciones sociales tradicionales y consolidadas, con su cortejo de creencias y de ideas admitidas y veneradas, quedan rotas: las que las reemplazan caducan antes de haber podido cristalizar. Todo lo que era sólido y estable es destruido; todo lo que era sagrado es profanado, y los hombres se ven forzados a considerar sus condiciones de existencia y sus relaciones recíprocas con desilusión. Impulsada por la necesidad de mercados siempre nuevos, la burguesía invade el mundo entero. Necesita penetrar por todas partes, establecerse en todos los sitios, crear por doquier medios de comunicación."[33].

La condena que hacen Marx, Engels y su prodigio en este movimiento de orientación marxista del progreso económico y tecnológico no es meramente demandar la restricción de la tecnología, sino, como afirma Rand: "demandar la restricción de la mente humana. Es la naturaleza —es decir, la realidad—, la que hace que esos dos objetivos sean imposibles de lograr. Se puede destruir la tecnología, y se puede paralizar la mente, pero ninguna se puede limitar. Si se intentara realizar cualquiera de estas restricciones, es la mente —no el estado— lo que se debilita hasta acabarse. La tecnología es la ciencia aplicada. El progreso de la ciencia y la tecnología teóricas —o sea, el conocimiento humano— se mueve por una suma del trabajo de mentes individuales tan compleja e interconectada que no hay computadora ni comité que pueda predecir y prescribir su curso. Los descubrimientos en una rama del conocimiento llevan a descubrimientos inesperados en otra; los logros en un área abren innumerables caminos en las demás. [...] [L]as restricciones significan un intento por regular lo desconocido, por limitar lo nonato, por establecer reglas para lo que no se ha descubierto aún. [...] En cuanto a la noción de que el progreso no es necesario, de que sabemos lo suficiente, de que podemos detenernos en el nivel actual de desarrollo tecnológico y mantenerlo, sin seguir yendo más allá: pregúntense por qué la historia de la humanidad está llena de las ruinas de civilizaciones que no pudieron subsistir y desaparecieron junto con el conocimiento que habían logrado; por qué los hombres que no avanzan recaen en el abismo del salvajismo"[34].

Como pueden ver, es suficiente con una Ayn Rand para enfrentar a toda la academia de adeptos marxistas al decrecimiento. Sin embargo, yo contribuiría una observación más a la de Rand. En la medida en que el propósito de este movimiento sea retroceder a la naturaleza y a una mera economía de subsistencia, donde la psiquis comunal es anticrecimiento, antitecnología, anticiencia y antimodernidad, irónicamente la irrelevancia de la educación superior, de los estudios de postgrado, de los programas de doctorado y de las mismas universidades y profesores, en particular en la enseñanza de las ciencias duras, la tecnología, la ingeniería y la matemática, son prescindibles. El antiliberalismo y su producto, el totalitarismo, no requieren de grandes edificios educativos para ejecutar el empobrecimiento de la mente y del espíritu del hombre, o para alimentar esta hambre de conocimiento y necesidades básicas.

Dada la inculcación marxista del movimiento, no sorprende la "intersección" con la creciente influencia de la teoría crítica de la raza y otras manifestaciones afines. En efecto, el antiguo movimiento medioambientalista ha hecho metástasis y se ha convertido en una Hidra de múltiples cabezas con causas revolucionarias que se cruzan y superponen. Por ejemplo, en *What Is Critical Environmental Justice?* [¿Qué es la justicia medioambiental crítica?] David Naguib Pellow, profesor de Estudios Medioambientales de la Universidad de California, afirma: "[Desde] sus comienzos, el movimiento de la Justicia Medioambiental (EJ, por sus siglas en inglés) articuló una visión transformadora de cómo se vería un futuro medioambiental y socialmente justo, a escala local, regional, nacional y global. [...] [D]urante la histórica Conferencia de la Cumbre de Justicia Medioambiental de 1991, los participantes redactaron los que se dieron a conocer como los Principios de Justicia Medioambiental, que no solo adhieren a una síntesis de antirracismo y sustentabilidad ecológica, sino que apoyan políticas antimilitaristas, antimperialistas y de justicia de género. Los Principios también reconocen el valor inherente y cultural de naturalezas no humanas"[35].

Y por ello: la introducción de la raza, el género, el pacifismo, la injusticia, el clasismo y el antinorteamericanismo en general bajo la nomenclatura de justicia medioambiental. Pellow continúa: "El movimiento EJ está comprendido ampliamente por personas de comunidades de color, comunidades indígenas y comunidades de la clase trabajadora enfocadas en combatir la injusticia medioambiental, el racismo y las desigualdades de género y clase que se manifiestan de manera más visible en el desproporcionado peso del daño medioambiental con el que cargan estas poblaciones. Para el movimiento EJ, la lucha por la sustentabilidad global no se puede ganar sin abordar la violencia ecológica impuesta sobre poblaciones humanas vulnerables; por lo tanto, la justicia social (es decir, la justicia para los humanos) es inseparable de la protección medioambiental. [...] Mientras que la justicia medioambiental es una visión de un futuro posible, la desigualdad medioambiental (o la *in*justicia medioambiental) en general se refiere a una situación en la que un grupo social en particular se ve afectado de forma desproporcionada por los peligros medioambientales"[36].

De hecho, el movimiento EJ está liderado y guiado sobre todo por elitistas, académicos y activistas de orientación marxista, como lo está la mayoría de estos movimientos, que también atraen a muchos inocentes seguidores. Es promovido y apoyado a través de instituciones de educación superior, de los medios, por activistas y laboratorios de ideas. Tal como la teoría crítica de la raza, los estudios de justicia medioambiental crítica son muy prominentes hoy en día, y siguen creciendo. Esto significa, tal como escribe Pellow, "[c]onstruir sobre el trabajo de académicos a través de numerosas áreas que solo se cruzan de vez en cuando (como los estudios sobre la justicia medioambiental, la teoría crítica de la raza, el feminismo crítico de la raza, los estudios étnicos, los estudios de género y sexualidad, la ecología política, la teoría antiestatista/antianarquista y el feminismo ecológico)..."[37].

Entonces, en esencia, más "interseccionalidad", es decir, la combinación de causas dispares y supuestas victimizaciones bajo otro paraguas radical anticapitalista más, unidas en su odio hacia la sociedad estadounidense.

Pellow argumenta que el marco de la EJ se construye sobre cuatro pilares, incluyendo: "El primer pilar [...] [que] comprende el reconocimiento de que la desigualdad social y la opresión en todas sus formas se cruzan, y los actores en el mundo más que humano son sujetos de la opresión y a menudo agentes del cambio social. Las áreas de la teoría crítica de la raza, del feminismo crítico de la raza, de los estudios de género y sexualidad, de la teoría *queer*, del feminismo ecológico, de los estudios de discapacidades y de los estudios críticos de animales aluden a las maneras en que varias categorías sociales de la diferencia trabajan para ubicar a cuerpos particulares en riesgo de exclusión, marginalización, desaparición, discriminación, violencia, destrucción y otredad"[38].

Debo confesar que es difícil seguirles el ritmo al número y tipo de presuntas y proclamadas afecciones supuestamente desatadas por la nación más diversa, benefactora, tolerante, exitosa y libre que el género humano haya establecido jamás. Pero, ciertamente parecería que este movimiento las ha atraído a todas. Al cuerno con el aire puro, el agua limpia y los osos polares.

Si saltamos un poco hacia adelante, Pellow nos informa que el tercer pilar "es la perspectiva de que las desigualdades sociales —desde el racismo hasta el especismo— están profundamente arraigadas en la sociedad (en lugar de ser aberraciones) y reforzadas por el poder del Estado, y que por tanto el orden social actual se planta como un obstáculo fundamental ante la justicia social y medioambiental. La conclusión lógica de dicha observación es que a los movimientos por el cambio social les iría mejor si pensaran y actuaran más allá de la supremacía humana y del Estado como objetivos para una reforma y como socios confiables…"[39].

Por lo tanto, el siguiente paso ha de ser que la sociedad actual debe ser fundamentalmente convertida en un nirvana igualitario. ¿Deberá abolirse por completo el Estado? ¿Será alcanzada esta transformación por la fuerza, mediante la represión y el lavado de cerebros a través de la educación? ¿Y qué hay de las limitaciones constitucionales colocadas entre el individuo y el Gobierno para proteger al individuo? O sea, ¿cómo se manifiesta esta revolución?

"La mayor parte de la historia de la humanidad —escribe Pellow— ha sido marcada por la ausencia de Estados, lo cual sugiere que la condición moderna de dominación estatal no es ni natural ni inevitable. Mi perspectiva, y la perspectiva de un creciente número de académicos, es que los Estados son instituciones sociales que tienden a favorecer prácticas y relaciones autoritarias, coercitivas, racistas, patriarcales, excluyentes, militaristas y antiecológicas"[40].

Esta formulación es un tanto extraña. Por supuesto, "la mayor parte de la historia de la humanidad" ha estado plagada de sociedades inciviles, en las que los gobiernos han rechazado lo enunciado en nuestra Declaración de Independencia: "Sostenemos como evidentes estas verdades: que todos los hombres son creados iguales; que son dotados por su Creador de ciertos derechos inalienables; que entre estos están la vida, la libertad y la búsqueda de la felicidad; que para garantizar estos derechos, se instituyen entre los hombres los gobiernos que derivan sus poderes legítimos del consentimiento de los gobernados..."[41]. La ley de la selva que resulta del colapso de las normas, las tradiciones, las costumbres, la ley y el orden, engendra el tipo de existencia infernal que Pellow desataría para el género humano.

"El cuarto pilar [...] se centra en un concepto que llamo *indispensabilidad*. [...] Una perspectiva de los estudios críticos de la EJ [...] argumenta en contra de la ideología de una supremacía blanca y un dominismo humano, y articula la perspectiva de que las poblaciones, las cosas —tanto humanas como más que humanas— y los seres excluidos, marginalizados y sumidos en la otredad deben ser vistos no como prescindibles sino más bien como *indispensables* para nuestros futuros colectivos. Esto es lo que yo llamo *indispensabilidad racial* (al referirme a las personas de color) e *indispensabilidad sociológica* (al referirme a comunidades más amplias dentro y a través del espectro humano/más que humano). [...] La CEJ (siglas en inglés para justicia ecológica crítica) extiende el trabajo de los académicos y activistas de los Estudios Étnicos que argumentan que, en esta sociedad, las personas de color son construidas como, y transformadas en, prescindibles.

Basándose en esas ideas y desafiando la ideología de la supremacía blanca y el dominismo humano, la CEJ articula la perspectiva de que las poblaciones, las cosas —tanto humanas como más que humanas— y los seres excluidos, marginalizados y sumidos en la otredad deben ser vistos como *indispensables* para nuestros futuros colectivos...”[42].

Pellow proclama ampliamente que una sociedad en la que existe una dominación por parte de la supremacía blanca, y la dominación humana sobre la naturaleza en general —que incluye el dominio de otras especies (como los animales, los insectos, etc.)—, ponen de relieve la indispensabilidad de los pueblos marginados. Nótese aquí, y a través de todos estos movimientos, que los seres humanos individuales son tratados en conformidad con el modelo marxista: separados en clases de grupos oprimidos basados en una lista eterna de victimizaciones y estereotipos.

Pellow continúa: “Además de edificar a partir de los estudios sobre la Justicia Medioambiental, los estudios críticos de la EJ se inspiran en una variedad de otras áreas importantes, como la teoría crítica de la raza y los estudios étnicos, el feminismo crítico de la raza y los estudios de género y sexualidad y la teoría antiestatista/anarquista, que han brindado un gran servicio con la producción de rigurosos entendimientos conceptuales y fundamentados en cuanto a la comprensión de la desigualdad social, la opresión, el privilegio, la jerarquía y las instituciones y prácticas autoritarias que moldean las vidas de los seres humanos. Los académicos han explorado y revelado un sinnúmero de maneras en que el género, la raza, la sexualidad, la ciudadanía, la clase social y las capacidades reflejan y son reflexivas ante cómo funcionan las estructuras sociales en la sociedad. [...] Muestran cómo la dominación de aquellas personas sin privilegios se logra a diario mediante prácticas, políticas y discursos. Es por ello que estas áreas son invaluables a la hora de reforzar [los estudios de la Justicia Medioambiental] que son, en su esencia, un área de indagación que se ocupa de la desigualdad, la dominación y la liberación”[43].

Por supuesto, Pellow no puede explicar por qué, en una sociedad abierta en la que las personas son móviles y libres para escapar del tipo de odio racial sistémico y de la multiplicidad de abusos que conceptualiza, eligen no abandonar los Estados Unidos. Hay muchas economías decrecientes o no crecientes alrededor del mundo, en las que la naturaleza domina a las personas, y donde la mayoría de las poblaciones son no blancas. La razón, claro está, es que, para muchos, sino para todos, en estos países la vida es muy difícil, por no decir infernal. De hecho, no puede explicar por qué millones de personas de países en los que las poblaciones mayoritarias son no blancas y el sistema económico no es capitalista arriesgan su salud y su vida para escapar de sus sociedades y migrar a los Estados Unidos. Sin embargo, Pellow no está ni remotamente solo en su ficción ideológica y su fanatismo, los cuales están circulando con rapidez a través de, y arrollando a, las instituciones estadounidenses.

El 18 de julio de 2014, un gran número de delegados de grupos radicales de todo el mundo se reunió para emitir una declaración colectiva llamada Declaración de Margarita sobre Cambio Climático. Es revelador que su declaración comience con una cita del difunto dictador marxista de Venezuela, Hugo Chávez: “Vayamos al futuro, traigámoslo y sembrémoslo aquí”. Por supuesto, gracias a Chávez y a su sucesor, Nicolás Maduro, la economía y la sociedad venezolanas están devastadas, la gente se muere de hambre y busca refugio en los Estados Unidos y otros países, hay un quiebre total de los servicios de salud y de los servicios públicos básicos y el Gobierno es un Estado policial violento que reprime a cualquier voz disonante. Es más, la declaración está redactada como una versión moderna de *El manifiesto comunista* de Marx, salpicada con declaraciones medioambientalistas y clichés. Aunque es insípida y absurda a tantos niveles, también es peligrosamente atractiva y cada vez más aceptable como asunto de política nacional e internacional. La declaración dice, en parte:

> Es necesario alcanzar un modelo alternativo al desarrollo basado en los principios de vivir en armonía con la naturaleza, gobernados por los limites absolutos y los límites de sostenibilidad ecológica y capacidad de la Madre Tierra; que sea justo, equitativo y que construya economías sustentables, alejándonos de los modelos energéticos basados en combustibles fósiles y energías peligrosas, donde se garantice y reconozca el respeto a la Madre Tierra, los derechos de las mujeres, los niños, adolescentes y distintos géneros, los pobres, los grupos minoritarios vulnerables y los pueblos indígenas originarios. Un modelo que sea justo, equitativo y fomente la convivencia pacífica de nuestros pueblos. Igualmente, queremos una sociedad donde prevalezca el derecho de la Madre Tierra sobre las medidas de políticas neoliberales, la globalización económica y la patriarcalización; pues sin la Madre Tierra no hay vida[44].

Nada dice grandilocuencia y narcisismo como una reunión de marxistas creídos que trabajan juntos para crear una declaración de propósito, que incluyen todo grupo y causa posible en su coalición y que tratan a la "Madre Tierra" como si fuera la fea del baile o una víctima. El resultado: una declaración de objetivos incoherente y sin sentido. Sin embargo, el movimiento es real y amenaza nuestra forma de vida. En *The Fatal Conceit* [La arrogancia fatal] Hayek explica que esta es una "moralidad [que] simula ser capaz de hacer algo que no es capaz de hacer, por ejemplo, consumar una función que genere conocimientos y sea organizativa, imposible bajo sus propias reglas y normas, luego esta misma imposibilidad brinda una crítica racional decisiva de ese sistema moral. Es importante enfrentar estas consecuencias, ya que la noción de que, en última instancia, todo el debate es cuestión de juicios de valor y no de hechos ha impedido que estudiosos del orden del mercado profesionales enfaticen de manera forzada que el socialismo no puede de ninguna manera hacer lo que promete"[45].

La Declaración continúa de este modo:

> Los principales causantes de la crisis climática son los sistemas políticos y económicos que mercantilizan y cosifican la naturaleza y la vida, empobreciendo la espiritualidad de la humanidad, imponiendo el consumismo y el desarrollismo, generando regímenes inequitativos, explotadores de recursos e insostenibles. Esta crisis global se ve exacerbada por las prácticas de explotación y consumo insostenibles de los países desarrollados y de las élites de los países en desarrollo. Exigimos a los líderes del Norte, no continuar prácticas perversas destructoras del planeta, y a los líderes del Sur no seguir los modelos de desarrollo existentes en el Norte que causaron esta crisis civilizatoria. Los exhortamos a construir un camino alternativo para alcanzar sociedades y economías justas, equitativas y sustentables. Para esto se requiere que los países desarrollados cumplan sus obligaciones morales y legales, con especial atención a los países y comunidades vulnerables y marginados, removiendo las barreras que impiden alcanzar el objetivo de preservar la vida en el planeta y la salvación de la especie humana. Asimismo, los exhortamos a cumplir con el aporte financiero y la transferencia de tecnologías seguras y apropiadas localmente, libres de barreras como los derechos de propiedad

intelectual, fortaleci[endo] capacidades y consagrando los principios recogidos en la Convención de Cambio Climático y en la Cumbre de la Tierra en Río, en especial el de las responsabilidades comunes pero diferenciadas y capacidades respectivas, el principio de precaución y el principio de equidad de género[46].

Me recuerda a lo que escribió Thomas Sowell en su libro *The Quest for Cosmic Justice* [La búsqueda de la justicia cósmica] con respecto a "visiones" exageradas, generalizadas y no probadas: "V. I. Lenin representó uno de los ejemplos más puros de un hombre que funcionaba sobre la base de una visión y sus categorías, que sustituían al mundo de los seres humanos de carne y hueso o a las realidades en las que vivían sus vidas. La naturaleza del mundo más allá de la visión importaba solo táctica o estratégicamente como un medio hacia el fin de llevar a cabo esa visión. [...] La preocupación de Lenin con las visiones quedó de manifiesto no solo en el hecho de no ingresar al mundo de la clase trabajadora, en nombre de quien hablaba, sino también en el hecho de nunca haber puesto un pie en la Asia Central Soviética, una zona extensa, más grande que Europa Occidental, y una en la que los esquemas doctrinarios y devastadores de Lenin y sus sucesores se impondrían a la fuerza por casi tres cuartos de siglo"[47]. Sowell agregó que "[l]as visiones son ineludibles porque los límites de nuestro propio conocimiento directo son ineludibles. La pregunta crucial es si las visiones brindan una base para que se prueben las teorías o para que se proclamen e impongan dogmas. Gran parte de la historia del siglo veinte ha sido la historia de la tiranía de visiones como dogmas. Siglos previos vieron el despotismo de monarcas o conquistadores militares, pero el siglo veinte ha visto un incremento de individuos y partidos en el poder cuyo pasaporte a aquel poder fue su exitoso *marketing* de sus visiones. Casi por definición, este fue el *marketing* de las *promesas* de visiones, ya que el funcionamiento no podía ser juzgado antes de alcanzar el poder para implementar la visión. [...] La prevalencia y el poder de una visión se demuestran, no a través de lo que puede probar su evidencia de una lógica, sino precisamente dada su *exención* de cualquier necesidad de brindar evidencia o lógica: a través del número de cosas que pueden afirmarse de manera exitosa porque encajan en la visión, sin tener que pasar la prueba de ajustarse a los hechos"[48].

Como si lideraran una revolución internacional marxista, los radicales en la convención exigieron "el cambio de los patrones de producción y consumo, tomando en cuenta las responsabilidades históricas de las emisiones de las naciones y las corporaciones, y su naturaleza acumulativa, reconociendo que el espacio atmosférico de carbono es finito y debe ser distribuido con equidad entre los países y sus pueblos. El inequitativo sobreconsumo histórico del presupuesto de emisiones globales manejado por corporaciones y los sistemas económicos dominantes ha contribuido a generar inequidades en las capacidades de los países. Algunos indicadores clave para medir esta disparidad serían: la emisión nacional de gases de efecto invernadero per cápita desde 1850, la distribución y magnitud de la riqueza e ingresos nacionales y los recursos tecnológicos que posee un país. Estos indicadores pueden ser utilizados para determinar la porción justa de esfuerzo que corresponde a cada país, [...] las necesidades de desarrollo sustentable, los daños y pérdidas de origen climático y la necesidad de transferencia tecnológica y apoyo financiero". Y qué sería de una revolución sin una Cámara Estrellada. "Exigimos la implementación de un Tribunal de Justicia, Ética y Moral de Cambio Climático, donde la humanidad en general pueda denunciar delitos relacionados [a] este tema"[49].

La Declaración de Margarita sobre Cambio Climático luego declara "un gran movimiento social mundial", un "pueblo unido" que requiere una transformación económica anticapitalista, un cambio en la manera de pensar, una reeducación y un adoctrinamiento, la "erradicación" de los combustibles fósiles y mucho más:

> Debemos organizarnos para garantizar la vida en el planeta a través de un gran movimiento social mundial. Es necesario un cambio de actitud hacia la conciencia del poder que tiene el pueblo unido. Como pueblos organizados podemos impulsar la transformación del sistema...
>
> Las causas estructurales del cambio climático están ligadas al sistema hegemónico capitalista actual. Para combatir el cambio climático es necesario cambiar el sistema. El cambio de este sistema debe contemplar una transformación en los sistemas económicos, políticos, sociales y culturales, en las escalas local, nacional, regional y global. La educación es un derecho de los pueblos, un proceso continuo de formación integral, justa, gratuita y transversal. Este es uno de los motores fundamentales para la transformación y la construcción en la diversidad, de las mujeres y los hombres nuevos, para el buen vivir y el respeto a la vida y a la Madre Tierra. La educación debe orientarse a reflexionar, valorar, crear, sensibilizar, concientizar, convivir, participar y actuar. Cuando hablamos de educación para enfrentar el cambio climático, hablamos de sus causas principales y las responsabilidades históricas y actuales, hablamos también de la pobreza, la desigualdad y la vulnerabilidad de los pueblos, especialmente los pueblos indígenas y otros grupos históricamente excluidos y victimizados.

La incoherencia y la imbecilidad colosales de este movimiento no tienen nombre. Sin embargo, avanza estridentemente con atractivo y fuerza.

La declaración continúa de este modo:

> Proponemos las siguientes acciones para el cambio del sistema:
>
> - Transformación de las relaciones de poder y de los sistemas de toma de decisiones para la construcción de un poder popular antipatriarcal.
> - Transformación de los sistemas de producción de alimentos en sistemas agroecológicos, garantizando la soberanía y seguridad alimentaria, valorando los conocimientos, innovaciones y prácticas ancestrales y tradicionales.
> - Transformación de los sistemas de producción de energía, erradicando las energías sucias, respetando el derecho de los pueblos a combatir la pobreza y teniendo como principio la transición justa.
> - Transformación de los patrones de consumo energético mediante procesos formativos, regulaciones para los grandes consumidores y empoderamiento del pueblo sobre los sistemas de producción de energías renovables a pequeña [escala] bajo control comunitario.
> - Implementar sistemas de gobierno y planificación participativos de territorios y ciudades, asegurando el acceso justo y sustentable a la tierra y a los servicios urbanos, así como a otros medios necesarios para afrontar los impactos del cambio climático.
> - Transitar de un sistema lineal derrochador de energía y materiales, a uno cíclico con énfasis en la erradicación de la explotación insostenible de la naturaleza y

la promoción de la reducción, reutilización y reciclaje de residuos.

- Asegurar el financiamiento de los países desarrollados a los países en desarrollo para estas transformaciones, así como para la compensación y la rehabilitación por los impactos del cambio climático. El financiamiento no debe ser condicionado y el manejo de los recursos suministrados debe estar en manos de los pueblos.

- Crear mecanismos accesibles a los pueblos para la protección de desplazados y de los defensores de los derechos ambientales.[50]

Dos de los ataques tradicionales al capitalismo, a la productividad y al crecimiento económico han girado en torno al supuesto agotamiento de los recursos naturales y a las emisiones de dióxido de carbono, los cuales, entre otras cosas, se dice que llevan al cambio climático. Con respecto al primero, George Reisman explica que el género humano no está ni cerca de haber arañado la superficie de los recursos de la Tierra. Escribe: "Lo que aplica a la Tierra, aplica también a cualquier otro cuerpo planetario del universo. En tanto que el universo consta de materia, no consiste en nada más que en elementos químicos, y por lo tanto en nada más que en recursos naturales"[51]. "Dado que la Tierra es, literalmente, una inmensa bola sólida de elementos químicos, y dado que la inteligencia del hombre y su iniciativa en el último par de siglos tuvieron una libertad relativa para operar y tuvieron el incentivo de operar, no debería sorprender que la fuente de minerales útiles y accesibles hoy exceda ampliamente el suministro que el hombre es económicamente capaz de explotar"[52]. "[L]a porción de la naturaleza que representa riqueza debería entenderse como una pequeña fracción que comenzó virtualmente como cero y, aunque desde entonces se haya multiplicado varios cientos de veces, sigue siendo virtualmente cero cuando uno toma en cuenta lo pequeña que es la porción de la masa terrestre, por no decir del universo, sujeta al control del hombre, y lo alejado que está el hombre de comprender todos los aspectos y potenciales usos de lo que está bajo su control"[53].

Un tema común y, por lo tanto, un problema considerable con respecto al número demasiado alto de activistas sociales y autoproclamados revolucionarios es su completa y total ignorancia sobre temas con los que están apasionadamente, si no violentamente, comprometidos. "El conservacionismo considera que las fuentes de recursos naturales existentes en la actualidad y utilizables a nivel económico nos son dadas por la naturaleza —escribe Reisman—, en vez de ser el producto de la inteligencia humana y su corolario, la acumulación del capital. No ve que lo que la naturaleza nos provee es, en el sentido más práctico, una fuente infinita de materia y energía que la inteligencia humana puede dominar de forma progresiva, creando en el proceso un suministro creciente y constante de recursos naturales utilizables a nivel económico. [...] Al no tener idea del papel de la inteligencia humana en la creación de recursos naturales utilizables a nivel económico, y al confundir el suministro actual con todos los recursos naturales presentes en la naturaleza, los conservacionistas creen inocentemente que todo acto de producción que consume recursos naturales es un acto de empobrecimiento, que agota un tesoro de la naturaleza supuestamente invaluable e irreemplazable. Sobre esta base, concluyen que la búsqueda del interés propio por parte de los individuos bajo la libertad económica lleva al consumo excesivo de la irreemplazable herencia natural del género humano, sin ningún tipo de consideración hacia las necesidades de generaciones futuras"[54].

Sin embargo, la ignorancia aparentemente no es excusa para

alterar creencias. Reisman escribe que "[u]na vez que han llegado a la existencia de este problema por demás ilusorio, producto ni más ni menos que de su propia ignorancia sobre el proceso productivo, los conservacionistas concluyen incluso que lo que hace falta para resolver este supuesto problema es la intervención del Gobierno diseñada para 'conservar' los recursos naturales a través de varias maneras de restricción o prohibición de su uso por parte del género humano"[55].

Con respecto al segundo problema, las emisiones de dióxido de carbono y el cambio climático en general, primero debe decirse inequívocamente que el dióxido de carbono no es, ni ha sido, ni podrá ser jamás un contaminante. Es más, a lo largo de la segunda mitad del siglo pasado, los "científicos" y "expertos" han afirmado con certeza que la Tierra se enfrentaba a un periodo de enfriamiento, luego de calentamiento y ahora simplemente, y puesto de manera más general, al cambio climático, cubriendo así todas las posibilidades sin necesidad futura de una aclaración o una corrección. Nos dicen que el mayor culpable es el dióxido de carbono, el cual resulta principalmente del uso de combustibles fósiles. Por supuesto, como explica cualquier maestra de Ciencias en la primaria a sus estudiantes, el dióxido de carbono es oxígeno para las plantas y, a su vez, las plantas generan oxígeno para el resto de nosotros.

En cuanto a las emisiones de dióxido de carbono y el impacto en la atmósfera, la Tierra y el clima, el debate continúa entre científicos y expertos, a pesar del esfuerzo por intimidar a los escépticos, acallarlos o desestimarlos por considerarlos "negadores". Sin embargo, basta con decir que simplemente no hay consenso. Por ejemplo, tan recientemente como el 23 de septiembre de 2019, "Una red global de más de 500 científicos y profesionales del clima y áreas afines, entendidos y experimentados", firmaron una carta dirigida al secretario general de las Naciones Unidas, en la que insistían que "[l]a ciencia del clima debería ser menos política, mientras que las políticas del clima deberían ser más científicas. Los científicos deberían ocuparse abiertamente de las incertidumbres y exageraciones de sus predicciones sobre el calentamiento global, mientras que los políticos deberían enumerar desapasionadamente los verdaderos beneficios, así como los costos imaginados de la adaptación al calentamiento global, y los costos reales, así como los beneficios imaginados de la mitigación"[56].

La carta continúa diciendo que "[l]os modelos de circulación general del clima en los que se basan en la actualidad las políticas internacionales son inadecuados para el cumplimiento de su propósito. Por lo tanto, es tanto cruel como imprudente abogar por el despilfarro de billones de dólares basándose en los resultados de semejantes modelos inmaduros. Las políticas actuales para el clima socaban inútil y gravemente al sistema económico, poniendo en riesgo vidas en los países a los que se les niega el acceso a la energía eléctrica asequible y confiable. Los exhortamos a seguir políticas climáticas basadas en ciencias sensatas, economías realistas y una genuina preocupación por aquellos afectados por los costosos pero innecesarios intentos de mitigación"[57]. Los firmantes explican que "los factores tanto naturales como antrópicos causan calentamiento; el calentamiento es mucho más lento de lo predicho; las políticas climáticas se basan en modelos inadecuados; el CO2 es alimento para las plantas, la base de la vida entera sobre la Tierra; el calentamiento global no ha aumentado los desastres naturales; y las políticas climáticas deben respetar las realidades científicas y económicas"[58].

En efecto, hay tantos científicos y expertos que cuestionan o rechazan el movimiento del cambio climático que es imposible enumerarlos a todos aquí. No obstante, son suficientes algunos ejemplos.

Ian Plimer, profesor emérito de Ciencias de la Tierra en la

Universidad de Melbourne y profesor de Geología Minera de la Universidad de Adelaide, explica: "La teoría de un calentamiento global inducido por el hombre no es ciencia porque la investigación se basa en una condición predeterminada, se ignora la evidencia y se trata a los procedimientos analíticos como evidencia. Es más, la 'ciencia' climática se sostiene con subvenciones a la investigación provenientes del Gobierno. No existen subvenciones para investigar aquellas teorías que no concuerdan con la ideología del Gobierno"[59]. Sobre las fuentes alternativas de energía, tales como la eólica y la solar, Plimer escribe que "[l]os sistemas 'alternativos' de energía tales como el eólico y el solar son desastrosos a nivel medioambiental. Provocan la pérdida de ecosistemas, la destrucción de vida silvestre, la esterilización de la tierra —costos exorbitantes que podrían no recuperarse durante la vida del sistema— y la emisión de cantidades enormes de CO2 durante su construcción. Es más, tanto la energía eólica como la solar son ineficientes. No pueden proveer una carga base de energía constante y necesitan el refuerzo de plantas generadoras que queman carbón y emiten dióxido de carbono"[60].

Plimer condena a todo el movimiento: "El catastrofismo del cambio climático es el fraude científico más grande que haya ocurrido jamás. Gran parte de la 'ciencia' climática es ideología política disfrazada de ciencia. Hay momentos en la historia en los que es demostrable que el consenso popular está equivocado, y vivimos en uno de esos momentos. La energía barata es fundamental para el empleo, para vivir en el mundo moderno y para sacar al tercer mundo de la pobreza. [...] Es más, el sistema educativo ha sido tomado por activistas, y se inculca a los jóvenes ideologías medioambientalistas, políticas y económicas. Durante su educación, no se le da a esta misma gente joven los métodos críticos y analíticos básicos para evaluar una ideología que ha sido presentada como un hecho..."[61].

Patrick J. Michaels fue director del Centro para el Estudio de las Ciencias (Center for the Study of Science) del Cato Institute, presidente de la Asociación Americana de Climatólogos de los Estados (American Association of State Climatologists), director de programa del Comité de Climatología Aplicada de la Sociedad Meteorológica Americana y catedrático de Ciencias del Medioambiente de la Universidad de Virginia durante treinta años. Argumenta que los modelos climáticos están fallando: "En su forma más básica, la ciencia consiste en declaraciones de hipótesis que se retienen mediante pruebas críticas contra observaciones. Sin dichas pruebas, o sin una hipótesis que se pueda probar, [el filósofo] Karl Popper declaró que lo que podría llamarse 'ciencia' es, de hecho, 'pseudociencia'. Un corolario es que una teoría que pretende explicar todo lo que hay en su universo de materia de estudio es, de hecho, inestable y por ello es pseudociencia. En lo que refiere al clima, tal vez sea benéfico referirse a las proyecciones modelo sobre el clima sobre las que no haya habido pruebas o que sean imposibles de probar, como 'estudios climáticos' en lugar de 'ciencia climática'"[62].

Richard S. Lindzen, físico atmosférico y exprofesor de Meteorología de MIT (Massachusetts Institute of Techology) (1823-2013), afirma que "[e]l calentamiento global es un tema político y de poder más que científico. En la ciencia, existe un intento por aclarar; en el calentamiento global, el lenguaje se usa incorrectamente para confundir y engañar al público. El mal uso del lenguaje se extiende al uso de los modelos climáticos. Los defensores de políticas que supuestamente se ocupan del calentamiento global usan modelos no para predecir sino más bien para justificar el argumento de que es posible una catástrofe. Según lo entienden ellos, probar que algo es imposible es en sí mismo casi imposible"[63].

Robert M. Carter, miembro emérito y asesor de políticas científicas del Instituto de Asuntos Públicos (Institute of Public Affairs), asesor científico del Instituto de Ciencias y Políticas Públicas (Science and Public Policy Institute), asesor científico jefe para la Coalición Internacional de Ciencias Climáticas (International Climate Science Coalition) y exprofesor y director de la Escuela de Ciencias de la Tierra de la James Cook University escribe: "Hay que reconocer que el riesgo teórico del peligroso calentamiento ocasionado por el hombre no es más que una pequeña parte de un riesgo climático mucho mayor sobre el que todos los científicos estarán de acuerdo, que son los peligrosos sucesos meteorológicos y climáticos que nos presenta la naturaleza de manera intermitente, y que nunca desaparecerán. Queda claro, dados los muchos y continuos desastres relacionados con el clima que ocurren alrededor del mundo, que incluso los gobiernos de países avanzados y ricos a menudo no cuentan con una preparación adecuada para dichos desastres. Necesitamos hacer mejor las cosas, y derrochar dinero para darle a la Tierra el beneficio de la duda, basarnos en conjeturas injustificadas de que el peligroso calentamiento se reanudará en breve y elegir a dedo a quién favorecer, es precisamente la manera equivocada de abordar el tema"[64].

Carter señala algo que ninguna persona seria debería disputar: "La realidad es que ningún científico en el planeta puede decirte con una probabilidad fiable si el clima en 2030 será más frío o caliente que hoy. En estas circunstancias, la única conclusión racional a la que se puede llegar es que debemos estar preparados para reaccionar tanto al calentamiento como al enfriamiento en las próximas décadas, y también a sucesos climáticos severos, dependiendo de lo que la Naturaleza decida servirnos. Uno de los principales deberes de cuidado de un gobierno es proteger a la ciudadanía y al medioambiente de los estragos de sucesos naturales relacionados con el clima. Lo que hace falta no son medidas innecesarias y penales contra las emisiones de CO2, sino una política prudente y eficiente de preparación para, y una respuesta adaptable a, cualquier suceso y peligro climático"[65].

En lugar de dar que pensar a políticos, burócratas, medios, defensores y activistas, se menosprecia y desestima a estos expertos y a tantos otros que se atreven a desafiar a un movimiento impulsado de forma ideológica que apunta contra el sistema económico estadounidense y avanza más agresivamente que nunca. Por ejemplo, como si hubiera tomado el lenguaje directamente de la Declaración de Margarita sobre Cambio Climático para utilizarlo en la resolución congresal de su autoría para un Nuevo Pacto Verde, la diputada Alexandria Ocasio-Cortez y docenas de sus colegas demócratas redactaron un proyecto de ley marxista-céntrico igualmente ridículo. He incluido aquí la mayor parte, porque resumir el proyecto de ley sería reducir el verdadero entendimiento de su peligrosidad. Declara, en parte:

> *Mientras que* el cambio climático, la polución y la destrucción medioambiental han exacerbado las injusticias raciales, regionales, sociales, medioambientales y económicas sistémicas (denominadas "injusticias sistémicas" en el preámbulo) al afectar de manera desproporcionada a las comunidades indígenas, a las comunidades de color, a las comunidades migrantes, a las comunidades desindustrializadas, a las comunidades rurales despobladas, a los pobres, a los trabajadores de bajos salarios, a las mujeres, a los ancianos, a los sin techo, a las personas con discapacidades, a la juventud (denominados "comunidades en el frente y vulnerables" en este preámbulo);
>
> ... *Resolvió*, Que es el sentido de la Cámara de Representantes que:

(1) es el deber del Gobierno federal crear un Nuevo Pacto Verde [Green New Deal]:

(A) para alcanzar emisiones de efecto invernadero netas cero, a través de una transición justa para todas las comunidades y trabajadores;

(B) para crear millones de buenos puestos de trabajo con buenos salarios y asegurar la prosperidad y la seguridad económica para todas las personas de los Estados Unidos;

(C) para invertir en la infraestructura y la industria de los Estados Unidos y cumplir de manera sustentable con los desafíos del siglo XXI;

(D) para asegurar que todas las personas de los Estados Unidos, y las generaciones que los sucederán, tengan:

(i) agua y aire limpios;

(ii) resiliencia climática y comunitaria;

(iii) alimentos saludables;

(iv) acceso a la naturaleza; y

(v) un medioambiente sustentable; y

(E) para promover la justicia y la equidad poniéndole fin a la opresión actual, previniendo la opresión futura y reparando la opresión histórica de comunidades indígenas, comunidades de color, comunidades migrantes, comunidades desindustrializadas, comunidades rurales despobladas, pobres, trabajadores de bajos salarios, mujeres, ancianos, sin techo, personas con discapacidades, juventud (denominados "comunidades en el frente y vulnerables" en este preámbulo);

(2) los objetivos descriptos en los subpárrafos del párrafo (1) más arriba (denominados "objetivos del Nuevo

Pacto Verde" en esta resolución) deberían lograrse mediante una movilización nacional de 10 años (denominada "movilización del Nuevo Pacto Verde" en esta resolución) que requerirá de los siguientes objetivos y proyectos:

(A) desarrollo de la resiliencia contra los desastres relacionados con el cambio climático, tales como los fenómenos meteorológicos extremos, incluido el ejercicio de influencias para obtener fondos y proveer inversiones para proyectos y estrategias definidos por comunidades;

(B) reparación y actualización de la infraestructura de los Estados Unidos, que incluye:

(i) la eliminación de la polución y las emisiones de efecto invernadero lo más posible a nivel tecnológico;

(ii) la garantía al acceso universal al agua limpia;

(iii) la reducción de los riesgos que plantean las inundaciones y otros impactos climáticos; y

(iv) asegurar que cualquier ley de infraestructura que considere el Congreso tenga en cuenta el cambio climático;

(C) cumplimiento del 100% de la demanda de electricidad en los Estados Unidos a través de fuentes de energía limpias, renovables y de emisión cero, incluidas:

(i) la expansión y actualización dramáticas de fuentes de energía renovable existentes; y

(ii) la implementación de nuevas capacidades;

(D) construcción o actualización de redes eléctricas de bajo consumo, distribuidas e "inteligentes", y trabajo para asegurar el acceso asequible a la electricidad;

(E) actualización de todos los edificios de los Estados Unidos y construcción de nuevos edificios para alcanzar la máxima eficiencia energética, de agua, de seguridad, de asequibilidad, de comodidad y de durabilidad, incluso a través de la electrificación;

(F) generación de un gran crecimiento de la manufactura limpia en los Estados Unidos y remoción de la polución y la emisión de gases de efecto invernadero de la manufactura y la industria lo más posible a nivel tecnológico, incluso mediante la expansión de la manufactura con energía renovable y la inversión en la manufactura y la industria existentes;

(G) trabajo colaborativo con agricultores y ganaderos en los Estados Unidos para eliminar la polución y las emisiones de efecto invernadero del sector agropecuario lo más posible a nivel tecnológico, incluidos:

(i) el apoyo a granjas familiares;

(ii) la inversión en agricultura y usos de la tierra sustentables que aumenten la salud del suelo; y

(iii) la construcción de un sistema de alimentación más sustentable que asegure el acceso universal a alimentos saludables;

(H) renovación del sistema de transporte de los Estados Unidos para eliminar la polución y la emisión de gases de efecto invernadero del sector de transporte lo más posible a nivel tecnológico, incluyendo inversiones en:

(i) infraestructura y fabricación de vehículos de emisión cero;

(ii) transporte público limpio, asequible y accesible; y

(iii) trenes de alta velocidad;

(I) mitigación y manejo de los efectos adversos de la polución en la salud, la economía y demás efectos de la polución y el cambio climático, incluido proveer fondos para proyectos y estrategias definidos por comunidades;

(J) remoción de los gases de efecto invernadero de la atmósfera y reducción de la polución, incluso mediante el restablecimiento de ecosistemas naturales a través de soluciones probadas de tecnología simple que incrementan el almacenamiento de carbono del suelo, tales como la preservación y la forestación;

(K) restauración y protección de los ecosistemas amenazados, en peligro y frágiles a través de proyectos localmente apropiados y basados en la ciencia, que mejoran la biodiversidad y apoyan la resiliencia del clima;

(L) limpieza de desechos peligrosos existentes y de sitios abandonados para promover el desarrollo económico y la sustentabilidad;

(M) identificación de otras fuentes de emisiones y polución y creación de soluciones para eliminarlas; y

(N) promoción del intercambio internacional de tecnología, experiencia, productos, fondos y servicios, con el objetivo de hacer de los Estados Unidos el líder internacional en acción climática, y para ayudar a otros países a alcanzar un Nuevo Pacto Verde;

(3) debe desarrollarse un Nuevo Pacto Verde a través de consultas, colaboración y asociaciones transparentes e inclusivas con comunidades en el frente y vulnerables, sindicatos, cooperativas de trabajadores, grupos de la sociedad civil, el ámbito académico y empresas; y

(4) para lograr los objetivos y la movilización del Nuevo Pacto Verde, un Nuevo Pacto Verde requerirá de los siguientes objetivos y proyectos:

(A) ejercer presión y proveer, de tal manera de asegurar que el público reciba una participación en la propiedad y se asegure la rentabilidad de su inversión, que reciba un capital adecuado (incluso a través de subsidios comunitarios, bancos públicos y demás formas de financiamiento público), brindar asesoría técnica experimentada, políticas de apoyo y otras formas de asistencia a comunidades, organizaciones, agencias federales, estatales y locales, y empresas que trabajan por la movilización del Nuevo Pacto Verde;

(B) asegurar que el Gobierno federal tome en cuenta los costos e impactos medioambientales y sociales totales de las emisiones a través de:

(i) leyes existentes;

(ii) nuevas políticas y programas; y

(iii) asegurarse de que las comunidades en el frente y vulnerables no se vean afectadas adversamente;

(C) brindar recursos, capacitación y educación de alta calidad, incluida la educación superior, a todas las personas de los Estados Unidos, con el foco puesto en las comunidades en el frente y vulnerables, para que esas comunidades puedan participar completa y equitativamente en la movilización del Nuevo Pacto Verde;

(D) realizar inversiones públicas para la investigación y el desarrollo de nuevas tecnologías e industrias energéticas limpias y renovables;

(E) dirigir inversiones para impulsar el desarrollo económico, profundizar y diversificar la industria en economías locales y regionales y desarrollar riqueza y propiedad comunitarias al tiempo que se priorizan la creación de empleos de alta calidad y los beneficios medioambientales, económicos y sociales para las comunidades en el frente y vulnerables a las que, de otro modo, les resultaría dificultoso alejarse de las industrias de gases de efecto invernadero intensivas;

(F) asegurar la utilización de procesos democráticos y participativos que incluyan y sean dirigidos por comunidades en el frente y vulnerables y trabajadores para planear, implementar y administrar la movilización del Nuevo Pacto Verde a nivel local;

(G) asegurar que la movilización del Nuevo Pacto Verde cree puestos sindicalizados de alta calidad que paguen salarios prevalentes, que contrate trabajadores locales, que ofrezca capacitación y oportunidades de crecimiento y que garantice paridad salarial y de beneficios para los trabajadores afectados por la transición;

(H) garantizar un trabajo con un salario que pueda mantener a una familia, con licencias médicas y familiares adecuadas, vacaciones pagas y la seguridad de una jubilación para todas las personas de los Estados Unidos;

(I) reforzar y proteger el derecho de todos los trabajadores a organizarse, a formar sindicatos y a negociar colectivamente sin coacción, intimidación ni hostigamiento;

(J) reforzar y aplicar estándares de trabajo, de salubridad y seguridad en el lugar de trabajo, de antidiscriminación y de salario y de horas de trabajo a través de todos los empleadores, las industrias y los sectores;

(K) establecer y reforzar reglas de comercio, estándares de adquisición y ajustes a las fronteras con protecciones laborales y medioambientales fuertes:

(i) para detener la transferencia de trabajos y de polución al extranjero; y

(ii) para hacer crecer la manufactura nacional en los Estados Unidos;

(L) asegurar que las tierras públicas, el agua y los océanos estén protegidos y que no se abuse de la expropiación;

(M) obtener el consentimiento libre, previo e informado de los pueblos indígenas para todas las decisiones que afecten a los pueblos indígenas y a sus territorios tradicionales, honrando todos los tratados y acuerdos con los pueblos indígenas y protegiendo y ejecutando la soberanía y los derechos sobre la tierra de los pueblos indígenas;

(N) asegurar un ambiente comercial en el que toda persona de negocios quede libre de una competencia injusta y de la dominación de monopolios nacionales o internacionales; y

(O) proveer a todas las personas de los Estados Unidos:

(i) atención médica de calidad;
(ii) viviendas asequibles, seguras y adecuadas;
(iii) seguridad económica; y
(iv) acceso a agua limpia, a aire limpio, a alimentos sanos y asequibles y a la naturaleza.[66]

Milton Ezrati, de *Forbes*, hizo un resumen de algunos de los costos estimados para esta propuesta. Estos son los números para tan solo algunos de sus objetivos: "Según el respetado físico Christopher Clark, la expansión de energías renovables propuesta para proveer el 100% de las necesidades energéticas de la nación costaría unos $2 billones, o aproximadamente $200 000 millones por año durante diez años. El deseo del pacto de construir una 'red eléctrica inteligente' para todo el país costaría, según el Instituto de Energía Eléctrica, unos $400 000 millones, o $40 000 millones por año durante diez años; según varias fuentes, la aspiración de AOC de 'acabar con los gases de efecto invernadero' costaría más de $11 billones, o unos $110 000 millones por año durante diez años"[67]. Es más, "el objetivo del pacto de actualizar todos los hogares y edificios industriales del país para lograr una seguridad y eficiencia energéticas de última generación costaría unos $2,5 billones durante diez años, o unos $250 000 millones por año. El número podría quedarse corto. Consideremos que hay 136 millones de viviendas en los Estados Unidos. La actualización de cada una costaría, si somos conservadores, un promedio de $10 000 por unidad, o casi $1,4 billones, y esto ni siquiera incluye a las estructuras industriales y comerciales. Ni incluye tampoco el mantenimiento"[68]. Además, "el Nuevo Pacto Verde también aspira a brindar la garantía de un empleo con 'salario mínimo vital'. Una evaluación que hizo el Gobierno de una propuesta similar del senador Cory Booker (D-NJ) pone el costo de un programa como ese en $543 000 millones el primer año. A pesar de que los costos caerían a partir de entonces, el costo acumulado a lo largo de diez años alcanzaría unos $2,5 billones. El objetivo de desarrollar un sistema de salud universal con pagador único costaría, según un estudio de MIT-Amherst de un plan similar propuesto por el senador Bernie Sanders, unos $1,4 billones al año"[69].

"Tan solo estas seis de la larga lista de aspiraciones de AOC —declara Ezrati—costarían aproximadamente $2,5 billones al año. Dado que el presupuesto de Washington para 2018 puso el gasto en $4,5 billones, el pacto aumentaría efectivamente el gasto federal un poco por encima de la mitad nuevamente. Es un precio substancial, considerablemente mayor a los estimados $700 000 millones al año que surgirían de la propuesta de AOC de elevar la tasa impositiva máxima al 70%"[70].

Kevin Dayaratna y Nicolas Loris de The Heritage Foundation señalan que "según el Modelo de Energía de Heritage, como resultado de los impuestos y las regulaciones basadas en el carbono, para 2040 se puede esperar: un pico en la escasez de empleo de más de 1,4 millones de puestos de trabajo; un total en la pérdida de ingresos de $40 000 para una familia de cuatro personas; una pérdida total de producto bruto interno de más de $3,9 billones; y aumentos en los gastos de electricidad en los hogares que promediarán aproximadamente de un 12% a un 14%. Sin lugar a duda, estas proyecciones del Modelo de Energía de Heritage subestiman de manera significativa los costos de los componentes energéticos del Nuevo Pacto Verde. Tal como señala la hoja de preguntas frecuentes de Ocasio-Cortez, el impuesto al carbono es solo una de las muchas herramientas, en lo que a políticas se refiere, que esperan implementar los defensores del Nuevo Pacto Verde"[71].

Y el Foro de Acción Americano (American Action Forum), liderado por el exdirector de la Oficina de Presupuesto del Congreso, Douglas Holtz-Eakin, concluye que el Nuevo Pacto Verde podría costar hasta $93 billones en diez años, entre $8,3 billones y

$12,3 billones para eliminar, al menos en teoría, las emisiones de carbono de los sectores energéticos y de transporte, y entre $42,8 billones y $80,6 billones para sus enormes proyectos sociales y económicos.[72]

Al margen de los costos económicos demoledores de estos peligrosos y absurdos proyectos, y de las horrorosas disrupciones económicas que resultarían, continúo volviendo al hecho de que requerirían que abandonáramos principios fundacionales tales como el gobierno limitado, los derechos a la propiedad privada y el sistema económico capitalista, y requerirían de la construcción de una burocracia aún mayor con controles regulatorios y poder policial inmensos. La toma de decisiones quedaría aún más centralizada en Washington, D.C. y los políticos ejercerían una autoridad enorme sobre los individuos y sobre la ciudadanía en general. Es más, imaginemos las caídas de tensión, los apagones, la falta de combustible, la escasez de productos básicos, etc. Por supuesto, las libertades humanas básicas, el libre albedrío, la movilidad, etc. desaparecerían con el correr del tiempo, mientras se persigue a fondo la visión marxista.

Aun así, tanto Joe Biden como el Partido Demócrata lo apuestan todo a este movimiento. Uno de los primeros actos de Biden tras su investidura fue firmar un decreto ejecutivo para que los Estados Unidos fueran parte nuevamente del Acuerdo de París de 2015. Por supuesto, dicho acuerdo debería tratarse como un tratado dado el amplio impacto que tendrá en la sociedad estadounidense este tipo de acuerdo internacional. Pero en vez de arriesgarse a perder un voto en el Senado, donde los tratados requieren del apoyo de dos tercios (67) de los senadores, Biden, tal como hizo Barack Obama antes que él, simplemente emitió un edicto.

Entre otras cosas, el acuerdo compromete a los signatarios a "[r]econoc[er] que el cambio climático es un problema de toda la humanidad y que, [por lo tanto] las Partes deberían, al actuar para abordar el cambio climático, respetar, promover y tener en cuenta sus respectivas obligaciones relativas a los derechos humanos, al derecho a la salud, a los derechos de los pueblos indígenas, las comunidades locales, los migrantes, los niños, las personas con discapacidad y las personas en situaciones vulnerables y al derecho al desarrollo, así como a la igualdad de género, el empoderamiento de la mujer y la equidad intergeneracional"[73]. Una de las signatarias de este acuerdo es la China comunista en la que en la actualidad funcionan campos de concentración donde se esclaviza, tortura y viola a más de un millón de uigures y otras minorías, y en los que las uigures son sometidas a esterilizaciones y los prisioneros a ejecuciones sumarias.[74]

En efecto, el 19 de enero de 2021, la administración Trump acusó formalmente a China de estar cometiendo un "genocidio y crímenes de lesa humanidad" con la opresión a uigures musulmanes en su región de Xinjiang.[75] Sin embargo, el 16 de febrero de 2021, al ser interpelado sobre la conducta de China en un foro abierto organizado por la cadena CNN, Biden dijo, en parte: "Si algo sabemos de la historia de China es que siempre estuvo, los momentos en los que el mundo exterior ha victimizado a China son los momentos en que China no estuvo unida en casa. O sea que, el principio central, ampliamente sobreestimado, de[l presidente chino] Xi Jinping es que debe haber una China unida y fuertemente controlada. Y usa su lógica para las cosas que hace en base a eso". Más tarde agregó, asombrosamente: "A nivel cultural, existen diferentes normas que se espera que sigan cada país y sus líderes"[76].

O sea que, todos los discursos y las proclamaciones sobre la igualdad, los derechos humanos, los pueblos indígenas, el empoderamiento de la mujer, así como el derecho a una cobertura médica, a puestos de trabajo y demás del Acuerdo de París, del

Nuevo Pacto Verde, las demandas de la teoría crítica de la raza y la interseccionalidad, etc. son básicamente ignorados cuando una administración demócrata se enfrenta a un régimen brutal como el de China. Entretanto, Biden compromete a los Estados Unidos a ciertas condiciones económicas y financieras globales establecidas por gobiernos y burócratas internacionales bajo la rúbrica del cambio climático, sin ningún tipo de participación formal por parte de nuestros representantes en el Congreso, que seguramente afecten de forma negativa nuestra calidad de vida, y a las que no tienen ninguna intención de adherir los países tales como China.

De hecho, literalmente horas después de su investidura como presidente, Biden también firmó un decreto ejecutivo que interrumpió la construcción del oleoducto Keystone XL. Entre otras cosas, su fíat repetía la propaganda de algunas de las demandas más publicitadas por los propagandistas extremos del cambio climático: "Dado el aumento de los costos relacionados con el cambio climático durante los últimos cuatro años, el cambio climático ha tenido un creciente efecto en la economía estadounidense. Los acontecimientos climáticos extremos y demás efectos relacionados con el clima han dañado la salud y la seguridad del pueblo estadounidense, y han aumentado la urgencia por combatir el cambio climático y acelerar la transición hacia una economía de energía limpia. Hay que colocar al mundo en un camino climático sustentable para proteger a los estadounidenses y a la economía nacional de los impactos dañinos del clima y para crear buenos puestos de trabajo sindicalizados como parte de una solución climática [...] Hay que enfrentar esa crisis con acción a una escala y a una velocidad proporcionales a la necesidad de evitar colocar al mundo en un trayecto climático peligroso y potencialmente catastrófico..."[77]. Por supuesto, el uso de combustibles fósiles de hecho ha reducido los niveles de dióxido de carbono. Es más barato y más limpio que el carbón. Y los oleoductos son mucho más eficientes que el transporte de combustible en camiones y vagones. En cualquier caso, Biden destruyó el oleoducto y al hacerlo destruyó también miles de puestos de trabajo sindicalizados.

Pero Biden no se detuvo allí. El 27 de enero de 2021 emitió otro decreto ejecutivo que, en parte, provee, según lo explicó la Casa Blanca:

> [Q]ue, al implementar [el decreto] —y construir sobre— los objetivos del Acuerdo de París, los Estados Unidos ejercerán su liderazgo para promover un incremento significativo en la ambición global. Deja en claro que, para evitar poner al mundo en un trayecto peligroso y potencialmente catastrófico, hacen falta tanto la reducción significativa a corto plazo de las emisiones globales, así como las emisiones globales netas cero para mediados del siglo —si no antes—.
>
> Entre muchos otros pasos que apuntan a priorizar el clima en la política exterior estadounidense y en la seguridad nacional, el decreto ordena al director de Inteligencia Nacional preparar un Cálculo Nacional de Inteligencia [National Intelligence Estimate] sobre las implicancias del cambio climático en términos de seguridad, al Departamento de Estado preparar un paquete con nota de entrega para el Senado para la enmienda Kigali al Protocolo de Montreal y a todas las agencias desarrollar estrategias para integrar consideraciones climáticas a su trabajo internacional...
>
> El decreto también llama a establecer una Iniciativa para un Cuerpo Civil del Clima y así poner manos a la obra a una nueva generación de estadounidenses que trabaje en la conservación de tierras y aguas públicas, en el aumento de la forestación, en el aumento del secuestro de carbono en

> el sector de la agricultura, en proteger a la biodiversidad, en mejorar el acceso a la recreación y en abordar el cambiante clima.
>
> El decreto formaliza el compromiso del presidente Biden a hacer de la justicia medioambiental una parte de la misión de cada una de las agencias, mediante su orden a las agencias federales de desarrollar programas, políticas y actividades que se ocupen del impacto desproporcionado del clima en la salud, el medioambiente y la economía de las comunidades desfavorecidas.
>
> El decreto establece un Consejo Interagencia de Justicia Medioambiental de la Casa Blanca y un Consejo Asesor de Justicia Medioambiental de la Casa Blanca para priorizar la justica medioambiental y asegurar un enfoque a través de todo el gobierno que aborde las injusticias medioambientales actuales e históricas, fortaleciendo incluso el monitoreo y la aplicación de la justicia medioambiental a través de oficinas nuevas o fortalecidas en la Agencia de Protección Ambiental, el Departamento de Justicia y el Departamento de Salud y Servicios Humanos…
>
> El decreto ordena al ministro del Interior que detenga, en la medida de lo posible, la realización de nuevos contratos de petróleo y gas natural en tierras públicas o en el mar, que lance una rigurosa revisión de todos los contratos existentes y prácticas de permisos relacionados al desarrollo del combustible fósil en tierras y aguas públicas y que identifique pasos que se puedan tomar para duplicar la producción de energía renovable eólica *offshore* para 2030[78].

El decreto ejecutivo de Biden pasó por encima al Congreso e instituyó por edicto los cimientos de la agenda radical del movimiento del Nuevo Pacto Verde.

Además de propinar golpe tras golpe al motor capitalista de la economía estadounidense, Biden prosiguió con el intento de conseguir una autoridad sin precedente para el Gobierno federal sobre la economía privada, mediante el gasto de sumas inimaginables de dinero y sumiendo a la nación en una deuda inconcebible, redirigiendo billones de dólares de recursos de sectores privados hacia sus prioridades políticas e imponiendo controles regulatorios sin precedentes sobre la industria estadounidense, no solo para dar los primeros pasos hacia el cumplimiento de las exigencias de los activistas del decrecimiento y su Nuevo Pacto Verde, sino para reorganizar aspectos principales de la sociedad y la vida cotidiana estadounidenses[79].

El 31 de marzo de 2021, Biden anunció un plan de $2,5 billones (además de los $1,9 billones ya gastados en la llamada ley de asistencia de COVID-19, de la cual solo el 9% tenía algo que ver con el COVID-19)[80] que incluye: "$10 000 millones para crear un 'Cuerpo Civil del Clima'; $20 000 millones para 'promover la equidad racial y la justicia medioambiental'; $175 000 millones en subsidios para vehículos eléctricos; $213 000 millones para construir/actualizar 2 millones de casas y edificios; $100 000 millones para nuevas escuelas públicas y para que los almuerzos escolares sean más 'verdes'; $12 000 millones para colegios universitarios; miles de millones para eliminar las 'inequidades raciales y de género' en STEM [ciencia, tecnología, ingeniería, matemática, por sus siglas en inglés]; $100 000 millones para expandir la internet de banda ancha (y el control del gobierno sobre ella); y $25 000 millones para programas del Gobierno para el cuidado de niños". Tan solo $621 000 millones de la propuesta de múltiples billones de dólares están realmente destinados a "la infraestructura y resiliencia del transporte"[81]. Y, dice Biden, habrá más. El sitio radical *Mother Jones* informó: "El flanco de izquierda del Partido Demócrata ha argumentado que el plan [de $2,5 billones] no gasta lo suficiente para abordar las crisis que enfrenta el país. La diputada Pramila Jayapal (D-Wash.), presidente de la Comisión Progresista del Congreso, dijo que el paquete debería ser 'considerablemente más grande', y señaló que cuando Biden era candidato se comprometió a una inversión de $2 billones solo para el clima"[82]. Y están preparados con algo llamado la Ley THRIVE: Transform, Heal, and Renew by Investing in a Vibrant Economy (Transformar, sanar y renovar a través de la inversión en una economía vibrante)[83]. El costo: ¡$10 *billones*![84]

Y después de todo esto, cuando se trate de energía, el público va a sufrir. California, el estado más grande de los Estados Unidos, ha sido una incubadora de experimentos medioambientales de la ultraizquierda. Durante el verano de 2020, las políticas climáticas de California resultaron en un apagón generalizado. Millones de sus ciudadanos se quedaron sin suministro eléctrico en medio de una ola de calor. Michael Shellenberger de *Forbes* explica: "[L]as razones subyacentes por las que California [...] sufrió una rotación de apagones por segunda vez en menos de un año se desprenden de las políticas climáticas del estado...". [...] "California vio un aumento en los precios de la electricidad seis veces mayor que en el resto de los Estados Unidos entre 2011 y 2019, debido a su gran expansión de energías renovables..."[85].

"A pesar de que el costo de los paneles solares cayó de forma drástica de 2011 a 2019 —escribe Shellenberger— su naturaleza poco fiable y sujeta al estado del tiempo significó la imposición de grandes nuevos costos en almacenamiento y transmisión para que la electricidad pudiera seguir siendo fiable. Los paneles solares y los establecimientos agropecuarios de California se apagaban a medida que empezaban los apagones, y no contaron con ningún tipo de ayuda de los estados al este donde ya caía la noche. [...] Los dos apagones en menos de un año son un fuerte indicio de que las decenas de miles de millones que han gastado los californianos en energías renovables tienen un costo humano, económico y medioambiental"[86].

En febrero de 2021, Tejas sufrió una crisis energética desastrosa durante una tormenta invernal severa. El Instituto de Investigación Energética (IER, por sus siglas en inglés) informa que "el problema energético actual de Tejas nos recuerda a los problemas de California el verano pasado, otro estado con un mandato de energías renovables. [...] Estas experiencias recientes prueban que, durante condiciones meteorológicas extremas, los paneles solares y los molinos de viento tienen poco valor para la red eléctrica, en especial cuando las inversiones fluyen hacia ellos dados los subsidios y los mandatos judiciales a expensas de la fiabilidad y la resiliencia de la red"[87].

El IER describió cómo la creciente dependencia de Tejas en energías renovables fue catastrófica. "Por momentos, los molinos de viento [...] generaban más del doble de la *generación* de energía de Tejas. A medida que la generación eólica decayó y la demanda aumentó, se incrementó también la generación de los combustibles fósiles y cubrió la brecha del suministro. Según la Administración de Información Energética, entre las mañanas del 7 y el 11 de febrero, el viento como porción de la electricidad del estado cayó de 42% a 8%. Las centrales eléctricas de gas natural produjeron 43 800 MW de energía el domingo por la noche, y las centrales de carbón aportaron 10 800 MW —alrededor de dos o tres veces lo que producen en general en su pico un día cualquiera de invierno—. Entre las medianoches del 8 y el 16 de febrero, la energía eólica se precipitó un 93% mientras que la producida a carbón aumentó un 47% y a gas un 450%. La nuclear cayó a un 26% debido al cierre de un reactor porque el sensor no podía transmitir que el sistema permanecía estable —una medida de seguridad—. [...] [L]a red eléctrica del estado que depende cada vez más de las energías eólica y solar subsidiadas e intermitentes necesita refuerzos de energía para lidiar con aumentos en la demanda. El gas natural ayuda, pero el carbón y la energía nuclear confiables también son necesarios"[88].

El IER emitió esta advertencia: "Una energía segura y resiliente es lo opuesto a lo que [...] Biden y otros políticos quieren para nuestro futuro cuando abogan por un 'Nuevo Pacto Verde' o algo similar, al indicar que los Estados Unidos deberían dejar de consumir hidrocarburos y usar solamente recursos libres de carbono. Quieren que la electricidad se genere casi completamente a partir de energías renovables y que se abastezca a todos los sectores de la economía solo con electricidad. Esto significa que, si los automóviles y los camiones y demás vehículos son todos eléctricos, la creciente demanda de electricidad será suministrada en su mayoría por energías renovables, que también deberán reemplazar la capacidad de los hidrocarburos en retirada, una capacidad que duraría décadas si no fuera cerrada a la fuerza prematuramente, y que provee el 62% de nuestra electricidad"[89].

Y, en enero, Biden emitió un decreto ejecutivo que requiere que el Departamento del Interior desarrolle un plan de conservación llamado 30 para el 30, mediante el cual el Departamento del Interior, junto con los Departamentos de Agricultura y Comercio, debe proteger "al menos 30% de nuestras tierras y aguas para 2030" como un primer paso hacia una política de conservación aún más agresiva. El sitio web de izquierda Vox caracterizó esta iniciativa como un "enfoque revolucionario para la conservación de la naturaleza". Aunque son pocos los detalles, podemos imaginar el tipo de poder que seguramente se usará contra los dueños de propiedades privadas y áreas del país disponibles y utilizadas públicamente. De hecho, Vox celebra el plan llamándolo "monumental", y explica que "redefine lo que significa la 'conservación'"; "los derechos y la soberanía indígenas ocupan un lugar central"; "granjas, ranchos y otras tierras productoras contribuirán al 30%"; "aumentará el acceso a la naturaleza en comunidades de bajos ingresos"; y "la iniciativa también busca generar muchos puestos de trabajo"[90].

Por supuesto, dados los deseos del movimiento de orientación marxista, la disposición anti propiedad privada de la burocracia federal, la extralimitación interminable de sucesivas administraciones y la federalización de las decisiones sobre el uso de tierras y aguas, todo esto tiene la estampa de una catástrofe económica y de derechos de la propiedad.

Desgraciadamente, la verdadera ciencia, la experiencia y el conocimiento no son precisamente la marca distintiva de los fanáticos del decrecimiento anticapitalista. Tal como expliqué en *Plunder and Deceit* [Saqueo y engaño], su mentalidad marxista "se ha [...] convertido en una pseudoreligión y en una obsesión con las políticas públicas. De hecho, los adeptos al decrecimiento insisten con que su ideología va mucho más allá del medioambiente o incluso de su desprecio por el capitalismo, y que es un estilo de vida y una filosofía gobernante universales"[91]. Y su influencia llega directo a la Oficina Oval y a los pasillos del Congreso, en donde la maravilla económica estadounidense se desmorona con rapidez ante nuestros ojos.

CAPÍTULO SEIS

PROPAGANDA, CENSURA Y SUBVERSIÓN

No es mi intención volver a exponer de manera truncada lo que escribí en detalle en *Unfreedom of the Press* [La no libertad de prensa]. Sin embargo, es necesario algún tipo de superposición inicial y limitada para explicar cómo los medios son adecuados propagandistas de la agenda antiestadounidense y promarxista, desde la teoría crítica de la raza y el Proyecto 1619 hasta el movimiento por el decrecimiento y su guerra contra el capitalismo.

En la revista *Jacobin*, autoproclamada como una publicación socialista, Steven Sherman señala que Marx "fue un periodista más o menos durante toda su vida adulta. Empezó escribiendo para el *Rheinische Zeitung* en 1842, y fundó su propio periódico en 1848. Su trabajo para el [*New York*] *Tribune* ocurrió porque había conocido a un editor de diarios estadounidense, Charles Dana (que más tarde pasó a editar el *New York Sun*) en Colonia en 1848, y unos años más tarde Dana le pidió a Marx que contribuyera algunos artículos al *New York Tribune* sobre la situación en Alemania. Creo que Marx y Engels veían al *Tribune* como una manera de publicitar sus puntos de vista y de influenciar el debate de un gran número de lectores…"[1].

En una entrevista con James Ledbetter, editor de *Dispatches for the New York Tribune* [Artículos para el New York Tribune], un libro de 2008 de artículos de Marx para el *Tribune*, Ledbetter explica que "el enfoque básico de Marx para esta columna del *New York Tribune* era tomar algún acontecimiento de las noticias —una elección, un levantamiento, la segunda Guerra del Opio, el estallido de la Guerra Civil norteamericana— y filtrarlo hasta poder reducirlo a preguntas fundamentales sobre la política y la economía. Y luego emitiría su juicio a partir de esas preguntas. En este sentido, el periodismo de Marx sí se asemeja a algunos de los escritos que se publican hoy en día en diarios de opinión, y no es difícil ver una línea directa entre la escritura periodística de Marx y el tipo de escritura tendenciosa sobre asuntos públicos que caracterizó a gran parte del periodismo político (especialmente en Europa) del siglo veinte"[2].

Por lo tanto, Marx abordaba el periodismo tal como lo hacen los periodistas modernos hoy en día, es decir, se veía libre de la responsabilidad del compromiso de verdaderamente informar noticias. Informaba en vez, amoldando las noticias a sus propias opiniones e ideología.

"Después de 1848, Marx aprendió el poder de la contrarrevolución —escribe Ledbetter—, y empezó a creer que ciertos sistemas de gobierno y economía existentes no podrían ser derrocados hasta que un proletariado relativamente informado y organizado pudiera ser movilizado para hacerlo. Tal como se hizo cada vez más evidente con el correr de los años, en muchas naciones dicha organización estaba a décadas de producirse, si es que alguna vez existiría"[3].

En resumidas cuentas, Marx entendía el poder de la comunicación masiva y la necesidad de controlarla y moldearla para enmarcar acontecimientos y opiniones. Dicho de otro modo, el propósito era hacer propaganda, no informar.

"Al leer los artículos de Marx para el *Tribune*, uno no puede evitar ver una urgencia, una emoción —casi una impaciencia— en sus reseñas de algunas de las insurrecciones y crisis en Europa e India. Por momentos escribía como si este aumento en particular en el precio del maíz, o esta pequeña riña con las autoridades en Grecia fueran a ser *la* chispa que encendería la revolución. Y tampoco es que uno pueda culpar a Marx por sentirse así; después de todo, durante este período caían las cabezas coronadas de Europa y, por cierto, al menos las revoluciones liberales parecían posibles en varios contextos. Pero, por momentos, esta disciplina del pensamiento parece abandonarlo y también tiende a la tautología de que la revolución solo puede ocurrir cuando las masas estén listas, pero no podemos estar del todo seguros de que las masas están listas hasta que creen una revolución"[4].

Ledbetter explica que Marx era, de hecho, un revolucionario que abogaba por su ideología de historicismo materialista, pero era, antes que nada, periodista. "Hoy en día se enseña a Marx como un teórico económico; pensador político; y, hasta cierto punto, historiador y filósofo. Todas las categorías son válidas; y todas son incompletas. El archivo histórico, sin embargo, al menos sugiere otra categoría: que Marx debería ser considerado un escritor profesional, un periodista. El volumen de Penguin Classics que edité es apenas una muestra; en total Marx produjo, con la ayuda de Engels, casi quinientos artículos para el *Tribune*, que juntos acumulan casi siete volúmenes de los cincuenta que conforman las obras completas de los dos hombres. Creo que pensar en Marx como periodista nos acerca a comprender la importancia de la retórica en su trabajo"[5].

El hecho es que los periodistas modernos, desde el *New York Times* y el *Washington Post* hasta CNN y MSNBC, y la mayoría del resto de las plataformas de noticias, tienen mucho en común con Marx el periodista, tal como será evidente a continuación. Han abandonado el papel tradicional de periodistas para ocupar el de activistas sociales, e impulsan la mayoría de los mismos temas y agendas principales que los diversos movimientos marxistas en los Estados Unidos. La transición no ocurrió de la noche a la mañana, sino que ha estado creciendo a través de la mayor parte del siglo.

De hecho, hace más de medio siglo, el difunto Richard M. Weaver, profesor de Inglés de la Universidad de Chicago, y a quien ya se hizo referencia en este libro, ya había hablado sobre el principio del fin del periodismo genuino en los Estados Unidos. En su libro *Ideas Have Consequences* [Las ideas tienen consecuencias] escribió que la prensa moderna es de hecho una fuerza muy negativa en nuestra sociedad. Desde luego, no se oponía a la libertad de prensa, pero le causaba rechazo aquello en lo que se había convertido. Weaver opinaba: "[P]ara Platón, la verdad era algo vivo, nunca captada del todo por los hombres incluso en agitados discursos, y su forma más pura, ciertamente, nunca fue puesta sobre papel. En nuestros días, parecería ser que ha surgido una presunción contraria. Cuanto más se estereotipa una expresión, más probable es que obtenga algún tipo de crédito. Se asume que máquinas tan caras y poderosas como las imprentas modernas se colocarán, naturalmente, en las manos de hombres eruditos. La fe en la palabra impresa ha elevado al periodismo al rango de oráculo; sin embargo, qué mejor descripción puede haber de ellos que estas líneas del *Fedro*: 'Porque, cuando vean que pueden aprender muchas cosas sin maestros, se tendrán ya por sabios, y no serán más que ignorantes, en su mayor parte, y falsos sabios insoportables en el comercio de la vida'"[6].

"Si la realización de la verdad es el producto de un encuentro de mentes —escribió Weaver— podríamos ser escépticos con respecto a la habilidad física que tiene el mecanismo de propagarla siempre y cuando la propagación se limite a la impresión y la distribución de historias que dan 'una respuesta inalterable'. Y esta circunstancia pone enseguida sobre la mesa la pregunta sobre la intención de los gobernadores de la prensa. Hay muchos indicios de que la publicación moderna intenta minimizar la discusión. A pesar de las muchas e ingeniosas pretensiones de lo contrario, no quiere que haya un intercambio de ideas, a excepción tal vez de en temas académicos. En vez, alienta a que los hombres lean con la esperanza de que absorban"[7].

Aquí, Weaver condena la naturaleza de los medios como propaganda organizada que involucra a individuos a quienes no consideraríamos ni brillantes ni informados necesariamente sobre los asuntos de los que escriben o hablan, pero que son propagandistas para puntos de vista particulares.

Weaver argumentó que "[h]ay otra circunstancia que genera grandes dudas sobre la contribución del periodismo al bienestar público. Los periódicos están bajo una gran presión para distorsionar y así retener la atención. [...] Es un hecho ineludible que los periódicos prosperan con la fricción y el conflicto. Uno no tiene más que estudiar los titulares de algún periódico popular, a menudo presentados de forma simbólica en rojo, para notar el *tipo* de cosa que se considera noticia. Detrás de la gran historia casi siempre hay una batalla de algún tipo. Después de todo, el conflicto es la esencia del drama, y es una perogrullada que los periódicos comienzan y extienden peleas deliberadamente; mediante alegaciones, mediante astutas citas, mediante el énfasis de diferencias intrascendentes, crean antagonismo donde nunca se sintió que hubiera existido. Y esto es redituable en un sentido práctico, ya que la oportunidad de dramatizar una pelea es una oportunidad para crear noticias. El periodismo, en su totalidad, se alegra de que se desate una pelea y se entristece si termina. En las publicaciones más sensacionalistas, este espíritu de pasión y violencia, manifiesto en una cierta imprudencia en la dicción, con verbos vívidos y adjetivos fortísimos, se desliza en el lenguaje mismo. Dada la atención que les da a sus fechorías, hace de los criminales héroes y de los políticos figuras míticas…"[8].

Yo lo llevaría un paso más allá: la prensa no solo desata y prolonga peleas, sino que hoy en día prospera con la explotación de temas y agendas que sirven a los propósitos de los varios movimientos marxistas y, al hacerlo, exacerba y divide a la nación entera a uno y otro lado de fronteras ideológicas.

"Como parte de mi revisión de la persistente tendencia de los periódicos a corromper, citaré un pasaje de[l escritor] James Fenimore Cooper —escribe Weaver—. A pesar de que Cooper vivió antes del advenimiento de la prensa amarilla, parece haber expuesto la situación esencial con una verdad y elocuencia imposibles de mejorar cuando dijo en *The American Democrat*: 'Tal y como existe la prensa de este país hoy en día, parecería estar expresamente concebida por el gran agente de trastadas para debilitar y destruir todo lo bueno, y para elevar y promover todo lo funesto en nuestra nación. La poca verdad que se urge tiende a urgirse de manera tosca, debilitada y transformada en algo vicioso por personalidades; mientras que aquellos que viven según falsedades, falacias, enemistades, parcialidades y las estrategias de quienes las diseñan, hallan que la prensa es el mismo instrumento que inventarían los demonios para efectuar sus designios'"[9].

Weaver y Cooper destacaban lo que se convertiría en el uso que harían los medios de ataques personales y dirigidos a individuos y sujetos que desafían o se resisten a la trayectoria de sucesos y movimientos con los que se han comprometido los periodistas, y de los que son abiertos defensores. Esto se ve a diario con, por ejemplo, la incesante y polémica caracterización de individuos y grupos como negadores del cambio climático, deplorables de Trump, supremacistas blancos, etc.

Weaver observa que “El constante flujo de sensación, encomiado como vivaz propagación de lo que el público quiere oír, desalienta la agrupación de acontecimientos del pasado en un todo para la contemplación. Por lo tanto, la ausencia de reflexión no permite que el individuo sea consciente de sus seres anteriores, y es altamente cuestionable que alguien pueda ser miembro de una comunidad metafísica que no preserva dicha memoria. Toda conducta y conocimiento directo depende de la presencia del pasado en el presente. No puede haber demasiadas dudas de que esta condición de la mente es un factor importante en la débil moral política de la época”[10].

Por supuesto, el pensamiento marxista en su totalidad es la erradicación de la historia para la purificación de la existencia futura, es decir, todo lo que vino antes debe ser rechazado y destruido, a través de una revolución violenta de ser necesario, para abrir el paso a la sociedad marxista.

Tal como se evidenciará más adelante, al periodismo tradicional ha sido reemplazado por una combinación de propaganda, pseudoacontecimientos, activismo social y ataques teledirigidos y personales. Es más, promueve de forma activa las varias causas y los movimientos del marxista norteamericano.

Edward Bernays, a quien se considera el padre de la propaganda moderna, escribió en su libro de 1928, *Propaganda*, que “la propaganda es un esfuerzo consistente y perdurable por crear o moldear acontecimientos para influenciar la relación del público con una iniciativa, una idea o un grupo. [...] Es tan vasto el número de mentes que pueden ser reglamentadas, y son tan tenaces cuando se las reglamenta, que un grupo a veces puede brindar una presión irresistible ante la cual están indefensos los legisladores, editores y profesores”[11].

Bernays explica: “La minoría [incluidos las élites y los activistas] ha descubierto una gran ayuda en influenciar a las mayorías.

Se ha descubierto en ello la posibilidad de moldear las mentes de las masas tal que lancen su recientemente obtenida fortaleza en la dirección deseada. Esta práctica es inevitable en la estructura actual de la sociedad. Cualquier cosa que se haga de importancia social hoy en día, ya sea en política, finanzas, manufactura, agricultura, caridad, educación u otras áreas, debe hacerse con la ayuda de la propaganda. La propaganda es el brazo ejecutivo del gobierno invisible"[12].

Richard Gunderman señala en phys.org que "[l]o que aportan los escritos de Bernays no es un principio o tradición mediante el cual evaluar lo apropiada de la propaganda, sino simplemente un medio para moldear la opinión pública para cualquier propósito ya sea este beneficioso para los seres humanos o no. Esta observación llevó a que el juez de la Corte Suprema Felix Frankfurter alertara al presidente Franklin Roosevelt sobre permitir que Bernays ocupara un rol de liderazgo en la Segunda Guerra Mundial, al describirlo a él y a sus colegas como 'envenenadores profesionales de la mente pública, explotadores de la idiotez, del fanatismo y del interés propio'"[13].

En su libro de 1927, *Propaganda Technique in the World War* [La técnica de la propaganda en la Guerra Mundial], Harold Dwight Lasswell describe a la propaganda como una herramienta usada por la prensa y otros, disfrazada de aprendizaje y sabiduría. "La propaganda es una concesión a la racionalidad del mundo moderno. Un mundo alfabetizado, un mundo lector, un mundo culto prefiere prosperar a través de discusiones y noticias. Es sofisticado al punto de usar la prensa; y aquel que acuda a la prensa vivirá o morirá por la Prensa. Todo el aparato de erudición difusa populariza los símbolos y las formas de atractivo pseudoracional; el lobo de la propaganda no duda en disfrazarse con la piel de la oveja. Todos los hombres locuaces de hoy en día —escritores, periodistas, editores, predicadores, conferencistas, profesores, políticos— son atraídos al servicio de la propaganda para amplificar una voz maestra. Todo se lleva a cabo con el decoro y las formas de la inteligencia, porque esta es una época racional, y exige que su carne cruda esté cocida y preparada por diestros y hábiles chefs"[14].

La difunta teórica política Hannah Arendt escribió en su libro *Los orígenes del totalitarismo* que "mientras que es cierto que las masas se sienten obsesionadas por un deseo de escapar de la realidad porque en razón de su desarraigo esencial no pueden soportar sus aspectos accidentales e incomprensibles, también es cierto que su anhelo por la ficción tiene alguna relación con algunas capacidades de la mente humana cuya consistencia estructural es superior al simple incidente. La evasión de la realidad por parte de las masas es un veredicto contra el mundo en el que se ven forzadas a vivir y en el que no pueden existir, dado que la coincidencia se ha convertido en el dueño supremo y los seres humanos necesitan la transformación constante de las condiciones caóticas y accidentales en un molde fabricado por el hombre y de relativa consistencia. La rebelión de las masas contra el 'realismo', el sentido común y todas 'las plausibilidades del mundo' [...] fue el resultado de su atomización, de su pérdida de status social, junto con el que perdieron todo el sector de relaciones comunales en cuyo marco tiene sentido el sentido común. En su situación de desraizamiento espiritual y social, ya no puede funcionar una medida percepción de la interdependencia entre lo arbitrario y lo planeado, lo accidental y lo necesario. La propaganda totalitaria puede atentar vergonzosamente contra el sentido común sólo donde el sentido común ha perdido su validez. Ante la alternativa de enfrentarse con el crecimiento anárquico y la arbitrariedad total de la decadencia o inclinarse ante la más rígida consistencia fantásticamente ficticia de una ideología, las masas elegirán probablemente lo último y estarán dispuestas a pagar el precio con sacrificios individuales; y ello no porque sean estúpidas o malvadas, sino porque en el desastre general esta evasión les otorga un mínimo de respeto propio"[15].

En otras palabras, las personas en una cultura o sociedad en plena decadencia que cesa de ser una sociedad unificadora y civil, y en la que el orden social justo se desmorona, son muy susceptibles a creer y seguir peligrosas ficciones, incluso si estas llevan a su propia destrucción.

"Antes de conquistar el poder y de establecer un mundo conforme a sus doctrinas —escribió Arendt—, los movimientos conjuran un ficticio mundo de consistencia que es más adecuado que la misma realidad a las necesidades de la mente humana; un mundo en el que, a través de la pura imaginación, las masas desamparadas pueden sentirse como si estuvieran en su casa y hallarse protegidas contra los interminables shocks que la vida real y las experiencias reales imponen a los seres humanos y a sus esperanzas. La fuerza que posee la propaganda totalitaria —antes de que los movimientos tengan el poder de dejar caer telones de acero para impedir que nadie pueda perturbar con la más nimia realidad la terrible tranquilidad de un mundo totalmente imaginario— descansa en su capacidad de aislar a las masas del mundo real. Los únicos signos que el mundo real todavía ofrece a la comprensión de las masas no integradas y desintegrantes —a las que cada nuevo golpe de mala suerte torna aún más incrédulas— son, por así decirlo, sus lagunas, las cuestiones que no se atreve a discutir públicamente o los rumores que no osa contradecir…"[16].

Tal como expliqué en *Ameritopia*, "el utopismo [que incluiría al totalitarismo] […] encuentra una audiencia receptiva entre los desencantados, desafectados, insatisfechos y marginados, que no quieren, o no pueden, asumir la responsabilidad de su condición, real o percibida, y en cambio culpan a su entorno, al 'sistema' y a los demás. Son atraídos por la falsa esperanza y las promesas de una transformación utópica, y por las críticas a la sociedad actual con la que tienen una conexión incierta o inexistente. Se crea una conexión entre mejorar la realidad de los insatisfechos y la causa utópica. Es más, denigrar y subestimar al exitoso y consumado se convierte en una táctica esencial. [...] Mediante la explotación de la fragilidad, la frustración, la envidia y las inequidades humanas, se crea una sensación de sentido y autoestima en la vida del insatisfecho que, de otro modo, sería infeliz y estaría desencaminada. Para ponerlo en términos más sencillos, la igualdad en la miseria —es decir, igualdad de resultado o conformidad— es promovida como una empresa justa, equitativa y virtuosa. Por lo tanto, la libertad es inherentemente inmoral, excepto cuando es útil a la igualdad"[17].

Además de la propaganda o, tal vez, una forma de propaganda, tenemos lo que el difunto Daniel J. Boorstin, bibliotecario del Congreso de los Estados Unidos y profesor de Historia de la Universidad de Chicago, dio en llamar "pseudoacontecimientos", es decir, acontecimientos preparados por la prensa. Boorstin explicó: "En una sociedad totalitaria en la que la gente está inundada de mentiras deliberadas, los verdaderos hechos son, por supuesto, tergiversados, pero la representación en sí misma no es ambigua. La mentira de la propaganda se afirma como si fuera verdad. Su objetivo es lograr que la gente crea que la verdad es más simple, más inteligible de lo que realmente es. [...] La propaganda simplifica por demás la experiencia, los pseudoacontecimientos la complican por demás"[18].

Boorstin nota cómo los medios usan los pseudoacontecimientos de forma ingeniosa para promover causas y agendas. Explicó que "[a]l principio puede resultar extraño que el aumento de los pseudoacontecimientos haya coincidido con el aumento de la ética profesional que obliga a los periodistas a no editorializar y a omitir juicios personales de sus noticias. Pero ahora, los periodistas hallan un amplio espectro para su individualidad y su imaginación creativa en la creación de pseudoacontecimientos"[19].

De hecho, estamos inundados de pseudoacontecimientos en vez de noticias reales —es decir, una irrealidad creada por el periodista—. Por ejemplo, por literalmente varios años, se alimentó a nuestra nación de manera incesante con "noticias" sobre cómo el presidente Donald Trump había conspirado con Rusia para ganar su elección en 2016. Esto llevó a sesiones en el Congreso, a una investigación criminal y a una historia interminable tras otra. Se otorgaron Premios Pulitzer por informes periodísticos completamente falsos. Fue quizá el fraude mediático más grande de la historia del periodismo.

Tal como observa Boorstin, "En una sociedad democrática como la nuestra —y más específicamente en una sociedad con una alta alfabetización, rica, competitiva y tecnológicamente avanzada— la gente puede estar inundada de pseudoacontecimientos. Para nosotros, la libertad de expresión y de prensa y de la industria de la comunicación incluye la libertad para crear pseudoacontecimientos. Los políticos que compiten, los periodistas que compiten y los medios que compiten se disputan esta creación. Rivalizan unos con otros para ofrecer atractivos reportes e imágenes 'informativos' del mundo. Tienen la libertad de especular acerca de los hechos, de generar nuevos hechos, de exigir respuestas a sus propias y artificiosas preguntas. Nuestro 'libre mercado de ideas' es un lugar en el que las personas son confrontadas con pseudoacontecimientos que compiten y se les permite juzgar entre ellos. A esto es a lo que nos referimos realmente cuando hablamos de 'informar' a las personas"[20].

Por lo tanto, parecería que vivimos en dos mundos a la vez: el mundo ficticio que los medios han creado para nosotros y el mundo real de nuestra existencia cotidiana que tiene poca si es que alguna relación con los pseudoacontecimientos. Sin embargo, para muchos, lo primero puede ser muy atractivo. "El ciudadano estadounidense —escribió Boorstin— por lo tanto, vive en un mundo en el que la fantasía es más real que la realidad, donde la imagen tiene más dignidad que su original. Apenas si nos atrevemos a enfrentar nuestro desconcierto porque nuestra experiencia ambigua es tan plácidamente iridiscente, y el consuelo de creer en una realidad artificial es tan absolutamente real. Nos hemos convertido en entusiastas accesorios de los grandes engaños de nuestra era. Estos son los engaños que nos provocamos a nosotros mismos"[21].

La repetición, la fuerza y la generalización de pseudoacontecimientos crean un atractivo seductor, que hace que sea más difícil discernir entre las noticias y los verdaderos acontecimientos, y aquellos inventados. Y lo falso a menudo se vuelve más atractivo que lo fáctico. "Los pseudoacontecimientos tienden a ser, por naturaleza, más interesantes y atractivos que los acontecimientos espontáneos. Por lo tanto, en la vida pública estadounidense de hoy en día, los pseudoacontecimientos tienden a remover a todos los otros tipos de acontecimientos de nuestra conciencia, o al menos a eclipsarlos. Los ciudadanos serios y bien informados rara vez notan que su experiencia de los acontecimientos espontáneos ha sido enterrada por pseudoacontecimientos. Sin embargo, hoy en día, cuanto más industriosamente trabajen para 'informarse', más tiende a ser esto cierto"[22].

De hecho, los pseudoacontecimientos, tales como la propaganda, que tienen la intención de engañar, controlar y dirigir a las personas son críticos en la promoción de los movimientos marxistas y totalitarios. Inversamente, son absolutamente destructivos para una sociedad libre, abierta y democrática. Boorstin explica que "en los Estados Unidos del siglo XIX, el modernismo más extremo sostenía que al hombre lo formaba su entorno. En los Estados Unidos del siglo XX, sin abandonar la creencia de que nos forma nuestro entorno, también creemos que nuestro entorno puede ser formado casi completamente por nosotros. [...] Pero ¿con qué fin? ¡Vaya sorpresa si los hombres que forman su entorno y llenan su experiencia con lo que les plazca, no pudieran también formar a su Dios!...”[23].

Más recientemente, algunos profesores de Periodismo y otros han inventado otra lógica para introducir el “activismo social” en el periodismo. Lo llaman “periodismo público (o comunitario)”. Al igual que el marxismo norteamericano en general, y que la educación en particular, los periodistas del activismo social que ahora pueblan la gran mayoría de las redacciones estadounidenses son seguidores de John Dewey. La mayoría de ellos de manera consciente, otros sin darse cuenta. Algunos de ellos lo admiten abiertamente, otros simulan lo contrario. Entre otras cosas, Dewey afirmó: “Cuando [...] digo que el primer elemento de un liberalismo renaciente es la educación, me refiero a que su tarea es ayudar a producir hábitos mentales y de carácter, los patrones intelectuales y morales que están de algún modo cerca incluso de los movimientos actuales de acontecimientos. El quiebre entre estos últimos tal como han ocurrido externamente y las maneras de desear, pensar y de ejecutar la emoción y el propósito es, repito, la causa básica de la confusión actual de la mente y de la parálisis en cuanto a la acción. La tarea educativa no puede lograrse simplemente con el trabajo en las mentes de los hombres, sin la acción que efectúe un cambio real en las situaciones. La idea de que las disposiciones y las actitudes pueden ser alteradas por medios meramente ‘morales’, concebidos como algo que va por completo dentro de las personas, es uno de los viejos patrones que hay que cambiar. El pensamiento, el deseo y el propósito existen en una constante tira y afloja de interacción con condiciones en el entorno. Pero el pensamiento decidido es el primer paso en el cambio de acción que llevará más allá al cambio necesario en los patrones de la mente y el carácter"[24].

Por lo tanto, Dewey argumenta que "el hábito de la mente" y ciertas maneras de pensar, combinados con el activismo social, deben ser adoctrinados en la psiquis pública. Es decir, hay que adoctrinar al público con la mentalidad del activista social.

Dewey continuó: "En resumen, ahora el liberalismo debe volverse radical, y por 'radical' me refiero a la percepción de la necesidad de cambios absolutos en el armado de instituciones y en la actividad correspondiente para hacer que los cambios ocurran. Porque la brecha entre lo que posibilita la situación actual y el verdadero estado es tan grande que no puede cerrarse con políticas graduales implementadas *ad hoc*. [...] Si el radicalismo ha de definirse como la percepción de una necesidad de cambio radical, entonces hoy en día, cualquier liberalismo que no sea también radicalismo es irrelevante y está condenado al fracaso"[25].

Por consiguiente, deben tomarse medidas radicales según sea necesario, para guiar a las ambiciones ideológicas a la acción a través de la sociedad. Nada de medias tintas. Como bien sabía Dewey, Marx también era intolerante de las medias tintas. Condenaba al socialismo por ser una adulteración de su ideología, que convertía al "paraíso de los 'trabajadores'" en una imposibilidad.

Y esto es lo que anima y motiva a los adherentes a Dewey en la prensa, que ahora conforman la gran mayoría de las redacciones. Michael Schudson, profesor de la Universidad de California en San Diego, escribe: "El periodismo público, tal como las reformas de la Era Progresista, promueve una amalgama no resuelta de empoderar al pueblo y encomendar a las élites con la responsabilidad pública. Los progresistas apoyaron tanto la iniciativa como el referendo que le dio poder al pueblo, y el gobierno de un gestor municipal, que transfirió el poder a los profesionales. Los progresistas elogiaron tanto las primarias directas, dándole así el poder al pueblo, como el servicio civil a base del mérito, dándole así el poder a aquellos capacitados a nivel educativo. Lo que compartían todas estas reformas, tanto las populistas como las elitistas, era la antipatía hacia los partidos políticos y el partidismo tradicional. También compartían algo como el énfasis ético del periodismo público en el procedimentalismo: abogar por la democracia sin abogar por políticas en particular que aportaran soluciones"[26].

Sin embargo, los periodistas nos aseguran que dicho enfoque no se trata de estar de un lado o del otro a nivel político, ni de posturas ideológicas, sino de resolver problemas y de servir a la comunidad. Esto es ridículo. Por ejemplo, en un artículo de 2016 para *Stanford Magazine*, Theodore L. Glasser, profesor de Comunicaciones de Stanford University, se revela. Escribe, en parte: "En su extraordinariamente provocativo discurso de graduación, el documentalista Ken Burns llamó a los miembros de la camada de 2016 de Stanford a que dejaran de lado sus diferencias políticas y trabajaran juntos para vencer a Donald Trump. Sin mencionarlo, Burns caracterizó a Trump como alguien inequívocamente inepto para la presidencia. En una imputación digna del cineasta de izquierda Michael Moore, Burns, alineado con la política prevaleciente, desestimó a Trump llamándolo 'un hombre infantil y prepotente'; una 'persona que miente con facilidad'; un candidato 'que nunca ha demostrado ningún interés en nada ni nadie más que en sí mismo y en su propio enriquecimiento'. Aunque Burns dijo que durante décadas ha 'diligentemente practicado y rigurosamente mantenido una neutralidad consciente' en su trabajo, 'evitando la propugnación' de muchos de sus colegas, ahora considera que 'llega un momento en el que yo, y ustedes, ya no podemos permanecer neutrales, callados. Debemos alzar la voz, clamar a voz en cuello. Burns señaló a periodistas, 'tironeados entre la agobiante responsabilidad del buen periodismo y el gran *rating* que siempre proporciona un circo mediático', por fracasar 'en la exposición de este charlatán'"[27].

Glasser, quien escribe con aprobación, declara: "Pero ¿quiere realmente Burns que los periodistas levanten la voz, que clamen a voz en cuello, que abandonen, al menos al lidiar con Trump, su compromiso con la neutralidad? ¿Está acaso rechazando el ideal del periodista imparcial y desinteresado? ¿Acaso imagina una prensa que ya no esté impregnada de las virtudes de la imparcialidad y la objetividad? ¿Planea acaso producir su propio relato de Trump-el-charlatán, algo parecido al trabajo del legendario documentalista de CBS, Edward R. Morrow, a quien mencionó con aprobación, algo, digamos, al estilo de la exposición sobre el senador de Wisconsin, Joseph McCarthy, el charlatán de los años cincuenta? Espero que sí, a todas las preguntas"[28].

Y Glasser no está para nada solo en su engaño.

Davis Merritt, autor de *Public Journalism and Public Life* [El periodismo público y la vida pública], afirma: "Dado que somos inevitables partícipes y dado que nuestra profesión depende del éxito continuo de la democracia, debemos desarrollar una filosofía funcional de participación para ayudar a que la vida pública funcione bien. Lo llamo *el participante justo*. Adoptar dicha filosofía no significa abandonar el buen juicio, la justicia, el equilibrio, la precisión o la verdad. Pero sí significa emplear esas virtudes en el campo de juego, no desde la distancia de la cabina de prensa; no como un contendiente, sino como un participante con una mente justa cuya presencia es necesaria para que los resultados se determinen de manera justa; es decir, bajo las reglas convenidas, por los contendientes. [...] La tradición que sostiene que los periodistas no deberían lidiar en el ámbito de los valores crea otra desconexión más entre nosotros (y lo que producimos) y los ciudadanos en general"[29].

¿Y cómo se desarrolla la participación justa de Merritt en las páginas de su periódico? Este es un ejemplo en el que, el 8 de diciembre de 2015, Merritt proclamó al escribir para su periódico de Kansas: "Donald Trump no ha recibido un solo voto y tiene cero delegados a la Convención Nacional Republicana, así que resta tiempo para interceptar lo que en teoría podría ser un candidato desastroso para el Partido Republicano y un gobernante desastroso para los Estados Unidos. Pero es mucho menos tiempo del que tuvo la nación en agosto cuando su bizarra campaña presidencial levantó vuelo desde uno inmenso y escandaloso acto electoral en Mobile, Alabama"[30].

Por supuesto, Trump luego ganaría la presidencia. Pero, de nuevo, Merritt es un partisano cuya idea de periodismo público es la promoción de su sesgo ideológico. En efecto, no se anda con rodeos en cuanto a su odio hacia Trump. "La persistencia de la campaña temeraria, prepotente, superficial, irreverente y a menudo desprovista de verdad de Trump tiene aterrados a los republicanos moderados. Para la mayoría, un candidato tan radical como Trump de seguro resultaría en la pérdida de otra contienda presidencial (ver Barry Goldwater y George McGovern) y probablemente la pérdida del Senado"[31].

Merritt advierte que el periodismo objetivo o imparcial, o cuanto menos el intento por lograrlo, es demasiado estéril para la audiencia del periodismo público. En realidad, su visión para mejorar la democracia y resolver los problemas comunitarios tiene más que ver, de hecho, con la promoción de su agenda política. Sin embargo, Merritt y sus colegas insisten de manera interesada en la apertura y honestidad de su método. De hecho, parecen verse, santurronamente, como buenos samaritanos: "Mi principal propósito no es intentar describir o alentar una estrategia o conjunto de prácticas en particular —explica Merritt—. Hacerlo de por sí limitaría las posibilidades. Mi objetivo es estimular discusiones reflexivas y serias tanto dentro como fuera de la profesión, sobre el verdadero lugar que ocupa el periodismo en la democracia. El objetivo no es brindar, aunque pudiera, respuestas inmediatas y específicas. El periodismo y la vida pública no alcanzaron sus niveles de decadencia actual con rapidez, y tampoco se sobrepondrán con rapidez. Esas respuestas específicas tendrán que encontrarse con el tiempo y a través de una experimentación seria"[32].

Otro de los predicadores del periodismo público es Jay Rosen, profesor de Periodismo en New York University. Sostiene que "el periódico del futuro tendrá que replantearse su relación con todas las instituciones que nutren la vida pública, desde bibliotecas hasta universidades y cafés. Tendrá que hacer más que 'cubrir' estas instituciones cuando sean noticia. Tendrá que hacer más que imprimir sus anuncios publicitarios. El periódico debe comprender que su propia salud depende de la salud de docenas de otras agencias que sacan a las personas de sus mundos privados. Porque cuanto mayor es el llamado de la vida pública, mayor es la necesidad del periódico. *Las calles vacías son malas para los editores*, más allá de la enormidad de noticias criminales que puedan generar. Cuanto más vacías estén las calles, más vacío parecerá el periódico para los lectores atrincherados en sus hogares..."[33].

Tal como el resto, Rosen insiste en que el periodismo está muriendo no por su fracaso en el abordaje objetivo e imparcial de las noticias, sino por su fracaso en relacionarse con el hombre común a través del activismo social. En efecto, Rosen sermonea de manera condescendiente al decir que "[s]i se asume que el público está 'allí afuera', más o menos intacto, entonces es fácil definir la función de la prensa: informar a la gente sobre lo que ocurre en su nombre y en su entorno. Pero supongamos que el público vive una existencia más quebrada. Por momentos puede estar alerta y comprometido, pero con igual frecuencia lucha con otras presiones —incluida él mismo— que pueden terminar por ganar. La falta de atención hacia los asuntos públicos tal vez sea de las más sencillas, la atomización de la sociedad una de las más intrincadas. El dinero pesa más que el público, los problemas lo abruman, la fatiga se instala, la atención falla, el cinismo crece. Un público que vive este tipo de existencia más frágil sugiere una tarea diferente para la prensa: no solo informar a un público que podrá o no emerger, sino mejorar los cambios que emergerán. John Dewey, uno de mis primeros héroes, sugirió algo por el estilo en su libro de 1927, *The Public and Its Problems*"[34].

Con Dewey como su héroe, Rosen se ha pasado años enseñándoles a sus alumnos de Periodismo, y promoviendo entre seminaristas, su abordaje ideológico del periodismo. Encubierto bajo la nomenclatura de periodismo "público" o "comunitario", supuestamente sin reglas o formas específicas, y exhortando al abandono del periodismo tradicional, el "periodismo público" ha contribuido enormemente a la justificación de la politización casi total y completa de las redacciones, en las que el activismo social en apoyo a varios movimientos del marxismo norteamericano se ha tragado a la antigua profesión del periodismo y ha sustituido a las noticias con opiniones sesgadas.

Y Rosen, al igual que Glasser, Merritt y la mayoría del resto de los medios, queda aún más expuesto con su abierto desdén hacia Trump. En efecto, Trump, como su objetivo, ha hecho más por revelar a este movimiento radical de lo que lo podría haber hecho ningún otro individuo. Durante la elección presidencial de 2016, Rosen escribió en el *Washington Post*: "Imaginen un candidato que quiere *aumentar* la confusión pública sobre su postura sobre diversos temas para que los votantes se den por vencidos en su intento por mantenerse informados, y voten en vez con emoción pura. En estas condiciones, ¿sirve al objetivo del periodismo preguntar '¿Cuál es su postura, señor?', o eso sume al entrevistador en el plan caótico del candidato? Sé lo que están pensando, periodistas: '¿Qué quieres que hagamos? ¿Dejar de cubrir al candidato a presidente de uno de los principales partidos? Eso sería irresponsable'. Cierto. Pero esta reacción hace cortocircuito con un debate inteligente. Debajo de cada práctica común en la cobertura de elecciones hay premisas sobre cómo se comportarán los candidatos. Quiero que pregunten: ¿Siguen vigentes estas premisas? Trump no se comporta como un candidato normal; actúa como un candidato desatado. A modo de respuesta, los mismos periodistas deben tornarse menos predecibles. Se les deben ocurrir respuestas nóveles. Deben hacer cosas que nunca han hecho. Quizá hasta tengan que escandalizarnos"[35].

"Tal vez necesiten colaborar —escribe Rosen— a través de diferentes marcas de noticias de maneras que jamás han conocido. Tal vez tengan que desafiar a Trump con una contundencia nunca vista. Tal vez tengan que arriesgarse a prescindir del decoro en las entrevistas y soportar momentos incómodos atroces. Y lo más difícil de todo, deberán explicarle al público que Trump es un caso especial, y que las reglas normales no aplican"[36].

Claramente, las instrucciones de Rosen se cumplieron agresiva e implacablemente. Por el contrario, al informar sobre la campaña presidencial de la candidatura de Joe Biden y ahora sobre su presidencia, la tropa del "periodismo público" ha demostrado un cambio dramático y un total desinterés —incluso una disciplinada falta de curiosidad— en cuanto a su cobertura. Hoy los medios sirven de Guardia Pretoriana alrededor de Biden y su agenda extremadamente radical, donde el escrutinio serio y sustancial es casi inexistente.

Martin Linsky, de *American Prospect*, revista y sitio web que se autodescribe como defensor del "progresismo", fue directo al grano: "En primer lugar, el movimiento [del periodismo público] le quitó el traje de desapego al emperador. Algunos íconos de la prensa finalmente reconocieron lo que hace tiempo han comprendido los políticos y los burócratas y los grupos de interés y los ciudadanos:

que los medios son partícipes en el juego de asuntos públicos, y no observadores desinteresados. Lo que hacen y cómo lo hacen tiene consecuencias, ya sea que quieran aceptar la responsabilidad o no. [...] Rosen analiza el mito del desapego periodístico de forma meticulosa. Cada historia, cada decisión sobre qué cubrir está basada en alguna suposición (en general sobreentendida) sobre cómo se supone que debe funcionar el mundo. De seguro, Rosen está en lo cierto cuando dice que toda forma de periodismo político se basa en una imagen mental de cómo deberían funcionar la política y la democracia. No hay nada de desapego en todo esto. (También debe ser el caso que la valoración del estado de la democracia estadounidense, incluida la suya propia, se basa de manera similar en una imagen mental de ideales democráticos). Una historia sobre la desigualdad de ingresos, por ejemplo, solo es una historia si en la redacción existe una perspectiva de que la desigualdad es mala. Que una campaña parezca más un evento deportivo que un debate entre Oxford y Cambridge es motivo de preocupación solo si uno considera que las campañas fueron alguna vez —o cuanto menos deberían serlo ahora— decorosas"[37].

La combinación de propaganda, pseudonoticias y activismo social en las redacciones de los Estados Unidos ha dado como resultado el desastroso estado de la prensa moderna. Ya no se aplican estándares discernibles, tradicionales o profesionales a la información de noticias. De hecho, el periodismo, en su estado actual, ha cerrado el círculo, regresando así al método utilizado por el mismísimo Marx. Una vez más, tal como lo explicó Ledbetter previamente: "el periodismo de Marx sí se asemeja a algunos de los escritos que se publican hoy en día en diarios de opinión, y no es difícil ver una línea directa entre la escritura periodística de Marx y el tipo de escritura tendenciosa sobre asuntos públicos que caracterizó a gran parte del periodismo político (especialmente en Europa) del siglo XX"[38]. Es más, la influencia de Marx va mucho más allá que su periodismo de opinión: los medios estadounidenses se han convertido en defensores especiales de la ideología marxista, o cuanto menos defensores de aquellos que la aplican a numerosos aspectos de la sociedad.

Pero la historia no termina allí. De hecho, se pone peor. El siguiente paso es alejarse progresivamente de una sociedad abierta y libre, en la que el adoctrinamiento y el activismo son clave para controlar el pensamiento y los resultados, en última instancia hasta la represión; es decir, el silenciamiento de la oposición de voces contrarias en búsqueda de la pureza ideológica. Y esto implica apuntar contra, y cancelar a, personas que se resisten a ceder.

En su libro *Rules for Radicals* [Reglas para los radicales], Saul Alinsky, reconocido organizador comunitario marxista, escribió: "Una reforma significa que masas de nuestra gente han llegado a un punto de desilusión con los estilos de vida y los valores del pasado. No saben qué funcionará, pero saben que el sistema actual es contraproducente, frustrante e inútil. No actúan por un cambio, pero no se opondrán enérgicamente a aquellos que sí lo hagan. Es entonces el momento justo para la revolución. [...] Recuerden: una vez que organizan a personas en torno a algo con tanto consenso común como la polución, es en ese momento que empieza a movilizarse un pueblo organizado. De allí, hay un paso pequeño y natural hasta la polución política, hasta la polución del Pentágono"[39].

Los medios han jugado un papel importante en el desánimo del público y en socavar las instituciones y tradiciones estadounidenses. Y, según la perspectiva de Alinsky, la revolución está a la vuelta de la esquina. Entre otras cosas, ahora se deben desplegar sus tácticas, las cuales incluyen "seleccionar el objetivo, congelarlo, personalizarlo y polarizarlo". Alinsky continuó: "Hay ciertas reglas en las tácticas para conflictos que el organizador siempre debería considerar universales. Una es que la oposición debe señalarse como el objetivo y debe 'congelarse'. [...] Obviamente, no tiene ningún sentido tener tácticas a menos que uno tenga un objetivo sobre el cual centrar los ataques. [...] Con este enfoque llega una polarización. Tal como hemos indicado previamente, todos los temas deben ser polarizados si ha de seguirles la acción"[40].

El 2 de enero de 2019, Chuck Todd, presentador de *Meet the Press* en la cadena NBC, brindó un crudo ejemplo de lo que vendrá. Pronunció abiertamente una declaración a la nación que incorporó y combinó todas las peores prácticas y tácticas discutidas anteriormente. Y tendría que haber inquietado a cada una de las personas a quienes les importen la libertad de expresión y la competencia legítima de ideas como baluartes de nuestro país. Todd anunció:

> Esta mañana vamos a hacer algo que no hacemos a menudo, meternos de lleno en un solo tema. Está claro que es extremadamente difícil hacerlo, tal como lo ha probado este fin de año en la era de Trump. Pero vamos a analizar con profundidad, más allá de eso, un tema trascendental del que no se habla mucho en tanto detalle, al menos en las noticias en televisión: el cambio climático. Pero es tan importante lo que vamos a hacer durante esta hora, como lo que no vamos a hacer. No vamos a debatir sobre el cambio climático, sobre su existencia. La Tierra se está calentando. Y la actividad humana es una causa principal, y punto. No vamos a darles aire a los negadores del cambio climático. La ciencia está establecida, incluso si la opinión política no lo está. Y no vamos a confundir condiciones meteorológicas con clima. Una ola de calor no es más evidencia de que el cambio climático existe, de lo que una tormenta de nieve señala su inexistencia, a menos que la

tormenta de nieve caiga en Miami. Tenemos un panel de expertos con nosotros hoy para que nos ayuden a entender la ciencia y las consecuencias del cambio climático y, sí, las ideas para romper con la parálisis política sobre el tema[41].

Existen literalmente cientos, sino miles, de expertos y académicos que han desafiado la noción de que la tierra se está calentando, que se está calentando debido a las actividades del hombre, o que podría estar calentándose, pero no al extremo que los alarmistas declaman, o que se está calentando un poco, pero debido al sol o por razones fuera de nuestro control, etc. Todd los desestima a todos por ser "negadores", y les niega una plataforma nacional desde la cual compartir sus conocimientos informados con el público o plantear un debate sobre el tema. Desde luego, Todd lo hace a pesar de no tener ningún tipo de experiencia. Lo motiva su adhesión al movimiento del cambio climático del que insiste en estar al frente. Obviamente, no está solo. De hecho, no es tarea fácil encontrar a expertos y científicos que desafíen la narrativa del cambio climático en programas de televisión, o brindando información en historias impresas. Pero las tramas y los invitados que lo promueven son interminables[42].

Se aplica una situación idéntica a la teoría crítica de la raza y movimientos afines. Tal como lo demostró Zach Goldberg en la revista *Tablet*: "Se han publicado innumerables artículos [...] que a menudo posan como periodismo serio, en los que los periodistas dan por sentada la legitimidad de teorías nóveles sobre la raza y la identidad. Dichos artículos ilustran una moral política prevalente sobre preguntas de raza y justicia que ha tomado el poder en el [*New York*] *Times* y el [*Washington*] *Post*, un punto de vista a veces abreviado como '*wokeness**' que combina las sensibilidades

* N de la T: Una fuerte conciencia de las inequidades.

de profesionales blancos altamente educados e híperliberales con elementos del nacionalismo negro y la teoría crítica de la raza académica"[43].

"Para algunos estadounidenses —escribe Goldberg— de seguro todo esto son buenas noticias. Para ellos, la rápida proliferación de artículos que emplean los tropos de la teoría crítica de la raza para atribuir una culpa racial al sistema estadounidense representa un ajuste de cuentas con la supremacía blanca y la desigualdad que se ha hecho esperar demasiado. Hay muchas objeciones posibles a esta línea argumentativa: para empezar, está el hecho de que dividir a una sociedad diversa y multiétnica en las categorías de oprimidos y opresores según el color de la piel ha, de hecho, como demuestra el precedente histórico, causado más derramamientos de sangre sectarios de lo que ha promovido la justicia y la equidad. Es más, las narrativas que promueven este nuevo sistema de división racial son tanto fácticamente fraudulentas —construidas a partir de premisas falsas o engañosas— como profundamente hostiles a todo intento de una corrección fáctica. Si uno señala, por ejemplo, que la noción de la supremacía blanca como fuerza todopoderosa de los Estados Unidos tiende a no contar con que algunos grupos no blancos, como los nigerianoestadounidenses, los indoestadounidenses o los estadounidenses con procedencia de Asia Oriental tienen mayores patrimonios por ingresos que la persona blanca promedio, esto mismo es invalidado por ser una microagresión racista. Los medios han promovido activamente una teoría de la raza que tergiversa hechos sobre el mundo mientras que estigmatiza como racista cualquier esfuerzo por criticar dichos hechos"[44].

En consecuencia, los medios se han unido a los activistas de la teoría crítica de la raza —que alguna vez fueran desestimados como defensores de un movimiento radical y periférico, y del horrendo racismo y la demonización que representan y apoyan—

en la entusiasta defensa de su transmutación marxistacéntrica de la sociedad estadounidense.

Goldberg reconoce las inequidades existentes en la sociedad estadounidense, pero también siente rechazo por la "arrolladora supresión de datos inconvenientes" por parte de quienes buscan transformar a nuestro país. "Lo que los datos presentados [...] sugieren es que las decisiones editoriales tomadas a lo largo de la última década en algunos de los medios de comunicación más poderosos del mundo sobre qué tipo de lenguaje usar y qué tipo de historias merecían cobertura cuando se trataba de raza —cualquiera fuera la intención y el nivel de premeditación detrás de dichas decisiones— han atizado un renacer de la conciencia racial entre sus lectores. Adrede o no, con la introducción y luego la constante repetición de un grupo de palabras y conceptos clave, las publicaciones como el *New York Times* han ayudado a normalizar entre sus lectores la creencia de que el 'color' es el atributo definitorio de otros seres humanos. Para aquellos que adoptan este enfoque único en la raza, la visión del mundo a partir de la raza se convierte en la prueba básica de la lealtad política. Requiere que los adherentes pasen por alto la inmensa diversidad entre las llamadas 'personas de color' y 'personas de no color' (o sea, cualquiera que sea agrupado como 'blanco' según la moda ideológica imperante). Al hacerlo, se ha hecho de los estereotipos sociales algo aceptable, si no loable"[45].

Desde ya, la propaganda del *Times* es deliberada. Tal como se discutió más arriba, es la misma corporación mediática que promueve al desacreditado Proyecto 1619 de forma agresiva, que está siendo ampliamente distribuido a través del sistema de escuelas públicas y, tal como se argumentó, tiene como propósito lavar los cerebros de los estudiantes para que crean que los Estados Unidos, desde su nacimiento, fueron y son una sociedad irremediablemente racista y opresiva.

Goldberg explica que "[l]as mismas instituciones mediáticas

que han promovido el identitarismo y la transformación radical de la sociedad estadounidense a partir de divisiones raciales, podrían haber puesto en vez su atención e influencia en mejorar la *calidad* de vida para *todos*"[46].

Como era de esperarse, CNN se compromete al cien por cien. "Jeff Zucker [CEO] de CNN anunció la expansión de su cobertura de temas raciales, con planes para agregar varios nuevos puestos. Delano Massey estará a la cabeza, y la cadena está creando nuevos puestos de editor, redactor sénior y redactor de último momento y tendencias. 'Este equipo dará noticias y cubrirá historias y conversaciones en torno a la raza', escribió Zucker en un memo. 'Las luchas, el progreso y los triunfos. El racismo sistémico que la mayoría de los estadounidenses ahora reconoce que existe. Las últimas encuestas y los últimos estudios y datos. El modo en que la raza se mezcla con las desigualdades en los negocios, en la política, en los deportes, en los medios, en temas de vivienda, salud y educación. La falta de representación en roles de liderazgo en tantas industrias. Las señales y símbolos todavía presentes del racismo. Voces que brindan soluciones, inspiración y liderazgo. Negros, blancos, latinos, asiáticoestadounidenses, americanos nativos, multirraciales y todas las razas'"[47].

Atrás quedaron los días en que el reverendo Martin Luther King Jr. declaraba: "Yo tengo el sueño de que mis cuatro hijos pequeños vivan un día en una nación donde no sean juzgados por el color de su piel sino por el contenido de su carácter"[48].

Ahora que han construido los cimientos de un cambio revolucionario en una multitud de ámbitos de nuestra sociedad y nuestra cultura, han comenzado en serio la prohibición, la cancelación y el silenciamiento. Represión, no compromiso; conformidad, no independencia; y subyugación, no libertad, son marcas distintivas del marxismo norteamericano.

En su ensayo "Tell Only Lies" [Solamente di mentiras] en el

City Journal, Robert Henderson explica que "según los estándares actuales, ya no es suficiente con ser ideológicamente puros. Uno siempre debe haber mantenido las creencias apropiadas. Desde luego, tan tortuosos estándares morales solo pueden llevar a la mentira. En un trabajo reciente titulado 'Mantener la boca cerrada: la autocensura descontrolada en los Estados Unidos', los politólogos James L. Gibson y Joseph L. Sutherland revelan que se ha disparado la autocensura entre los estadounidenses. En los años cincuenta, en el punto más alto del macartismo, el 13,4% de los estadounidenses decían que se 'sentían menos libres de expresar sus opiniones que antes'. En 1987, el número llegó al 20%. Para 2019, el 40% de los estadounidenses dijo no sentirse libre de expresar su opinión"[49].

"¿Cuáles son las consecuencias de esta continua autocensura?", pregunta Henderson. Señala que "en su libro *The Great Terror* [El gran terror], el historiador británico Robert Conquest sugiere una posible respuesta. En un pasaje sobre los farsescos juicios soviéticos, algo afligía a Conquest: ¿por qué había gente inocente que confesaba falsamente haber cometido crímenes aberrantes, incluso cuando hasta la mayoría de los mismos ciudadanos soviéticos no creían en esa confesión? Conquest ofrece una respuesta escalofriante: los ciudadanos soviéticos se acostumbraron tanto a mentir que expresar una falsedad más no era gran cosa. La gente se volvió condicionada a aceptar los estándares cambiantes, y hasta incluso a ratificarles su apoyo"[50]. Es más, Henderson señala que "el experto en gestión Jerry B. Harvey [...] describe situaciones en las que los individuos no están de acuerdo con una idea, pero acceden dada la percepción de que hay otros que sí lo están. Si la honestidad pasa de moda, operamos bajo la presunción de que hay otros que tienen ciertas opiniones que, de hecho, no tienen"[51].

Henderson advierte: "Como las reglas del juego cambian de forma constante, y los individuos pierden trabajos o prominencia por cosas que se dijeron en el pasado, todos nos volveremos más adeptos a expresar falsedades. Es posible que un sistema tal seleccione a aquellos individuos predispuestos a estar cómodos con la decepción. Con el tiempo, solo los mentirosos hablarán de manera abierta"[52].

Las instituciones de educación superior estadounidenses son de los ambientes más intolerantes tanto para los administradores, como para los profesores y los estudiantes que se atrevan a enfrentar a cualquiera de los varios movimientos marxistas superpuestos que dominan el campus. De hecho, la libertad académica y la libertad de expresión, alguna vez consideradas los cimientos de la educación superior, ya no existen más.

La intolerancia y la cultura de la cancelación se han dispersado hasta el punto de la discriminación total en las contrataciones, en las promociones, en las subvenciones y en las publicaciones de profesores y estudiantes de posgrado que no acatan a la ideología exigida por los revolucionarios del campus. Un estudio del 1 de marzo de 2021 de Eric Kaufmann, del Centro para el Estudio del Partidismo y la Ideología, reveló, entre otras cosas:

"Más de 4 de cada 10 académicos estadounidenses y canadienses no contratarían a un seguidor de Trump [...]; solo 1 de cada 10 académicos apoyan que se despida a profesores controvertidos; no obstante, mientras que la mayoría no apoya la cancelación, muchos no se oponen y mantienen una actitud poco comprometida; los académicos de tendencia de derecha experimentan un alto nivel de autoritarismo institucional y de presión por parte de sus pares; en los Estados Unidos, más de un tercio de los académicos y estudiantes de doctorado conservadores han sido amenazados con acciones disciplinarias por sus puntos de vista, mientras que el 70% de los académicos conservadores denuncian un clima hostil en sus departamentos debido a sus creencias; dentro de las ciencias sociales y las humanidades, más de 9 de cada 10 académicos que apoyan a Trump [...] dicen que no se sentirían cómodos para expresar sus opiniones a sus colegas; más de la mitad de los académicos norteamericanos y británicos admiten haberse autocensurado en su investigación y en su enseñanza; los académicos más jóvenes y estudiantes de doctorado, en especial en los Estados Unidos, están considerablemente más dispuestos que los académicos mayores a apoyar el despido de académicos controvertidos, lo que indica que el problema del autoritarismo progresista probablemente empeore en los próximos años; [y] un clima hostil juega un rol en disuadir a estudiantes de posgrado conservadores de seguir una carrera en el ámbito académico...[53]

Un amplio estudio de la Fundación para los Derechos Individuales en la Educación realizado en 2017, sobre las actitudes de los estudiantes hacia la libertad de expresión reveló, en parte: "el 46% de los estudiantes reconoce que el discurso de odio está protegido por la Primera Enmienda, y el 48% de los estudiantes cree que la Primera Enmienda no debería proteger el discurso de odio [...]; el 58% de los estudiantes de grado cree que es importante ser parte de la comunidad de un campus en la que no estén expuestos a ideas intolerantes u ofensivas [...]; en el aula, el 30% de los estudiantes se han autocensurado por considerar que sus palabras podrían ofender a otros; una mayoría de los estudiantes (un 54%) dice haberse autocensurado en el aula en algún momento desde el principio de su carrera"[54].

Desgraciadamente, las escuelas públicas primarias y secundarias financiadas con impuestos no han sido ajenas a la politización del pensamiento y del aprendizaje. De hecho, ahora son el blanco de tales esfuerzos autoritarios.

Diane Ravitch, historiadora, experta en políticas educativas y profesora de New York University, escribió lo siguiente en su libro de 2004, *The Language Police* [La policía del lenguaje]: "Al igual que otros que están involucrados en la educación [...] siempre asumí que los libros de texto estaban basados en cuidadosas investigaciones, y diseñados para ayudar a los niños a aprender algo valioso. Creía que las pruebas estaban diseñadas para determinar si lo habían aprendido. De lo que no me había dado cuenta, era de que hoy en día los materiales educativos son gobernados por un intrincado conjunto de reglas para filtrar lenguaje y temas que podrían considerarse controversiales y ofensivos. Parte de esta censura es trivial, parte es absurda y parte es impresionante en cuanto a su poder para bajar el nivel de lo que aprenden los niños en las escuelas. En un principio, estas prácticas se iniciaron con la intención de identificar y excluir cualquier declaración, consciente o implícita, de sesgo contra los afroamericanos, demás minorías raciales o étnicas y mujeres, ya fuera en pruebas o en libros de texto, en especial cualquier afirmación que degradara a miembros de estos grupos. Estos esfuerzos eran completamente razonables y justificados. Sin embargo, lo que comenzó con intenciones admirables, se convirtió en una política de censura sorprendentemente amplia y crecientemente bizarra que ha ido mucho más allá de su alcance inicial y ahora suprime palabras, imágenes, pasajes e ideas de las pruebas y los libros de texto que ninguna persona razonable considera sesgados según el significado común del término"[55].

Tal como declara correctamente Ravitch: "La censura distorsiona el currículo de literatura, y sustituye juicios políticos por otros estéticos. Dados el sesgo y los lineamientos de contenido social, los editores de antologías de literatura deben prestar más atención a tener el número correcto de grupos de género y grupos étnicos entre sus personajes, autores e ilustradores, que a la calidad literaria de las selecciones…"[56].

Hoy en día, las cosas están aún peor. En aulas a través de los Estados Unidos se adoctrina a los niños con la teoría crítica de la raza, a los niños blancos se les enseña que nacieron privilegiados y aventajados y las lecciones de estudio de los estudiantes son preparadas por el vergonzoso Proyecto 1619 del *New York Times*; se celebra a Black Lives Matter, una organización abiertamente marxista y a menudo violenta, que busca activamente la eliminación del capitalismo y del sistema de gobierno estadounidense[57].

Es más, en distrito escolar tras distrito escolar se está entrenando a los maestros para que se enfrenten a su privilegio blanco y se les enseña a reenfocar su conocimiento de la historia para acomodar a la CRT. Uno no tiene más que buscar en internet para encontrar innumerables ejemplos. Se está forzando a maestros y estudiantes a que dediquen tiempo a otras ideologías interseccionales y sus políticas, incluidas la identidad de género y los derechos de género[58].

En consecuencia, en muchas áreas del país, y cada vez son más, la historia estadounidense, la sociedad civil y, para muchos, las identidades étnicas familiares, la ascendencia y la fe religiosa están siendo deshonradas y degradadas. Se está infundiendo en la educación una ideología de orientación marxista, extremadamente divisiva, racista e interseccional, en la que tanto profesores como estudiantes son forzados a participar en, y adoptar, su propio adoctrinamiento[59].

Y hay más. La Iniciativa Una ONU: Asociación para el Aprendizaje sobre el Cambio Climático es una "iniciativa de colaboración de 36 organizaciones multilaterales que trabajan juntas para ayudar a los países a adquirir los conocimientos y las habilidades que necesitan para actuar sobre el cambio climático" incluidas una "mejor alfabetización climática y otras habilidades cruciales para hacer frente a este desafío". Produce materiales de aprendizaje y consejos para alentar a las escuelas a que adoctrinen a los niños en el movimiento del cambio climático[60]. Por ejemplo, en una guía instructiva titulada "¿Por qué debería enseñarse educación climática en las escuelas?" la organización afirma: "La educación sobre el cambio climático brinda una importante ventana hacia la responsabilidad individual y social. Como educadoras, las escuelas no solo tienen un interés en enseñar materias que prepararán a los estudiantes para futuras carreras y que les proporcionarán buenas notas en sus pruebas, sino en enseñarles también a ser ciudadanos conscientes. Enseñar acerca del cambio climático significa enseñar sobre temas como la administración medioambiental y la responsabilidad colectiva, enseñar a los estudiantes que tanto ellos como quienes los rodean tienen una responsabilidad hacia algo más grande que ellos mismos. *¿Cómo afectan al medioambiente con sus acciones? ¿Cómo afectan luego a los demás los cambios en el medioambiente? ¿Por qué habría de importarles el reciclado y la sustentabilidad?*"[61].

La guía continúa con su promoción del globalismo, el comunalismo y el activismo: "El cambio climático nos pide que consideremos el mundo más allá de nosotros. Es más, nos pide que consideremos un tiempo más allá del presente. Incorporar el tema en el currículo de las escuelas no hará más que acercar a los estudiantes a sus comunidades. El compromiso cívico, una de las lecciones más importantes que las escuelas imparten a sus estudiantes, puede enseñarse a partir del compromiso de los estudiantes con las instituciones locales. *¿Cómo trabajan sus comunidades para ser más sustentables? ¿Qué políticas están implementando los gobiernos y de qué manera podrían exigir aún más los estudiantes?* No es suficiente con enseñar a los estudiantes simplemente sobre la ciencia detrás del cambio climático; los estudiantes también necesitan aprender sobre cómo lidian las instituciones y los individuos con problemas de esta envergadura y cómo encajan en ese panorama más general. Mientras las escuelas tengan la responsabilidad de enseñar sobre la ciudadanía global y la administración comunitaria, tendrán una razón para enseñar acerca del cambio climático"[62].

El adoctrinamiento ideológico e, inversamente, la censura se han difundido mucho más allá de las instituciones educativas formales y los temas sobre la raza y el cambio climático hasta el mundo empresarial estadounidense. Charles Gasparino, columnista de negocios del *New York Post*, escribe sobre "Cómo las corporaciones se rindieron ante el *wokeness* de ultraizquierda" y explica que las "[c]ompañías solían funcionar para ganar plata, vender cosas y emplear a gente. Estaban lideradas por ejecutivos orgullosamente capitalistas que creían en los principios fundacionales del país. Parece que esto ya no es así. El apoyo de las grandes empresas a la legislación sobre la energía verde, a varios edictos sobre la justicia social y al silenciamiento de las personas de derecha por parte de Twitter se han convertido en moneda tan corriente que ya casi ni son noticia". Gasparino agrega: "[L]as fuerzas de izquierda se han congregado para transformar al mundo empresarial estadounidense en algo que se parece al ala progresista del Partido Demócrata. La izquierda podrá detestar el capitalismo, pero ha estado ocupada implementando herramientas capitalistas para doblegar a las grandes compañías a que hagan su voluntad"[63].

Y Gasparino señala que está funcionando: "Hoy en día, la mayoría de los votos de los accionistas incluyen edictos progresistas disfrazados de la llamada inversión en la Administración Social Medioambiental (Environmental Social Governance). ESG, como se la conoce en Wall Street, es una manera de medirlo todo, desde la conformidad de una firma con iniciativas de energía verde hasta su apoyo a causas tales como Black Lives Matter". Es más, "[l]os inversores minoristas promedio en fondos mutuos no tienen ni voz ni voto en esta vasta transformación, incluso mientras su dinero se está usando para propósitos políticos. El fondo responde a la minoría ruidosa que se dio cuenta de cuáles son las reglas de este juego"[64].

En efecto, se ha propagado un reinado de terror ideológico a través de nuestra sociedad y nuestra cultura, y ha cancelado y prohibido a personas (profesores, maestros, escritores, actores, ejecutivos, periodistas, etc.), a figuras históricas, monumentos, películas, programas de televisión, de radio, libros, caricaturas, juguetes, otros productos, nombres y marcas de productos y hasta palabras[65]. Hasta al presidente Trump se le prohibió el uso de Twitter, de Facebook y demás plataformas de redes sociales alternativas. La lista es tan larga y crece tan rápido que se hace imposible mantener una compilación al día.

Tan atrozmente amenazante es para nuestro país esta guerra nociva y generalizada contra la libertad de expresión y la libertad en general, y está transformando tan rápidamente a la sociedad estadounidense, que el 7 de julio de 2020, ciento cincuenta autores mayormente de izquierda escribieron una carta pública en *Harper's Magazine* titulada "Una carta sobre la justicia y el debate abierto". A pesar de que los firmantes, entre ellos Noam Chomsky, comparten muchos, si no todos los objetivos de los varios movimientos de orientación marxista, y algunos han influenciado el pensamiento de algunos de sus activistas más radicales, aparentemente también se dan cuenta de que la tiranía desenfrenada es difícil, sino imposible de manejar y puede, inevitablemente, devorar a muchos de sus arquitectos, partidarios y admiradores —somos testigos de la repercusión de la Revolución francesa, de la Revolución rusa y de la Revolución comunista de China—. Su carta sostiene en parte:

> El libre intercambio de ideas, el alma de una sociedad libre, se está volviendo más restringido a diario. Mientras que es algo de esperar en la derecha radical, la hipercrítica también se está extendiendo más ampliamente a través de nuestra cultura: una intolerancia hacia los puntos de vista opuestos, una moda del escarnio público y el ostracismo y la tendencia a disolver complejos temas de políticas en una

certeza moral enceguecedora. Defendemos el valor de un contradiscurso robusto, incluso cáustico, desde todos los círculos. Pero, hoy en día, oímos con demasiada frecuencia el llamado a una retribución rápida y severa en respuesta a transgresiones de expresión y pensamiento percibidas. Incluso más inquietante aún, líderes institucionales, con ánimo de una desesperada reparación de daños, están propiciando castigos apresurados y desproporcionados en lugar de reformas calculadas. Se despide a editores por publicar historias controvertidas; se retiran libros por supuesta falta de autenticidad; se prohíbe a los periodistas que escriban sobre ciertos temas; se investiga a profesores por citar obras literarias en una clase; se despide a un investigador por hacer circular un estudio académico evaluado por pares; y se desplaza a los directores de organizaciones por lo que a veces no son más que errores torpes. Cualesquiera sean los argumentos en torno a cada incidente en particular, el resultado ha sido estrechar de manera constante los límites de lo que se puede decir sin la amenaza de una represalia. Ya estamos pagando el precio con una mayor aversión al riesgo entre los escritores, artistas y periodistas que temen por su sustento si se abren del consenso, o incluso si no demuestran estar de acuerdo con suficiente fervor.

Esta atmósfera agobiante acabará por hacerles daño a las causas más vitales de nuestro tiempo. La restricción del debate, ya sea por un gobierno represor o una sociedad intolerante, hiere indefectiblemente a aquellos que no tienen poder y hace que todos sean menos capaces de una participación democrática. La forma de combatir malas ideas es mediante la exposición, la discusión y la persuasión, no intentando silenciarlas o deseando que desaparezcan. Rechazamos cualquier opción falsa entre justicia y libertad,

> las cuales no pueden existir la una sin la otra. Como escritores, necesitamos una cultura en la que haya espacio para experimentar, para arriesgarnos y hasta para equivocarnos. Necesitamos preservar la posibilidad de los desacuerdos de buena fe sin consecuencias profesionales nefastas. Si no defendemos aquello de lo que depende nuestro trabajo, no deberíamos esperar que el público o el Estado lo defiendan por nosotros[66].

Uno se pregunta cuántos de los firmantes han apoyado a movimientos como Black Lives Matter. Sin embargo, su carta ha caído en saco roto. En efecto, desde el 7 de julio de 2020, la libertad de expresión ha sufrido un ataque avasallador aún más agresivo. Por ejemplo, las *Big Tech* —entre ellas Google, Amazon, Facebook, Apple y Twitter— están censurando y prohibiendo según les place, utilizando un pretexto tras otro. De nuevo, las instancias son tan numerosas y aumentan día tras día, que enumerarlas aquí es una tarea inabordable. Sin embargo, hay algunos ejemplos prominentes que son ilustrativos.

Primero, según lo informado por el Centro de Investigación de Medios (MRC, por sus siglas en inglés), "[d]urante una de las tantas sesiones del Senado sobre el sesgo de las *Big Tech* [en 2020], al preguntarles al respecto, ni siquiera los CEO de Facebook y Twitter pudieron nombrar aunque más no fuera a una persona o entidad de izquierda de alto perfil que hubiera sido censurada en sus plataformas". Es más, "[l]os temas altamente censurados incluían cualquier cosa relacionada con la elección, con el COVID-19 y la respuesta al virus y con las declaraciones de Donald Trump. Sin embargo, las *Big Tech* incluso encontraron razones para censurar a conservadores sobre cosas tan inocuas como un libro para niños que celebraba el voto de la mujer"[67].

El MRC compiló una lista de los diez mejores de 2020 que

demuestra las varias "ofensas" que los llevaron a sancionar a la libertad de expresión:

1. Las *Big Tech* cancelan la nota bomba del *New York Post* sobre Hunter Biden.

2. Twitter censura el tuit de Trump sobre el voto por correo de un modo sin precedentes.

3. La página de Facebook de Candace Owens es desmonetizada y suprimida.

4. YouTube retira un video sobre el COVID que tiene al asesor de Trump, el Dr. Scott Atlas, como protagonista.

5. Faceboook desmonetiza [el sitio satírico] The Babylon Bee por una broma sobre Monty Python.

6. Twitter retira todas las instancias de memes de Joe Biden.

7. Instagram retira estadísticas del FBI sobre el crimen, y las llama "discurso de odio".

8. YouTube retira el video de un hombre que revierte su cirugía transgénero.

9. YouTube suspende y desmonetiza a la cadena de noticias conservadora One American News (OAN).

10. Instagram prohíbe los avisos publicitarios para el libro para niños de la senadora Marsha Blackburn.

El 31 de enero de 2021, el Proyecto Veritas lanzó un video que recibió de alguien dentro de Facebook en el que el CEO Mark Zuckerberg y otros altos ejecutivos discutían sobre "el amplio poder para censurar el discurso político y promover objetivos partidarios"[68] que tiene la compañía.

En el video del 21 de enero, se ve a Zuckerberg acusando al entonces presidente Trump de subvertir a la república.

"Es tan importante que nuestros líderes políticos lideren con el ejemplo, hay que asegurarnos de poner primero a la nación, y lo que hemos visto es que el presidente [Trump] ha estado haciendo lo opuesto. [...] El presidente [Trump] tiene la intención de usar lo que queda de su mandato para minar la transición de poder pacífica y legal.

"Su decisión [la de Trump] de usar su plataforma para justificar en lugar de condenar el accionar de sus seguidores en el Capitolio, creo que molestó y perturbó, y con razón, a la gente en los Estados Unidos y alrededor del mundo".

Zuckerberg también insinuó que habían tratado mejor a los manifestantes del Capitolio que a los manifestantes de Black Lives Matter. "Sé que este es un momento muy difícil para muchos de los que estamos aquí presentes, y en especial para nuestros colegas negros. Fue inquietante ver cómo trataron a la gente en esta muchedumbre [del Capitolio] comparado con el absoluto contraste que vimos durante las protestas que ocurrieron durante el año [que pasó]".

Guy Rosen, vicepresidente de Integridad de Facebook, describió el modo en que la plataforma apunta contra el discurso que considera peligroso. "Tenemos un sistema que nos permite congelar los comentarios en hilos en los casos en que nuestros sistemas detecten que podría haber un hilo que contenga discurso de odio o violencia [...] son cosas que construimos a lo largo de los últimos tres, cuatro años como parte de nuestras inversiones en la integridad en un esfuerzo por proteger la elección".

Zuckerberg elogió a Biden y su agenda política. "Me pareció muy bueno el discurso inaugural del presidente Biden.

"En su primer día, el presidente Biden ya emitió varios decretos ejecutivos en áreas que, como compañía, ya hace tiempo son de suma importancia para nosotros", dijo Zuckerberg.

Zuckerberg continuó: "Áreas como la inmigración, la preservación de la DACA [Acción Diferida para los Llegados en la Infancia], el punto final a las restricciones para viajar desde países con mayorías musulmanas y demás decretos ejecutivos sobre el clima y la promoción de la justicia y la equidad raciales. Creo que todos estos fueron pasos importantes y positivos".

En la misma reunión del 21 de enero, el director de Asuntos Globales de Facebook, Nick Clegg, se refirió a la repercusión internacional luego de la suspensión del presidente Trump de la plataforma. "Ha habido bastante inquietud expresada por muchos líderes alrededor del mundo, desde el presidente de México hasta Alexei Navalny en Rusia y la canciller Ángela Merkel y otros que dijeron 'pues, esto demuestra que las compañías privadas tienen demasiado poder…' estamos de acuerdo con eso. Idealmente, no tomaríamos estas decisiones por nuestra cuenta, tomaríamos estas decisiones en línea con nuestra propia conformidad con reglas y principios acordados de manera democrática. Por el momento, dichas reglas acordadas de manera democrática no existen. Seguimos teniendo que tomar decisiones en tiempo real".

El vicepresidente de Derechos Civiles de Facebook, Roy Austin, dijo que los productos de la compañía deberían reflejar su perspectiva en cuanto a la raza.

"Me pregunto si podríamos usar Oculus para ayudar a un policía blanco a entender lo que se siente ser un joven negro a quien detiene y revisa y arresta la policía. […]

Quiero que todas las grandes decisiones se procesen a través de una lente de derechos civiles"[69].

Una de las razones que dan los ejecutivos de las *Big Tech* para censurar y prohibir cierto discurso en internet es el aumento de los "crímenes de odio". Sin embargo, en un informe presentado ante el Congreso en enero por la Administración Nacional de Telecomunicaciones e Información (NTIA, por sus siglas en inglés) del Departamento de Comercio —"El rol de las telecomunicaciones en los crímenes de odio"— pero, increíblemente, no accesible al público, concluye que internet no llevó a un aumento en los crímenes de odio y que las *Big Tech* operan peligrosamente como una oligarquía tiránica.

Una copia del informe, provista a Breitbart News, concluye enfáticamente que "[l]a evidencia no muestra que, durante la última década, una época de un crecimiento expansivo de las comunicaciones electrónicas, en particular en internet y en dispositivos móviles, así como en las redes sociales, haya habido un aumento en los incidentes de crímenes de odio". El informe de la NTIA también emite una aguda advertencia: "Advertimos que los esfuerzos por controlar o monitorear el discurso en línea, incluso con el objetivo loable de reducir el crimen, presentan una seria preocupación con respecto a la Primera Enmienda y van en contra de la dedicación de nuestra nación a la libertad de expresión…"[70].

La NTIA reprende con dureza a las *Big Tech* por sus prácticas tiránicas: "Los líderes tecnológicos han reconocido que depender solamente de equipos humanos para revisar contenido no será suficiente y que la inteligencia artificial tendrá que jugar un papel significativo. Dicho eso, por supuesto existen importantes limitaciones tanto prácticas como en cuanto a políticas en depender de una limitación de contenido automatizada. Es interesante observar que gran parte de esta tecnología está siendo desarrollada a partir de métodos inicialmente utilizados por el Partido Comunista chino para reprimir la discusión y el disenso políticos".

El informe continúa: "Dado que todas las plataformas de redes sociales más prominentes tienen reglas en contra del discurso de odio y que, de hecho, utilizan métodos de inteligencia artificial (IA) algorítmica sofisticada para hacer cumplir estas reglas a menudo vagas y contradictorias de un modo que también utilizan los regímenes despóticos, es apropiado preguntar qué ganan con ello. Ciertamente, tal como muestra este informe, las plataformas no tienen ninguna expectativa razonable de que su censura termine con los crímenes de odio o los disminuya siquiera, dado que no existe ningún tipo de evidencia empírica que conecte un aumento en el discurso de odio con los crímenes de odio. Incluso más, esta censura plantea un verdadero peligro para nuestro sistema político. Bajo las prohibiciones del discurso de odio y demás reglas de censura, las plataformas han retirado contenido que muchos consideran seriamente comprometido con temas políticos y sociales apremiantes"[71].

No cabe duda de que se va a ignorar a la NTIA. Esa es la naturaleza de la toma de decisiones motivada por una ideología. De hecho, en una sesión del Senado en noviembre de 2020, los demócratas del comité exigieron que las *Big Tech* hicieran más, y más deprisa, para silenciar el discurso en sus plataformas[72].

Las *Big Tech* también se salieron de su camino para intentar destruir a una pequeña compañía, Parler, que estaba sumando a millones de ciudadanos a gran velocidad entre sus seguidores, que en general no compartían el sesgo ideológico, el sectarismo político y las prácticas de censura de estas gigantescas compañías globales de varios miles de millones de dólares. Tal como lo señaló el *Pittsburgh Post-Gazette*: "El sitio de redes sociales Parler ha sido retirado de la tienda de aplicaciones de Google y Apple, y Amazon ha dejado de brindarle a la compañía servicios en la nube, efectivamente eliminando así el servicio y empujando a Parler a lanzar un juicio federal en contra del gigante tecnológico. [...] La eliminación de Parler se traduce como un escalofriante ataque a la libertad de expresión. [...] Las redes sociales, tal como gran parte de los medios de comunicación, se han convertido en los causantes de una grieta entre los estadounidenses que se están mudando a otras plataformas de a decenas de miles según sus lineamientos ideológicos tras las prohibiciones. Eso no puede ser bueno para el país"[73].

Parler ha dado pelea y regresado, pero el accionar conspirativo y monopólico de las *Big Tech* para destruir una plataforma independiente ha sido una acción tiránica extraordinaria, y muchos en los medios, a diferencia del *Post-Gazette*, se llamaron al silencio o bien apoyaron el accionar de las *Big Tech*, aludiendo constantemente a Parler como una plataforma para gente de derecha, para supremacistas blancos, conspiradores violentos y ese tipo de gente, lo cual no era cierto.

Las preferencias ideológicas y políticas de las *Big Tech* también se pueden establecer si se examinan las donaciones políticas de sus ejecutivos y empleados, y qué candidatos y partido subsidian y en cuáles invierten. Más claro, imposible. El Centro para una Política Reactiva (Center for Responsive Politics) informa que: "los empleados de las grandes compañías tecnológicas, entre ellas Alphabet (que controla Google), Amazon, Facebook, Apple y Microsoft, donaron millones a varias campañas demócratas en el ciclo electivo de 2020. Empleados de las cinco compañías volcaron un total de $12,3 millones en la campaña de Biden, y millones más en demócratas en contiendas de alto perfil para el Senado, tales como el recientemente electo Jon Ossoff (D-Ga) y Raphael Warnock (D-Ga). Los empleados de las grandes firmas tecnológicas se ubicaron entre los mayores donantes a cada uno de esos demócratas. Con la mayoría de las donaciones provenientes de empleados de las compañías, Alphabet contribuyó unos

$21 millones a los demócratas en el ciclo electivo de 2020 y Amazon contribuyó unos $9,4 millones. Facebook, Microsoft y Apple contribuyeron unos $6 millones, $12,7 millones y $6,6 millones respectivamente a los demócratas. La mayoría de cada una de las contribuciones de las grandes firmas tecnológicas fueron a candidatos demócratas y, a excepción de Microsoft, la campaña de Biden fue la mayor beneficiaria junto con Ossoff y Warnock entre los diez primeros. El mayor beneficiario de las contribuciones de Microsoft fue el Comité de Acción Política (PAC, por sus siglas en inglés) de la mayoría en el Senado, el súper PAC asociado con el líder de la mayoría en el Senado, Chuck Schumer. El Comité Nacional Demócrata se ubicó entre los tres primeros beneficiarios de todas las compañías"[74].

El canal CNBC informó: "De los actuales CEO de las compañías tecnológicas "*large cap*" [con un valor de capitalización en el mercado de más de $10 000 millones], Reed Hastings de Netflix fue quien más abrió su billetera. Hastings y su esposa, Patty Quillin, donaron más de $5 millones. La mayor tajada fue al PAC de la mayoría en el Senado, un grupo de candidatos demócratas en las contiendas más ajustadas, como en Maine, Tejas y Iowa. [...] Según el Centro para una Política Reactiva, entre los fondos para campañas y para grupos externos, los empleados de compañías de internet asignaron un 98% de sus contribuciones a los demócratas"[75].

Y luego tenemos la relación incestuosa entre la administración Biden y las *Big Tech*, en la que Biden premió a las *Big Tech* al contratar a al menos catorce ejecutivos y exejecutivos de Apple, Google, Amazon, Twitter y Facebook para que sirvieran en su equipo de transición y en su administración[76].

El Partido Demócrata, y no solo sus sustitutos, está desempeñando un papel principal y directo en la promoción de la censura y la represión. En noviembre de 2020, la diputada Alexandria Ocasio-Cortez (D-NY) publicó en Twitter: "¿Alguien archiva a estos aduladores de Trump para cuando intenten minimizar o negar su complicidad en un futuro? Preveo la razonable probabilidad de muchos tuits, escritos y fotos borrados en un futuro". Alentados por su declaración, se formó un grupo llamado Proyecto Rendición de Cuentas de Trump (Trump Accountability Program). El grupo afirmó: "Recuerden lo que hicieron. No debemos permitir que los grupos de personas a continuación reditúen de su experiencia. Aquellos que lo eligieron. Aquellos que formaron parte del personal de su gobierno. Aquellos que lo financiaron"[77].

De hecho, se habló mucho en las redes sociales y los medios en general sobre la creación de una lista negra de funcionarios de la administración y de seguidores de Trump, y de evitar que consiguieran trabajo en el sector privado. La ex primera dama Michelle Obama publicó una declaración en Twitter después de que manifestantes invadieran el Capitolio, exigiendo que se le prohibiera a Trump utilizar todas las plataformas sociales de por vida. No hace falta decir que hubo varios otros en cargos públicos o puestos públicos que hicieron lo mismo. Y las *Big Tech* acataron.

El ejemplo tal vez más escalofriante y descarado de la guerra contra la libertad de expresión es una carta del 22 de febrero de 2021, que enviaron dos diputados demócratas sénior de California, Anna Eshoo y Jerry McNerney, a altos ejecutivos de AT&T, Verizon, Roku, Amazon, Apple, Comcast, Charter, DISH, Cox, Altice, Hulu y Alphabet, exigiendo saber por qué Fox News (Fox), One American News Network (OANN) y Newsmax estaban incluidos en las plataformas de estas corporaciones. Las compañías recibieron básicamente la misma carta. Los diputados incluyen una larga lista de fuentes, en su mayoría "estudios" y artículos partidistas. Voy a concentrarme en la carta que se le envió a AT&T.

Los diputados escribieron: "La desinformación en la TV ha llevado a nuestro actual ambiente de información contaminada, que radicaliza a los individuos para que cometan actos de sedición y rechaza las mejores prácticas de salud pública, entre otros problemas dentro de nuestro discurso público. Los expertos han señalado que el ecosistema de los medios de derecha es 'mucho más susceptible [...] a la desinformación, las mentiras y las medias verdades'. Los medios de comunicación de derecha, como Newsmax, One America News Network y Fox News pusieron al aire desinformación sobre las elecciones de noviembre de 2020. [...] Fox News [...] ha dedicado años a desparramar desinformación sobre la política estadounidense.

"Estas mismas cadenas también han sido vectores clave en la diseminación de desinformación en relación a la pandemia. Un organismo de vigilancia de los medios encontró más de 250 casos de desinformación con respecto al COVID-19 en Fox News en un período de tan solo cinco días, y economistas demostraron que Fox News tuvo un impacto demostrable en la falta de cumplimiento de las normas de salud pública..."[78].

Lo que se olvidaron de mencionar los diputados es que el "organismo de vigilancia de los medios" es el notoriamente deshonesto Media Matters, un sitio radical, de izquierda y prodemócrata. El *Daily Caller* reveló que "no proveían la metodología utilizada para establecer cada instancia de lo que identificaron como desinformación de Fox News para una revisión independiente". Además, concluyó que el informe en sí estaba lleno de "desinformación"[79].

Los diputados exigieron a AT&T y a las demás compañías que les proporcionaran, en el lapso de unas dos semanas, la siguiente información, en parte:

> ¿Qué principios morales o éticos (incluidos aquellos relacionados a la integridad periodística, la violencia, la

información médica y la salud pública) aplican al decidir qué canales incluir o cuándo tomar medidas adversas contra un canal?

¿Requieren, a través de contratos u otros medios, que sus canales acaten algún tipo de reglas de contenido? De ser así, por favor proveer una copia de dichas reglas.

¿Qué medidas tomaron antes, durante y después de las elecciones del 3 de noviembre de 2020 y de los ataques del 6 de enero de 2021 para monitorear, responder a, y reducir la propagación de la desinformación, incluida la fomentación de, o la incitación a, la violencia por parte de canales que su compañía disemina a millones de estadounidenses? Por favor describir cada una de las medidas que se tomaron y cuándo fueron tomadas.

¿Han tomado alguna vez medidas contra un canal por usar su plataforma para diseminar alguna desinformación? De ser así, por favor describir cada una de las medidas y cuándo fueron tomadas.

¿Planean mantener a Fox News, Newsmax y OANN como parte de su programación [...] tanto ahora como después de alguna fecha de renovación de contrato? De ser así, ¿por qué?[80]

Esta es una carta extraordinariamente atroz, que busca intimidar y amenazar a organizaciones de medios de difusión de centroderecha específicas, con el solo propósito de silenciar su discurso. Y casi ninguna de las otras organizaciones de medios o noticias escribieron ni alzaron la voz en su contra. La razón: concuerdan con lo que dice. Es más, muchos grupos de noticias, periodistas y escritores de opinión fueron los primeros en proponer que se quitara de las plataformas a Fox, OANN y Newsmax y están haciendo campaña para que reguladores del Gobierno y estas compañías que brindan plataformas se deshagan de ellas, tal como hicieron con Parler; lo que me devuelve una vez más a los medios estadounidenses, que es donde comencé este capítulo.

Los movimientos interseccionales que conforman la base del marxismo norteamericano están apoyados en gran medida por el Partido Demócrata y promovidos por los medios. Ya no puede haber ninguna duda al respecto. Por lo tanto, no se toleran ni la expresión, ni el debate ni los desafíos a las ideas marxistacéntricas. El propósito es la transformación social y económica; los métodos son la propugnación y el activismo sociales. La oposición debe ser denunciada, mancillada y destrozada.

De hecho, ahora es evidente que la carta a estas corporaciones resultó de las demandas que hicieron los medios para quitar de las plataformas a Fox, OANN y Newsmax, lo cual precedió a la fecha de la carta. El 8 de enero de 2021, Oliver Darcy de CNN escribió: "[¿Q]ué hay de las compañías de TV que brindan plataformas para cadenas como Newsmax, One America News y, sí, Fox News? De algún modo, estas compañías han escapado al escrutinio y han evadido por completo esta conversación. Eso no debería ocurrir más. Después del incidente de terrorismo doméstico del miércoles [6 de enero de 2021] en Capitol Hill, es hora de que los operadores de TV hagan frente a las preguntas por prestar sus plataformas a compañías deshonestas que lucran con la desinformación y las teorías conspirativas. Después de todo, fueron precisamente las mentiras que desparramaron Fox, Newsmax y OANN las que ayudaron a preparar a los seguidores de Trump para que no creyeran en la verdad: que había perdido una elección honesta y justa[81].

"Sí, Sean Hannity y Tucker Carlson y Mark Levin y otros son los responsables de las mentiras que esparcen a través de sus audiencias. Pero las compañías de TV que las transmiten a millones de hogares alrededor del país también tienen algo de responsabilidad. Y, sin embargo, rara vez, si es que alguna, hablamos de ellas"[82].

Nótense las tácticas Alinsky de Darcy en su intento por difamar a las cadenas de cable y a ciertos presentadores de televisión, incluido quien les habla: "Seleccionen el objetivo, congélenlo, personalícenlo y polarícenlo"[83]. Ni las cadenas ni los presentadores que menciona tuvieron absolutamente nada que ver con el asalto al Capitolio.

Nicholas Kristof, columnista del *New York Times*, tomó la posta de Darcy, con todo y las tácticas Alinsky, y se unió a la campaña para la quita de plataformas. Escribió: "Nosotros no podemos iniciarle un proceso de destitución a Fox News ni llevar a juicio ante el Senado a [Tucker] Carlson o a Sean Hannity, pero hay medidas que podemos tomar —imperfectas, inadecuadas, sumidas en un berenjenal— para que deban rendir cuentas no solo Trump, sino sus compañeros de aventuras en Fox, OANN, Newsmax, etc."[84]. De ese modo, Kristof exigía desde su tarima del *Times* que "nosotros" —la muchedumbre de tipo marxista— debemos hacer responsables a estos medios de comunicación y presentadores inconformistas; es decir, hay que silenciarlos.

Kristof continúa: "Eso puede significar poner presión sobre los anunciantes para evitar apoyar a extremistas (de cualquier color político), pero el modelo de negocio de Fox News no depende tanto de los anuncios como sí de las tarifas de subscripción al cable. Por lo tanto, un segundo paso sería pedir a las compañías de cable que quiten a Fox News de los paquetes básicos de TV por cable"[85].

De hecho, el segundo paso de Kristof fue claramente tomado de Media Matters.

A continuación, Kristof enmarca su perversa y tiránica diatriba como una protección para el consumidor que se ve obligado a financiar a Fox e, incluso más, que tiene que, supuestamente, subsidiar su descripción sesgada y estereotipada de su audiencia como racista, violenta y antigobierno. "El tema aquí es que, si eres como muchos estadounidenses: A) no miras Fox News y B) igualmente subsidias a Fox News. Si compras un paquete básico de cable, estás forzado a pagar unos $20 al año para Fox News. Te podrán parecer deplorables los fanáticos y promotores de insurrecciones, pero ayudas a pagar sus salarios"[86].

Luego, Kristof cita a Angelo Carusone, el ideólogo radical y fanático que lidera Media Matters, como una autoridad para su operación contra los medios inconformistas: "Carusone [...] dice que Fox News depende de tarifas de cable extraordinariamente generosas —más del doble de lo que recibe CNN y cinco veces más de lo que maneja MSNBC—. Entonces, Media Matters inició una campaña [...] para que la gente les pida a los operadores de cable que quiten a Fox News de sus paquetes. 'Dado todo el daño que causó Fox News y la amenaza que sigue siendo, desde ya que tendrían que quitar a Fox News de sus paquetes', me dijo Carusone. 'No es un canal de noticias. Es una operación de propaganda mezclada con obscenidad política. Si eso es lo que la gente quiere, deberían estar obligados a pagarlo del mismo modo que pagan por Cinemax'"[87].

Margaret Sullivan (*Washington Post*), Max Boot (*Washington Post*), Brian Stelter (CNN), Anand Giridharadas (MSNBC) y varios periodistas y columnistas más se sumaron con propaganda y demandas iguales o similares. Y los diputados demócratas, dotados de sus pedestales gubernamentales y de su autoridad buscan complacerlos.

Desde nuestras escuelas y nuestro entretenimiento hasta los medios y el gobierno, estamos siendo testigos de una arremetida con acciones represivas, que incluyen amenazas, censura y difamación y la demanda de que halla todavía más. Marx daría su visto bueno.

De hecho, la censura de las personas, de la libre expresión, de las palabras, de las transmisiones y del acceso a las redes sociales, y la redefinición del lenguaje, la historia, el conocimiento y la ciencia —lo cual ocurre o se busca en nuestra cultura y entorno actuales— son la marca registrada del totalitarismo. También lo son el abuso de poder constante y sin oposición y el debilitamiento del republicanismo y el constitucionalismo por parte del presidente Biden, que legisla mediante decretos ejecutivos y así pasa por encima al Congreso y los pesos y contrapesos para instituir un cambio fundamental en la sociedad estadounidense sin las opiniones de los representantes de la gente en el Congreso ni de las mismas personas. O los esfuerzos que hacen los líderes congresales del Partido Demócrata, tales como la presidenta de la Cámara de Representantes Pelosi y el líder de la mayoría en el Senado Schumer, por amenazar gravemente la independencia del poder judicial para influenciar el resultado de las decisiones legales y promover su agenda ideológica y política; y los actos conspirativos del liderazgo demócrata en ambas ramas electas del gobierno federal para alterar radicalmente el proceso electoral a través del país y asegurarse de que el Partido Demócrata rara vez, si es que alguna, pierda su poder para gobernar. Y, además, con la mayoría más pequeña en la Cámara de Representantes en décadas, y un Senado con senadores 50-50, buscan llenar el Senado con varios escaños demócratas más y eliminar la regla de tácticas dilatorias, cuyo propósito es imponer cambios radicales a la nación sin el amplio apoyo de los representantes de otras partes del país.

Y, sin embargo, aquellos que rotulan, a menudo con éxito, de agresores de las libertades civiles y los derechos humanos, de obstructores del progreso y de enemigos de la gente son los opositores a esta tiranía, rotulados así por los *verdaderos* agresores, dado que estos últimos ya se han devorado la mayor parte de los instrumentos del estado y la cultura, y dominan la narrativa.

En su libro *Doubletalk: The Language of Communism* [Doble discurso: el lenguaje del comunismo], Harry Hodgkinson escribió: "Para Marx, el lenguaje era la 'realidad directa' del pensamiento; 'las ideas no existen divorciadas de' él. Y para [Joseph] Stalin, 'la realidad del pensamiento se manifiesta en el lenguaje'. Las palabras son tanto herramientas como armas, cada una fabricada para una función precisa. [...] El lenguaje del comunismo [...] no es tanto un medio para explicarle a un no creyente lo que significa el comunismo, sino un arsenal de armas y herramientas destinadas a producir apoyo o disolver la oposición a las políticas comunistas por parte de la gente tanto indiferente como hostil hacia ellas. El significado de una palabra comunista no es lo que crees que dice, sino el efecto que se pretende que produzca"[88].

Incluso más, escribe Hodgkinson, "[p]ara los comunistas, la mayoría no tiene ninguna santidad en particular y se le reclama que haga, no lo que desea, sino 'su deber ante la corte de la historia'. La elección entre partidos es una 'formalidad sosa' de la *Democracia Burguesa.* [...] La democracia a menudo se utiliza con un adjetivo calificativo..."[89].

Por tanto, el senador marxista Bernie Sanders utiliza el adjetivo calificativo socialista *democrático*. Aun así, como bien sabe Sanders, "para el comunista, [dicha frase] no es más que una etapa esencial en el camino hacia el comunismo"[90].

La ola de represión que azota a nuestra nación no se diferencia en mucho de los primeros días de las revoluciones francesa, rusa y china, entre otras. Todas fueron promovidas como movimientos populares y revoluciones del pueblo, cuyo propósito era establecer el comunalismo de Rousseau o el igualitarismo marxista. Pero allí acaban las similitudes. Estas revoluciones fueron vendidas como movimientos de liberación en los que las masas, o el proletariado, se levantarían en contra de la tiranía gobernante y la sociedad corrupta. Se convirtieron en Estados policiales genocidas. Desde luego, a diferencia de estos otros gobiernos y sociedades, los Estados Unidos son una república constitucional y representativa, no una monarquía ni algún otro tipo de dictadura. No hay un descontento generalizado en el país. De hecho, la mayoría de los estadounidenses son patriotas y veneran al país. Pero las fuerzas de falsa liberación de hoy en día están lideradas por ideólogos y activistas fanáticos que son los verdaderos promotores de la tiranía y hasta del totalitarismo. Usan la propaganda, el sabotaje y la subversión en un intento por desmoralizar, desestabilizar y, en última instancia, destruir la sociedad y la cultura existentes. Son ellos quienes están reprimiendo las libertades de sus conciudadanos a través de lo que se denomina vagamente "la cultura de la cancelación". Son ellos quienes exigen conformidad de pensamiento mediante la prohibición de puntos de vista opositores en las redes sociales; son ellos quienes usan la falsa narrativa de "opresores y oprimidos" para estigmatizar a aquellos que consideran parte de la "cultura blanca dominante" y silenciar las voces de conciudadanos; son ellos quienes prohíben palabras, libros, productos, películas y símbolos históricos; son ellos quienes están destruyendo las carreras de los escépticos y boicoteando los negocios de los inconformistas; son ellos quienes están socavando la libertad académica y la curiosidad intelectual a través del miedo y la intimidación; son ellos quienes están distorsionando la historia estadounidense y lavando los cerebros de los estudiantes; son ellos quienes exigen que se les quiten las plataformas a las cadenas de noticias de cable y se amordace a los presentadores; y son ellos quienes están usando y promoviendo el racismo, el sexismo, la discriminación por edad, etc., como armas de desunión y rebelión al tiempo que sostienen querer ponerles fin. Peor aún, están utilizando la libertad de los Estados Unidos para destruir la libertad, y la Constitución para destruir la Constitución. Y a medida que su veneno se esparce a través de la cultura, la intención es sembrar dudas sobre el país, desanimar a la ciudadanía y ablandar la resistencia innata y razonada del público —hasta el punto del sometimiento— ante la tiranía de los movimientos inspirados en el marxismo y movimientos locales afines.

CAPÍTULO SIETE

¡ELEGIMOS LA LIBERTAD!

A menudo me preguntan en la radio qué *vamos* a hacer para recuperar a nuestro país. Demasiado menudo, lo que significa es: qué van a hacer *los demás* para salvar a los Estados Unidos. Esa mentalidad es simplemente inaceptable. Si hemos de unirnos en defensa de nuestra libertad y de nuestros derechos inalienables, entonces cada uno de nosotros, en nuestros propios roles y a nuestra manera, debe involucrarse personal y directamente como ciudadano activista en nuestro propio destino y en el destino de nuestro país. Ha llegado la hora de reclamarles lo que es nuestro —la república estadounidense— a aquellos que buscan destruirlo. Si pretendemos que otros rescaten a nuestra nación por nosotros, mientras seguimos con nuestra vida cotidiana cual meros observadores de lo que sucede, o cerramos los ojos y las orejas a los temas de actualidad, perderemos la lucha. Y sí, es una lucha.

Hemos permitido que los marxistas norteamericanos definan quiénes somos como pueblo. Nos difaman, calumnian a nuestros ancestros y nuestra historia y destrozan nuestros documentos y principios fundacionales. Son mayormente réprobos que odian al país en el que viven, y no han contribuido nada a su mejoría. De hecho, viven del sudor y el esfuerzo de los demás, mientras siguen adelante en un rumbo destructivo y diabólico para nuestra nación, socavando y saboteando prácticamente todas las instituciones de nuestra sociedad. Su ideología y perspectiva sobre el mundo se basan en los argumentos y las creencias de un hombre, Karl Marx, cuyos escritos son responsables de la esclavitud, el empobrecimiento, la tortura y la muerte de inconmensurables millones. Esto es un dato duro, a pesar de las protestas predecibles de algunos en nuestra sociedad que adhieren a las ideas básicas del marxismo que también promueven, pero intentan disociarse de la responsabilidad de sus inevitables resultados. Estos son los "idiotas útiles" que ocupan puestos de influencia o liderazgo en el Partido Demócrata, en los medios, en el ámbito académico, en la cultura, etc.

Pero debemos hallar consuelo y fortaleza en el sacrificio y la valentía de *nuestros* primeros revolucionarios —Joseph Warren, Samuel Adams, John Hancock, Paul Revere y Thomas Paine, por nombrar a algunos—, y energizarnos y motivarnos con la sabiduría y el genio de George Washington, Thomas Jefferson, John Adams, James Madison, Benjamin Franklin y tantos otros. A pesar de haber sido calumniados y degradados por los marxistas norteamericanos y los de su tipo, debemos seguir celebrándolos, debemos sentir que nos llenan de vigor y recordar que juntos derrotaron a la fuerza militar más poderosa de la tierra y fundaron la más grande y extraordinaria nación de la historia de la humanidad.

De hecho, futuras generaciones de patriotas hicieron un tremendo sacrificio al luchar en la Guerra Civil para poner fin a la esclavitud, algo que ningún otro país había hecho jamás, lo que se cobró cientos de miles de vidas en campos y pueblos a través de los Estados Unidos. Solamente en Gettysburg hubo 51 000 muertes. Pero hubo otras batallas con pérdidas terribles: Chickamauga, Spotsylvania, la de la espesura, Chancellorsville, Shiloh, Stones River, Antietam, Bull Run (dos veces), Fort Donelson, Fredericksburg, Port Hudson, Cold Harbor, Petersburg, Gaines's Mill, Missionary Ridge, Atlanta, Seven Pines, Nashville y muchas más.

El siglo pasado, millones de estadounidenses lucharon, y cientos de miles murieron, en dos guerras mundiales. Durante la Primera Guerra Mundial, se movilizó a unos 4 000 000 de soldados estadounidenses para luchar contra Alemania, el Imperio Austrohúngaro, Bulgaria y el Imperio Otomano, y murieron más de 116 000 estadounidenses —en las batallas de Somme, Verdun, Passchendaele, Gallipoli, Tannenberg y varias otras—. Durante la Segunda Guerra Mundial, más de 16 000 000 de soldados estadounidenses lucharon contra los alemanes nazis, Japón e Italia, y más de 400 000 perdieron la vida: en las batallas de Sicilia, Anzio, del Atlántico, Normandía, Operación Dragoon, las Ardenas, Iwo Jima, Guadalcanal, Tarawa, Saipán, Okinawa y muchas más.

Durante la Guerra Fría con la Unión Soviética, los soldados estadounidenses lucharon para frenar la propagación del comunismo, incluso en Corea, donde los comunistas respaldados por la Unión Soviética y China en el norte de la península coreana invadieron el sur. Hubo más de 5 700 000 estadounidenses involucrados en la guerra, y casi 34 000 perdieron la vida. Casi 3 000 000 de estadounidenses uniformados sirvieron en la Guerra de Vietnam que buscaba prevenir, de nuevo, que los comunistas respaldados por la Unión Soviética y China en el norte del país tomaran el sur. Perdieron la vida más de 58 000 soldados estadounidenses. Y ha habido muchas batallas desde entonces, incluidas pero no limitadas a las de Irak y Afganistán y la guerra contra el terrorismo.

Contrariamente a los agravios de los marxistas norteamericanos que sugieren que los Estados Unidos son una fuerza imperial y colonizadora, nuestros soldados son nobles guerreros que han luchado y muerto, y lo siguen haciendo, para proteger y liberar a los oprimidos desde una punta del mundo a la otra, y sin importar la religión, el color de piel, la procedencia étnica o la raza de los victimizados. Y a diferencia de algunos de nuestros enemigos, no buscamos conquistar otros países con la finalidad de una ocupación o una expansión territorial.

En los Estados Unidos, generación tras generación ha estado dispuesta a sacrificarlo todo, y muchas han pagado el precio más alto por defender de enemigos extranjeros a este magnífico país y sus principios fundacionales. Consideraban que valía la pena luchar y morir por los Estados Unidos y sus principios. Y, para muchos de nosotros, nuestros familiares estuvieron y están entre aquellos individuos.

Sin embargo, a través de la burocracia y las políticas del Partido Demócrata, el marxista norteamericano ha tenido un gran éxito a la hora de imponerles las agendas de la teoría crítica de la raza (CRT) y de la teoría crítica del género a nuestras fuerzas armadas[1]. Ahora se obliga a los soldados a participar en un entrenamiento que refuerza estas ideologías. Incluso se han insertado en West Point, donde se lavan los cerebros de los cadetes en relación al tema de la "rabia blanca"[2]. Y el Pentágono también ha declarado al cambio climático como una prioridad en la seguridad nacional, es decir que se lo considera una grave amenaza a nuestra supervivencia como lo son enemigos tales como la China comunista, Corea del Norte, Irán y Rusia[3]. Entretanto, sucesivas administraciones demócratas les han negado a nuestros servicios militares los fondos necesarios para mantener un estado de preparación óptimo, y han puesto presión sobre sus presupuestos, mientras que Estados enemigos, en especial la China comunista, se preparan para la guerra.

A nivel nacional, la mayoría de nosotros siempre ha considerado a nuestra policía como guardianes de la ley abnegados y valientes que nos protegen de los criminales y mantienen la paz. Los admiramos y valoramos. Son profesionales con un gran entrenamiento y su trabajo es extremadamente peligroso, dado el nivel de criminalidad violenta que existe en demasiadas zonas de nuestro país. El Fondo Conmemorativo de las Fuerzas Policiales Nacionales (National Law Enforcement Memorial Fund) informa que, "desde la primera muerte en el cumplimiento del deber de la que se tiene registro en 1789, han muerto en el cumplimiento del deber más de 22 000 oficiales de los cuerpos policiales. [...] [En 2018 solamente] ha habido 58 866 ataques a oficiales de los cuerpos policiales [...] que resultaron en 18 005 lesiones"[4].

Y el 11 de septiembre, año tras año, honramos a esos oficiales, así como a los bomberos, el personal de emergencia y otros que perdieron la vida en una infinidad de actos heroicos para salvar a las pobres almas dentro de las Torres Gemelas y el Pentágono, masacradas por terroristas de al-Qaeda. Estos increíbles hombres y mujeres no han cambiado. Son los mismos estadounidenses patrióticos y sacrificados hoy, que fueron aquel día y tantos otros.

Sin embargo, lo que ha cambiado en los últimos años, con el auge del marxismo norteamericano y grupos marxistanarquistas como Antifa y Black Lives Matter, es que los cuerpos policiales a todo nivel han sufrido ataques brutales. De repente, nada de lo que hagan está bien. Deben ser restringidos y reentrenados, y la vigilancia policial en sí debe ser "reimaginada". Nos dicen que los oficiales de policía son "sistémicamente racistas", y que apuntan contra los afroamericanos y demás minorías con un trato dispar, a pesar de las estadísticas indiscutibles y la evidencia abrumadora de lo contrario.[5] Por supuesto, la incesante degradación y el debilitamiento de las fuerzas policiales, la implacable desinformación mediática sobre los cuerpos policiales, la explotación ideológica y política de ciertos encuentros filmados y el recorte de los presupuestos policiales por parte de políticos demócratas de las grandes ciudades desestabilizan a las comunidades y la fe del público en la vigilancia policial, socavando así la ley y, en última instancia, a la sociedad civil. Si tu objetivo es "transformar fundamentalmente" a los Estados Unidos[6] —es decir, abolir nuestra historia, nuestras tradiciones y, en última instancia, nuestra república— entonces debes subvertir tu apoyo hacia la policía. Después de todo, sin los cuerpos policiales la sociedad civil colapsa.

En efecto, tal como informa el Fondo de Defensa Legal de los Cuerpos Policiales (Law Enforcement Legal Defense Fund), "de junio de 2020 a febrero de 2021 hubo una disminución tangible de las fuerzas policiales a través de las ciudades más grandes de los Estados Unidos, luego de las protestas en contra de la policía, de las declaraciones de oficiales y de decisiones sobre la implementación de políticas; y, a medida que se redujo el número de arrestos y allanamientos, se dispararon los homicidios durante los meses desde el incidente de George Floyd. [...] El año pasado [2020], los Estados Unidos registraron más de 20 000 asesinatos, el total más alto desde 1995, y 4000 muertes más que en 2019. Datos preliminares del FBI para 2020 apuntan a un aumento del 25% en asesinatos, el mayor aumento en un solo año desde que la agencia comenzó a publicar datos uniformes en 1960"[7]. Hay un aluvión de oficiales de policía que se están yendo y jubilando[8]. Y las ciudades más importantes se están despoblando, dado que las está dejando un número sin precedentes de personas debido, en gran parte, al aumento del crimen[9].

El control del marxismo norteamericano sobre las aulas de nuestras escuelas y colegios universitarios es especialmente pernicioso, con el total apoyo y el rol activo de los dos sindicatos nacionales de maestros —la Asociación Nacional de Educación (NEA, por sus siglas en inglés)[10] y la Federación Estadounidense de Maestros (AFT, por sus siglas en inglés)[11]—, donde les enseñan a tus hijos y nietos a odiar a nuestro país y donde les lavan el cerebro con propaganda racista. Si esto persiste, de seguro llevará a la caída de la nación. Tal como informa The Heritage Foundation: "La diseminación de contenido e instrucción curriculares basados en la CRT en las escuelas es sobrepasada en su alcance solamente por la presencia de la CRT en la instrucción postsecundaria, donde se originó dicha CRT. La difusión dentro de los programas de estudio a nivel de las instituciones de educación superior y en los artículos de publicaciones ocurrió a lo largo de muchas décadas a través del siglo XX, mientras que, en comparación, los efectos en las escuelas en áreas como los estudios sociales, la historia y la educación cívica, se han hecho más visibles recientemente"[12].

Sin tu conocimiento, y ni que hablar de tu consentimiento, "[l]os distritos alrededor del país han integrado la CRT al plan de estudios de las escuelas. Los dos sindicatos de maestros más grandes de la nación apoyan a la organización Black Lives Matter, y la Asociación Nacional de Educación llamó específicamente al uso del material curricular de Black Lives Matter en las escuelas. Este currículo está 'comprometido' con ideas tales como una 'red de afirmación *queer*', que no tienen nada que ver con el contenido instructivo riguroso, y promueve ensayos con una gran carga racial tales como 'Secretos a voces en la matemática de primer grado: la enseñanza de la supremacía blanca en la moneda estadounidense'. A partir de 2018, funcionarios en al menos veinte distritos escolares grandes, incluidos Los Ángeles y Washington D.C., promovieron el contenido curricular de Black Lives Matter y la 'Semana de Acción' de la organización. Según una encuesta de *Education Week* de junio de 2020, el 81% de los maestros, directores y líderes de distrito 'apoyan el movimiento Black Lives Matter…'"[13].

De hecho, "[a]lgunos sistemas escolares han aplicado la acción cívica para enseñar sobre las protestas disruptivas"[14]. Encima, esta ideología basada en el marxismo se ha extendido a las escuelas privadas, incluidas las escuelas privadas religiosas[15].

Sin embargo, este veneno se extendió primero a través de nuestros colegios universitarios y universidades, donde es el rey supremo y, como tal, ya queda poca libertad académica y de expresión. Se ha apuntado específicamente contra quienes buscan obtener títulos en Educación. Jay Schalin, del Centro James G. Martin para la Renovación Académica, explica: "[L]a 'larga marcha' a través de las Escuelas de Educación ha sido todo un éxito; los pensadores más influyentes en nuestras Escuelas de Educación son radicales [marxistas] políticos resueltos a convertir a la nación en una visión utópica colectivista"[16]. [...] "Es difícil escaparles a las ideas radicales en las Escuelas de Educación. Cuanto más asciende uno en la jerarquía educativa, más probable es que haya tenido una extensa exposición a ideas extremistas y es menos probable que las rechace. Para elevarse a una posición de influencia dentro de la educación, uno debe atravesar un campo minado de materias de posgrado en Educación que buscan adoctrinar al crédulo y deshacerse del recalcitrante"[17].

Y para no quedarse afuera, las corporaciones estadounidenses participan activamente. En efecto, hay demasiadas corporaciones comprometidas con los varios movimientos de la teoría crítica-marxista, y con las prácticas relacionadas a los recursos humanos, las capacitaciones y las contrataciones para promoverlos, como para nombrarlas a todas aquí. Lily Zheng, autora y consultora de temas de diversidad, equidad e inclusión, nos dice en el *Harvard Business Review*: "La justicia social corporativa no es un método para hacernos sentir bien, que permite que todos sean escuchados y, dada su naturaleza, no dará como resultado iniciativas que dejen contentos a todos. El primer paso que han dado muchas compañías al apoyar públicamente a Black Lives Matter a través de comunicados y donaciones es un ejemplo de ello: un compromiso a tomar una postura, incluso cuando enajene a ciertos grupos de consumidores, empleados y socios corporativos. La compañía debe decidir que no le importa dejar de tener como clientes a ciertos grupos (digamos, los supremacistas blancos o los departamentos de policía), ya que tomar dinero de esos grupos iría en contra de su estrategia de justicia social corporativa"[18].

Las compañías también se están ganando el favor del Partido Demócrata con el que conspiran, mediante el uso de su poder económico para ayudar a crear una máquina política unipartidista[19]. Uno de los muchos ejemplos es su reciente lucha conjunta contra la legislatura republicana de Georgia[20].

Es más, las redes sociales, incluidas Facebook/Instagram, Twitter, Google/YouTube, que alguna vez fueron vistas como el antídoto al rol oligopólico de los medios corporativos como propagandistas del Partido Demócrata y portavoces del "activismo social" y el "progresismo", y acogidos como espacios abiertos y públicos para la comunicación, resultaron ser un ardid autócrata. Se ha aprendido la dura lección, en particular este último año, de que las *Big Tech* son, de hecho, un oligopolio propio en el que un puñado de multimillonarios censura, suspende, prohíbe y edita publicaciones, videos y comentarios que ofenden o desafían la ortodoxia del Partido Demócrata, de los varios movimientos marxistas, de los autoritarios de la pandemia del coronavirus, etc. Mark Zuckerberg, multimillonario de Facebook, incluso contribuyó cientos de millones de dólares en subvenciones durante las últimas elecciones para aumentar la participación electoral en bastiones del Partido Demócrata en los estados clave más disputados[21].

¿Qué podemos hacer con respecto a estos ataques a nuestra libertad, nuestras familias y nuestro país? Por supuesto, no tengo todas las respuestas. Para empezar, advertí hace años en *Libertad y tiranía* que "debe[mos] involucrar[nos] más en los asuntos públicos. [...] Esto requerirá una nueva generación de activistas, [...] más numerosos, más astutos y más elocuentes que antes, que buscan embotar la contrarrevolución del Estatista"[22]. Debemos aprovechar cada oportunidad que tengamos para recuperar nuestras instituciones: postularnos a cargos, obtener cargos por nombramiento y poblar profesiones —incluidos el ámbito académico, el periodismo y las empresas— con patriotas que puedan marcar una diferencia. Debemos hacernos cargo de enseñarles a nuestros hijos y nietos acerca de la magnificencia de nuestro país, de nuestra constitución y del capitalismo, y acerca de los males del marxismo y de las personas y las organizaciones que lo promueven. Debemos explicarles por qué es importante apoyar y respetar a nuestra policía y a nuestras fuerzas armadas que nos protegen de los criminales y de los enemigos extranjeros.

Dada la urgencia del momento, sin embargo, ni siquiera esto es suficiente. De hecho, el destino de nuestro país está en *tus* manos y depende de que *tú* te conviertas en un activista fuerte que alce más la voz por nuestra nación y por nuestra libertad. A pesar de que, por momentos, nuestro futuro parece desolador, no debemos, ni ahora ni nunca, someternos a este enemigo interno.

En caso de que lo olvidáramos, el 19 de diciembre de 1776, cuando la Guerra de Independencia parecía perdida y la moral del ejército de George Washington había tocado fondo, Thomas Paine escribió *The American Crisis, No. 1* [La crisis americana, n.º1], que comenzaba así:

> ESTOS son los momentos que ponen a prueba el alma de los hombres. El soldado de verano y el patriota de sol radiante rehuirán, en esta crisis, del servicio a su país; pero aquel que hoy se mantiene firme a su lado, merece el amor y las gracias de todo hombre y toda mujer. La tiranía, tal como el infierno, no es fácil de conquistar; sin embargo, tenemos este consuelo, que cuanto más difícil es el conflicto, más glorioso será el triunfo. Estimamos muy livianamente aquello que obtenemos demasiado barato: es solo el

> alto aprecio lo que da a todo su valor. Los cielos saben cómo poner un precio adecuado a sus bienes; y sería realmente extraño que un artículo tan celestial como la LIBERTAD no estuviera altamente valuado[23].

Y Paine hizo un llamado a todos los norteamericanos para que lucharan contra la tiranía:

> No hago un llamado a unos pocos, sino a todos: no en este o aquel estado, sino en cada uno de los estados: arriba y a ayudarnos; hay que poner el hombro; es mejor tener demasiada fuerza que tener poca cuando está en juego tan grande objeto. Que le digan al mundo futuro que en la profundidad del invierno, cuando nada podía sobrevivir más que la esperanza y la virtud, que la ciudad y el campo, alarmados ante un peligro en común, se pusieron en marcha para enfrentarlo y repelerlo[24].

La noche del 25 de diciembre de 1776, Washington ordenó que leyeran las palabras de Paine a sus tropas exhaustas antes de la Batalla de Trenton, la cual, por supuesto, terminaron ganando. El panfleto de Paine no solo llenó de energía a los hombres de Washington, sino que se difundió con rapidez a través de las colonias, e incitó y movilizó a las personas.

Nuestro desafío hoy es igual de crucial y urgente y, de muchas maneras, es más complejo. No buscamos este enfrentamiento, pero aquí está. Y, la realidad es que, tal como ocurrió en los primeros días de la Guerra de Independencia, estamos perdiendo. Desgraciadamente, a la mayor parte del país la tomó por sorpresa y sigue sin comprometerse. Lo que debe entenderse es que los varios movimientos asociados al marxismo están constantemente agitando, presionando, amenazando, copando y hasta organizando revueltas para alcanzar sus objetivos, para lo cual no hay ningún tipo de contrapresión ni agitación, es decir, nada que los haga retroceder. Eso debe cambiar hoy.

¡Este es un llamado a la acción!

El momento de actuar es ahora. Cada uno de nosotros debe hacerse tiempo en su vida cotidiana para ayudar a salvar a nuestro país. Debemos ser tácticos y diestros en nuestra respuesta al marxismo norteamericano y sus múltiples movimientos. Y debemos organizarnos, manifestarnos, hacer boicots, protestar, hablar, escribir y mucho más… y, cuando sea apropiado, debemos utilizar las estrategias y tácticas marxistas en su contra. Es decir, debemos transformarnos en los nuevos "activistas comunitarios". Pero, a diferencia de los marxistas, nuestra causa es el *patriotismo*.

Estas son algunas de las estrategias importantes que debemos utilizar:

BOICOT, DESINVERSIÓN, SANCIONES (BDS)

No cabe duda de que el movimiento del Boicot, la Desinversión y las Sanciones, o movimiento BDS, suena familiar, ya que ha sido utilizado por los enemigos extremistas del Estado de Israel para intentar destruirlo económicamente. Los elementos operacionales de este movimiento, sin embargo, pueden ser adoptados por patriotas norteamericanos contra las corporaciones, contra otras organizaciones, contra donantes, etc. que estén financiando o apoyando de algún otro modo a los movimientos marxistas en nuestro país.

Los BOICOTS suponen retirar el apoyo a los medios corporativos, a las *Big Tech*, a otras corporaciones, a Hollywood, a las instituciones deportivas, culturales y académicas comprometidas con promover el marxismo norteamericano y sus varios movimientos.

Las campañas de DESINVERSIÓN ponen presión sobre los bancos, las corporaciones, los gobiernos locales y estatales, las instituciones religiosas, los fondos de pensión, etc. para que retiren sus inversiones en, y su apoyo a, los varios movimientos marxistas.

Las campañas para las SANCIONES presionan a los gobiernos locales y estatales para que den fin a los subsidios para los contribuyentes y demás formas de apoyo para las instituciones con lazos con los varios movimientos marxistas y sus políticas; y que prohíban la enseñanza y el adoctrinamiento de la teoría crítica de la raza, la teoría crítica del género, etc., en las escuelas públicas financiadas por los contribuyentes.

Es más, los marxistas norteamericanos son litigiosos: presentan lluvias de demandas de manera implacable en jurisdicciones y cortes donde el foro les resulte más favorable, al tiempo que presentan una medida administrativa tras otra en burocracias federales y estatales para recabar información sobre acciones del gobierno y opositores políticos, así como para agobiar a los burócratas con pedidos de búsquedas. Los patriotas norteamericanos deberían hacer lo mismo. En FOIA.gov se puede obtener información sobre cómo presentar pedidos para la Ley por la Libertad de la Información (Freedom of Information Act). Cada estado tiene reglas sobre la libertad de información que se pueden encontrar fácilmente en internet. Además, se puede encontrar una lista parcial de grupos legales conservadores y libertarios en conservapedia.com/Conservative_legal_groups, y se pueden encontrar los procedimientos para realizar demandas contra gobiernos federales y estatales en www.usa.gov/complaint-against-goverment. Además, si se junta información acerca de la naturaleza política partidaria de ciertas organizaciones de base marxista, también se puede desafiar el estatus impositivo favorable que se les confiere, mediante la presentación de demandas en el Servicio de Impuestos Internos (IRS, por sus siglas en inglés).

Como cuestión general, siempre que sea posible, debemos instituir *nuestro* movimiento BDS contra las influencias del marxismo norteamericano, adoptar un método del tipo de Cloward y Piven para "abrumar" al sistema, bloquear al sistema, luego culpar al sistema y tomar el control del sistema, pero, en este caso, sería el sistema creado e instituido por los movimientos de base marxista.

Es más, también debería aplicarse la regla número 13 de *Rules of Radicals* [Reglas de radicales] de Saul Alinsky, cuando se considere apropiado: "seleccionar el objetivo, congelarlo, personalizarlo y polarizarlo"[25]. Alinsky escribió, en parte: "Obviamente, no tiene sentido tener tácticas a menos que uno tenga un objetivo en el cual centrar los ataques"[26].

También recordemos que la unión hace la fuerza. Los sindicatos de maestros, Antifa, BLM y otros lo entienden. Y nosotros deberíamos entenderlo también.

A continuación, presento algunas tácticas específicas para la acción, que no deberían verse como una lista exhaustiva:

EDUCACIÓN

Deben organizarse comités locales de activistas comunitarios patrióticos, tal como ya lo están haciendo algunos, en cada distrito escolar de los Estados Unidos. Entre otras cosas, deberían involucrarse en prácticamente cada aspecto de la educación pública a nivel local. Ya no podemos dejar la educación de nuestros hijos y el bienestar de nuestra comunidad en manos de "los profesionales". Tal como hemos aprendido, en especial a partir de la pandemia, velar por los intereses de nuestros niños no es la prioridad de la burocracia educativa, y las consecuencias de esa falta de atención son desastrosas. ¿Qué se debe hacer?

1. Los comités comunitarios deberían asegurarse de que sus miembros participen de cada reunión del comité escolar para así asegurarse también de que se sirva el interés público y el de los estudiantes, y no los intereses monopólicos de los sindicatos de maestros, de los activistas marxistas y demás grupos de presión. Con esto me refiero a que se presenten cientos de activistas patriotas que se hagan oír en cada reunión de comité escolar a lo largo del año. La comunidad debe recuperar las aulas y las escuelas.

2. Debemos terminar con la naturaleza y las prácticas furtivas de los sistemas escolares. Los comités comunitarios deberían examinar los planes de estudio de las aulas, los libros de texto, el material utilizado en la capacitación docente y los seminarios, el contrato de los maestros con el distrito escolar y los presupuestos de las escuelas. Donde haya resistencia por parte de los comités escolares o de la administración de la escuela a la hora de actuar con transparencia, lo cual es probable, los activistas deberían utilizar procedimientos locales y estatales para la libertad de información, así como otras herramientas legales para obtener dicha información. La clave es la persistencia. De ser necesario, se pueden solicitar los servicios de un abogado local en la comunidad que esté dispuesto a asistir en el acceso a la información de manera voluntaria. A pesar de que puede llegar a ser necesario pedir ayuda a grupos legales nacionales, el objetivo es que los comités comunitarios establezcan una presencia y una voz permanentes y locales dentro de su

sistema escolar para contrarrestar y monitorear a los comités escolares, a los burócratas educativos y a los sindicatos que han podido campar a sus anchas y han tenido el control absoluto de la educación hasta ahora.

3. Los comités comunitarios deberían insistir en que los contratos con los sindicatos de maestros impidan que los maestros utilicen las aulas y abusen de la libertad académica para hacer proselitismo o adoctrinar a los estudiantes acerca de la CRT, la teoría crítica del género y demás movimientos dentro de la órbita marxista que han sido impuestos repentinamente a los estudiantes. Ya basta del lavado de cerebros a tus hijos con odio racista y desdén por su país. A los maestros se les paga para enseñar, y con enseñar nos referimos a una enseñanza objetiva, fáctica, científica y matemática. Es más, los administradores de las escuelas deberían estar sobre aviso de que esperas que se aseguren de que tanto los maestros que ellos supervisan, así como el contenido del currículo del curso, sean apropiados. Por ejemplo, se debería enseñar Historia a los estudiantes, escrita por verdaderos historiadores, y no el ampliamente condenado y desacreditado Proyecto 1619, bazofia de la CRT. Si no tienen la capacidad o el deseo de ejercer un control eficiente y estricto al respecto, deberían ser apartados de sus cargos.

4. Hay abogados particulares y grupos legales que se están uniendo en juicios contra la capacitación y la enseñanza de la CRT en las escuelas públicas, alegando discriminación basada en la raza y el color, además de en el sexo, el género y la religión, en clara violación de la Ley de Derechos Civiles de 1964, y del Título VI y el Título IX de la Enmienda Educativa de 1972, y contra la creación de un ambiente educativo hostil basado en un discurso discriminatorio impuesto

y la perpetuación de estereotipos raciales[27]. Los comités comunitarios, los grupos de padres y demás activistas patriotas deberían presentar sus propias demandas contra el mayor número posible de sistemas escolares que practican e imponen el racismo de la CRT y demás ideologías relacionadas con el marxismo. El sitio web Legal Insurrection [Insurrección Legal] brinda algunos recursos muy útiles en relación con la CRT en las escuelas aquí: criticalrace .org/k-12/. El grupo Parents Defending Education [Padres en Defensa de la Educación] es una de las varias organizaciones políticas comunitarias que también puede brindar asistencia. Se puede encontrar aquí: defendinged.org/.

5. En estados en los que hay legislaturas y gobernadores abiertos y receptivos, los comités comunitarios deberían urgir que aprueben leyes que impidan el adoctrinamiento de los estudiantes y la capacitación de maestros según las ideologías de las varias organizaciones relacionadas con el marxismo, incluida la CRT. Algunos estados, aunque no los suficientes, han aprobado esas leyes. Se debería urgir a los procuradores generales receptivos a que utilicen protecciones constitucionales y de derechos civiles federales y estatales contra los distritos escolares y los sindicatos de maestros que impongan un adoctrinamiento racista a maestros y estudiantes. Es más, los patriotas norteamericanos deberían demandar que la ley estatal exija que las escuelas enseñen Instrucción Cívica, los principios fundacionales de la Declaración de Independencia y la Constitución, etc. Los sistemas escolares reciben fondos considerables del estado y esta es otra manera de responsabilizarlos.

6. En casi todas las comunidades, una gran mayoría de los impuestos a la propiedad son destinados al financia-

miento del sistema escolar local, y la mayor parte de esos fondos se utilizan para los salarios de los maestros. Si los sistemas escolares se resisten a ser receptivos a los comités comunitarios y al público, y si los sindicatos de maestros continúan con la promoción de sus propias agendas políticas e ideológicas, los comités comunitarios a los que me refiero deberían organizar una revuelta de contribuyentes. La experiencia del Movimiento del Tea Party brindará una excelente guía. A pesar de que, en ciertos estados, los sindicatos de maestros tienen la capacidad de hacer huelgas, el poder de la cartera es una herramienta importante que no se ha utilizado lo suficiente en la lucha por el control de las escuelas públicas.

7. Los comités comunitarios deberían exigir que exista competencia en la educación. El tema es qué beneficia a los estudiantes individuales y al público, y no a los miembros atrincherados en los comités escolares, a los sindicatos de maestros y a la burocracia educativa. El triunvirato siempre se opone a la opción escolar, incluso para escuelas chárter, a los váucheres para escuelas privadas y parroquiales, etc., porque se opone a la competencia. Los padres y demás contribuyentes deberían insistir en que los dólares de los impuestos sigan a los estudiantes, en especial ahora dadas la radicalización y la politización de los sistemas públicos de escuelas, así como el abuso de poder demostrado por muchos sindicatos de maestros durante la pandemia del coronavirus.

8. Los comités comunitarios deberían desarrollar y entrenar a potenciales candidatos para que se postulen para los comités escolares locales, o respaldar a aquellos que compartan su compromiso con una verdadera reforma educativa. Esto ya ha comenzado en algunos comités.

9. Si tenemos suerte, los comités comunitarios se establecerán y crecerán a través del país, posibilitando así el intercambio de información y de tácticas entre ellos.

10. Hay pasos que tú puedes dar también, junto con otros grupos o fundaciones legales sin fines de lucro, con respecto a las actividades políticas y de otra índole de la Asociación Nacional de Educación (NEA) o la Federación Estadounidense de Maestros (AFT) y sus afiliados estatales y locales, que son sindicatos del sector *público* que reciben beneficios impositivos y otros beneficios gubernamentales[28]. Estos incluyen presentar pedidos en el IRS para su declaración de impuestos. Es más, a veces, estos sindicatos y demás grupos afines crean organizaciones con exenciones fiscales. Las declaraciones de impuestos federales de las organizaciones con exenciones fiscales (Formulario 990s) están disponibles al público en el sitio web de la organización. El IRS también acepta quejas presentadas contra organizaciones con exenciones fiscales por el supuesto incumplimiento de su estatus impositivo federal, incluidos en muchos casos los sindicatos de maestros. Se puede encontrar información aquí: www.irs.gov/charities-non-profits/irs-complaint-process-tax-exempt-organizations.

La educación superior presenta su propio conjunto de dificultades y desafíos. Es el semillero del marxismo norteamericano, en donde marxistas titulares y profesores radicales llevan la batuta. Es más, los colegios universitarios y las universidades deberían ser sometidos al tipo de movimiento BDS que sus estudiantes y graduados a menudo despliegan contra los demás. Hay oportunidades para ponerles un verdadero freno.

1. En primer lugar, cualquier padre que esté comprometido a nivel económico con la educación de su hijo para que pueda asistir a un colegio universitario o a una universidad debe cuanto menos intentar ejercer algún tipo de control sobre la decisión de su hijo en cuanto a qué institución asistirá. Aquí tenemos una verdadera opción escolar, y la decisión es determinar si la elección será inteligente. Por lo tanto, el padre debe familiarizarse muy bien con la reputación de la institución en cuanto a la libertad académica, la libertad de expresión, la educación tradicional y demás, o si es un caldo de cultivo de radicalismo e intolerancia marxistas. Es más, incluso si no está contribuyendo en lo económico con la educación, un padre debería utilizar su influencia de todos modos para ayudar a dirigir y guiar la decisión de su hijo. Además, si tu hijo puede haber sido aceptado en una universidad de la *Ivy League*, no deberías quedar hipnotizado por su nombre ni por la reputación que tuvo alguna vez. Por ejemplo, entre los fundadores más apasionados de la CRT había profesores de Derecho de Harvard y Stanford. Tal como se discutió extensamente más arriba, la ideología de la teoría crítica de base marxista se ha devorado a nuestros colegios universitarios y universidades y ha generado numerosos movimientos radicales a través del ámbito académico, que se han dispersado a través de nuestra sociedad. De nuevo, el sitio web Legal Insurrection brinda una base de datos muy útil y exhaustiva de actividad de la CRT en los campus de los colegios universitarios y las universidades que se puede encontrar aquí: legalinsurrection.com/tag/college-insurrection/.

2. Los colegios universitarios y las universidades llevan a cabo constantes campañas para recaudar fondos en las

que acuden a los graduados en busca de apoyo económico. Algunas de estas instituciones amasan grandes fondos en donaciones. Esta es una manera fácil de eliminar una fuente de financiamiento para las instituciones que son semilleros del marxismo norteamericano. De hecho, deberían lanzarse campañas para informar a los graduados y a potenciales donantes que no deberían brindar su apoyo a ciertos colegios universitarios y universidades que silencian la libertad académica y de expresión, promueven el marxismo y son parte de la cultura de la cancelación. Hay también instituciones, aunque son las menos, que deberían ser apoyadas por su enfoque tradicional a una educación en las artes liberales, tales como Hillsdale College y Grove City, entre otras.

3. A los colegios universitarios y universidades hay que darles de tomar su propia medicina. Deberían elegirse varios para usar como ejemplo, y tomarlos específicamente como objetivo para campañas del tipo BDS, es decir, que los padres, los estudiantes y los donantes los boicoteen; que queden despojados de dólares provenientes del sector privado; y que sean sancionados por campañas para presionar a los gobiernos locales y estatales, así como a las corporaciones para que suspendan su apoyo a estas instituciones.

4. Las legislaturas estatales son las principales fuentes gubernamentales de fondos para los colegios universitarios y las universidades y, en algunos casos, la fuente principal, es decir, los contribuyentes del estado. Sin embargo, hacen poco por monitorear o influenciar cómo se utiliza la mayoría de los fondos en estos campus. Los colegios universitarios y las universidades se han convertido en verdaderos imperios que insisten en su inmunidad a un monitoreo y una supervi-

sión sustanciales mientras hacen uso de las libertades que se les otorgan a dichas instituciones bajo la Primera Enmienda y la doctrina de libertad académica, para silenciar a las voces inconformistas, sean estos profesores, estudiantes, oradores externos, etc. Ya es hora de presionar a las legislaturas y los gobernadores para que tomen medidas inmediatas que refrenen los aspectos despóticos de estas instituciones que usan sus libertades para destruir las nuestras.

Por ejemplo, el ámbito académico esta superpoblado de profesores titulares radicales, muchos de los cuales predican la sedición, tal como se discutió ampliamente más arriba. También mostré que en una encuesta de 2006 a cientos de profesores de colegios universitarios y universidades se encontró que "80% era firmemente de izquierda, con más de la mitad de estos de extrema izquierda [...] uno de cada cinco profesores en las ciencias sociales se autodefinía como 'marxista'"[29]. Eso fue hace quince años; imaginen cuánto peor es hoy en día. Es más, en mi libro *Plunder and Deceit* [Saqueo y engaño], señalé estudios que muestran que "hay [...] una red incestuosa de graduados de los departamentos académicos más destacados en las diferentes áreas de estudio, que contratan a excompañeros al irse a los más altos puestos en departamentos de otros colegios universitarios y universidades"[30] para asegurar y promover el pensamiento ideológico de grupo entre el profesorado.

Las legislaturas estatales deben deshacer la manera corrupta en que se recluta, contrata, paga y otorga titularidad en los profesorados de los colegios universitarios y universidades subsidiados por los contribuyentes. De hecho, la práctica de la "titularidad", o garantía de la permanencia en un puesto, debería eliminarse por completo. No hay una base legítima o racional para el extremo desequilibrio ideológico y político de los profesorados en varios departamentos dentro de los colegios universitarios y las universidades. Es más, no hay una buena razón por la que los contribuyentes deberían pagar a marxistas para que enseñen a generaciones de estudiantes a odiar a su país, protegerlos del escrutinio y la rendición de cuentas y proveerles una seguridad de por vida mediante una titularidad. Esta camarilla académica es libre de promover sus causas ideológicas de manera incansable y de controlar efectivamente los campus de colegios universitarios y universidades a través de los Estados Unidos. Son tanto ellos como sus administradores quienes han destruido la libertad académica y la libertad de expresión. De hecho, si realmente existieran la libertad académica y la libertad de expresión en estos campus, los pocos profesores que no se someten a la ideología de la mayoría y hasta osan cuestionarla no estarían amenazados, ni sometidos a la cultura de la cancelación ni se arruinarían sus carreras. Los estudiantes y grupos estudiantiles que desafían a los marxistas de los campus no serían hostigados y atacados violentamente[31]. Se daría la bienvenida a oradores con todo tipo de puntos de vista, en lugar de tener a una muchedumbre encolerizada que abuchea y echa de los campus a oradores pro Estados Unidos. Los oradores en las graduaciones serían más representativos de la sociedad en general[32].

Como muchos de los departamentos en los colegios universitarios y universidades de los Estados Unidos se han convertido en fábricas de adoctrinamiento con orientación marxista, es de esperar que los políticos demócratas como el senador Bernie Sanders hayan propuesto la educación superior gratuita y la eliminación de los préstamos para estudiantes como un modo de alentar la asistencia de un mayor número de jóvenes a colegios universitarios y universidades[33]. La administración Biden ha propuesto miles de millones más en gastos y subvenciones para la educación superior, y promete mucho más en el futuro[34]. Y, sin embargo, sigue sin ser suficiente, mientras se disparan los costos, los gastos y los aranceles de los colegios universitarios[35].

Además, a pesar del enorme desembolso de dólares de contribuyentes para subsidiar a estas instituciones, su endogamia ideológica parece proveer a la mayoría de inmunidad contra una supervisión e inspección regularizada, sostenida y rigurosa, ciertamente por parte de los demócratas que controlan el congreso y varias legislaturas estatales. Pero las legislaturas estatales que no aprueben la transformación de estas instituciones y sus altísimos precios deberían comenzar de inmediato a recobrar el financiamiento futuro para estas instituciones y exigir una rendición de cuentas académica y financiera. De nuevo, el poder de la cartera es un medio crucial para el control de estas instituciones cada vez más descontroladas.

5. Dado que la administración Biden está de hecho dando cobijo a los colegios universitarios y universidades que aceptan incontables decenas de millones de dólares en donaciones y subsidios extranjeros[36], incluidos aquellos de la China comunista que ha establecido "Institutos de Confucio" a través del ámbito académico de los Estados Unidos, y a pesar de la reciente acción del Senado para ajustar el control sobre estos fondos[37], se debería presionar a las legislaturas estatales para que obliguen a estas escuelas a presentar el recibo de estos fondos y luego prohibirlos. China y otros países están usando estos fondos para comprar propaganda favorable que los apoye, así como material de asignaturas para sus regímenes represivos. Si los colegios universitarios y las universidades se resisten, las legislaturas estatales deberían recortar aún más su financiamiento.

6. No pasemos por alto que se pueden utilizar las leyes estatales de libertad de información para recabar todo tipo de información de y sobre las universidades públicas, y la FOIA federal aplica al Departamento de Educación, donde

sin lugar a duda existe más información sobre estas instituciones.

Por último, los estudiantes obviamente tienen mucho en juego en cuanto a su propia educación. Si un profesor abusa de su rol y convierte el aula en un seminario de adoctrinamiento en apoyo de los muchos movimientos relacionados con el marxismo, los estudiantes deberían exigir que el colegio universitario o la universidad les devuelva su dinero; incluso pueden unirse a otros estudiantes de pensamiento afín y objetar ante la administración de la institución la propaganda que hace el profesor; y tal vez incluso considerar el litigio de tipo comercial por publicidad y tácticas engañosas, etc.

CORPORACIONES

Ayn Rand observó: "La mayor culpa de los industrialistas modernos no es el humo que sale de las chimeneas de sus fábricas, sino la polución de la vida intelectual de este país, la cual han consentido, asistido y apoyado"[38]. Tan cierto.

Por razones mencionadas más arriba, y por bizarro que parezca, muchas grandes corporaciones han adoptado a BLM[39], a otros movimientos y agendas de orientación marxista relacionados con la teoría crítica y los esquemas de votación engañosos del Partido Demócrata[40]. En una campaña de represión, muchos buscan suprimir la libertad de expresión, censurar las opiniones y las creencias inconformistas y prohibir o boicotear a individuos, grupos, a otras compañías en general más pequeñas que no acaten a la nueva ortodoxia, y hasta incluso a las legislaturas estatales republicanas. Incluso más, están adoctrinando a su mano de obra con la ideología de varios movimientos marxistas como condición para su empleo[41]. Por supuesto, Donald Trump prohibió al Gobierno federal utilizar a la CRT en sus entrenamientos y que hiciera negocios con las compañías que usan a la CRT, y rechazó los esfuerzos del Partido Demócrata y sus grupos sustitutos por eviscerar las leyes de votación estatales anteriores a 2020[42].

Ahora, estas compañías se han asociado abiertamente con el Partido Demócrata en contra del Partido Republicano, y retienen el apoyo económico a este último al tiempo que apoyan más a los candidatos de los primeros[43]. En efecto, Joe Biden era su candidato a presidente indiscutido[44]. Y Biden ha contratado a numerosos ejecutivos de entre sus rangos[45]. Además, los CEO corporativos son activistas y propagandistas de estas causas: organizan petitorios, cartas y demás esfuerzos públicos con motivación política, y hasta basan su éxito corporativo en sus logros dentro del activismo social[46].

Sin embargo, mientras que se hace una señalización de la virtud a nivel doméstico, muchas de estas corporaciones hacen negocios con el enemigo más peligroso de los Estados Unidos: el régimen genocida de la China comunista[47]. Están expandiendo sus lazos con China[48], o intentando ingresar al mercado chino, pero no se expresan acerca de las horrorosas violaciones a los derechos humanos en China[49], incluidas la extirpación forzada de órganos[50], su extensísima red de campos de concentración[51] y la tortura, la violación y el asesinato de uigures musulmanes, entre otros grupos minoritarios[52].

De nuevo, ¿qué se puede hacer?

1. Cada uno de nosotros, junto con nuestro círculo de amigos, socios y vecinos, puede practicar lo que yo llamo "comercio patriótico", es decir, convertirse en un consumidor patriótico informado. Juntos, tenemos una influencia

económica enorme. Tanto si compramos productos pequeños o servicios de uso diario como si tomamos decisiones financieras de vida más importantes, cada uno de nosotros debe tomarse un momento para decidir si el individuo o compañía con quien va a hacer negocios comparte nuestra visión del mundo. Si la comparte, o si es neutral y no se involucra en temas políticos, entonces deberíamos apoyarlo. Si no, no deberíamos hacer negocios con ese individuo o compañía, y hasta incluso deberíamos organizar boicots en su contra como parte de nuestros movimientos BDS. Los marxistas norteamericanos y sus aliados y sustitutos han utilizado el boicot durante décadas, y debemos ponerle un freno. De hecho, en los últimos años han aumentado este tipo de actividades[53].

Es más, deberías apoyar a nivel económico, mediante la compra de sus productos y servicios, a aquellas compañías a las que ellos apuntan y que se resisten a ceder ante estas tácticas mafiosas. Por ejemplo, cuando el CEO de Goya expresó su apoyo hacia Donald Trump, las brigadas marxistas boicotearon su compañía. Pero la reacción de estadounidenses patrióticos para hacerlas retroceder fue rauda y contundente: se unieron para asistir a la compañía y compraron tantos productos Goya que se vaciaron los estantes de los supermercados[54]. La lección aquí es que, además de boicotear a compañías personal y colectivamente, debemos apoyar a las compañías que son pro Estados Unidos.

Es más, utiliza las redes sociales para exponer, presionar y organizar protestas contra corporaciones política e ideológicamente hostiles (tocaré el tema de las *Big Tech* más adelante); asiste a las reuniones de accionistas en grandes grupos y háganse oír (esto incluye a los medios corporativos y las compañías *Big Tech*). El Free Enterprise Project (FEP) "presenta las resoluciones de accionistas, se enfrenta a CEOs de corporaciones y miembros de las juntas directivas en las reuniones de accionistas, solicita consejo interpretativo a la Comisión de Bolsa y Valores (SEC, por sus siglas en inglés) y patrocina campañas mediáticas efectivas para crear incentivos que hagan que las compañías no se desvíen de sus misiones", y puede asistirte en tus esfuerzos. El FEP se puede encontrar aquí: nationalcenter.org/programs/free-enterprise-project. Hay otros grupos que hacen lo mismo. Puedes ser parte de campañas patrióticas impulsadas por accionistas.

Cabildea para que los legisladores estatales investiguen a estas corporaciones, en particular a aquellos que hacen negocios en y con la China comunista, y presiónalos para que priven a estas compañías de todo tipo de pensión del estado y demás fondos.

2. ¿Cómo sabes qué corporaciones se han puesto del lado de los grupos y las causas marxistas, tales como el movimiento de la CRT, o están de algún otro modo involucradas en temas políticos y/o de políticas públicas con los cuales no concuerdas? Por supuesto, internet provee información significativa que podría brindar esta información, como lo hacen también los prospectos corporativos (las corporaciones tienden a presumir de su "activismo social"). También hay organizaciones que siguen y evalúan a las compañías según sus actividades políticas e ideológicas, entre las que se incluyen 2ndVote, que puedes encontrar aquí: www.2ndvote.com; y el sitio web OpenSecrets que sigue el rastro de donaciones y puedes encontrarlo aquí: www.opensecrets.org. Simplemente ingresa el nombre de la compañía. Es más, el Media Research Center sigue a los patrocinadores

corporativos de los principales programas de las cadenas de noticias, que pueden encontrarse aquí: www.mrc.org/conservatives-fight-back.

Donde sea posible, también deberías comprar bienes y servicios a empresas o emprendimientos más pequeños o locales, que tienden a estar menos involucrados con los varios movimientos de base marxista, en vez de a grandes corporaciones internacionales, a Amazon o a grandes tiendas de almacén que están cada vez más alineadas con esos movimientos.

3. El apoyo al capitalismo de libre mercado ya no debe confundirse con la defensa de la oligarquía corporativa y el capitalismo de amigos. Las grandes corporaciones se han trasladado al negocio del activismo social y se han alineado con los movimientos de base marxista y con el Partido Demócrata[55]. Por lo tanto, dejémoslos vivir bajo la mano de hierro de sus nuevos socios y que experimenten las consecuencias. Cuando nuestros aliados en el gobierno establezcan impuestos y políticas regulatorias, debemos insistir en que hagan una distinción entre el trato dado a las corporaciones oligárquicas y a las pequeñas y medianas empresas. Los intereses de las primeras no se alinean con los intereses de las segundas ni con los nuestros de preservar a nuestra república. Por ejemplo, evidenciamos cómo se unieron Google, Facebook, Twitter, Apple, etc. en un descarado esfuerzo por destruir al advenedizo Parler, por censurar al expresidente Trump, por encubrir el escándalo de Hunter Biden antes de la elección general, por imponer confinamientos por el coronavirus y prohibir opiniones científicas/expertas que diferían de las de burócratas del gobierno y, en términos generales, por utilizar técnicas de supresión para

estigmatizar y silenciar la expresión y el debate que no apoyaban ni apoyan en materia de asuntos políticos y políticas públicas. También evidenciamos cómo cientos de corporaciones se confabularon contra la legislatura republicana en Georgia y su esfuerzo por reformar juiciosamente el sistema electoral del estado, trabajando junto con el Partido Demócrata y sus esfuerzos por establecer allí una gobernanza unipartidista. Estas corporaciones emitieron cartas, petitorios, declaraciones públicas y algunas hasta instituyeron boicots económicos, incluidas las Grandes Ligas de Béisbol (MLB, por sus siglas en inglés) que no realizaron su Juego de Estrellas en Atlanta[56].

Por lo tanto, cuando las legislaturas estatales controladas por los demócratas, o los congresistas demócratas se vuelven en contra de sus nuevos aliados corporativos y, por ejemplo, proponen un aumento significativo al impuesto sobre la renta de sociedades, no deberíamos mover un dedo para evitarlo. Lo que deberíamos hacer en vez, es insistir en que se proteja a las pequeñas y medianas empresas que no están envueltas en la promoción de la agenda de los marxistas norteamericanos o del Partido Demócrata. Es más, cuando fuera apropiado, deberíamos insistir en aplicar medidas antimonopólicas contra las grandes corporaciones que utilizan su influencia no solo para sofocar a la competencia (tales como las *Big Tech*) sino también para apoyar políticas públicas legislativas y políticas que debilitan a nuestro país. Y si las leyes antimonopólicas existentes no son adecuadas, deberían actualizarse. Es más, habría que cabildear en las legislaturas estatales afines para que se enfrenten a las *Big Tech*, ya que los estados no están faltos de recursos estatutarios, tal como lo demostró Florida[57].

4. Los grandes medios y las *Big Tech* son de las oligarquías corporativas más grandes de la nación. Han demostrado una y otra vez el uso de su influencia corporativa para reprimir, censurar y hacer propaganda en nombre del activismo social, de los movimientos de base marxista y del Partido Demócrata. Los grandes medios usan su influencia corporativa para intentar destruir a las organizaciones de noticias y opinión inconformistas (por ejemplo, CNN, cuyo dueño es AT&T, aboga continuamente por quitar de las plataformas al Fox News Channel y por prohibir a sus presentadores), y, desde luego, las *Big Tech* hacen lo propio contra empresas de redes sociales más pequeñas. No olvidemos que cuando se desarrollaron la televisión por cable y más tarde las redes sociales se celebraron por proveer *más* opciones y elecciones para los nuevos consumidores. Por el contrario, las adquisiciones y consolidaciones corporativas han llevado a que relativamente pocos corporativistas controlen el contenido y la distribución de la información a través del país. Esto es simplemente intolerable.

Con respecto a las *Big Tech*, si utilizas las redes sociales, deberías buscar alternativas a los oligarcas corporativos. No soy bueno con la tecnología, pero sé lo suficiente como para sugerir algunas opciones: los foros comunitarios de Parler, MeWe y Discord. Rumble, Vimeo y Bitchute. Y el buscador DuckDuckGo. Y hay otros que puedes encontrar en internet. Es más, puedes monitorear las actividades de censura de los oligarcas de las *Big Tech* a través del Media Research Center's Free Speech America Project y su sitio Censortrack aquí: censortrack.org.

Sin embargo, la verdadera causa del poder y el abuso de las *Big Tech* data de la protección que les otorgó el Congreso en 1996 bajo la Sección 230 de la Ley de Decencia en las Comunicaciones. Tal como explica Rachel Bovard del Conservative Partnership Institute (CPI): "protege a las *Big Tech* de ser demandadas por el contenido que publican los usuarios en sus sitios. La ley también crea un escudo de responsabilidad que permite a las plataformas 'restringir el acceso a, o la disponibilidad de, material que el proveedor o el usuario considere [...] objetable, esté o no protegido constitucionalmente dicho material'"[58]. También agrega: "Ahora, un puñado de las *Big Tech* controlan el flujo de la mayor parte de la información en una sociedad libre, y lo están haciendo asistidas por, y en complicidad con, las políticas del gobierno. Decir que estas son meramente compañías privadas que ejercen los derechos que les otorga la Primera Enmienda es un marco reduccionista que ignora que lo hacen de un modo privilegiado —son inmunes a las responsabilidades a las que están sometidos otros actores de la Primera Enmienda, tales como los periódicos— y también que estas decisiones en cuanto a la moderación de contenidos ocurren a una escala extraordinaria y sin parangón"[59]. Por lo tanto, la próxima vez que los republicanos controlen el Congreso y la presidencia, deben ser presionados agresivamente para que quiten la inmunidad de la Sección 230 a las *Big Tech*, algo que el presidente Trump intentó hacer pero que frustró su propio partido.

Es más, la interferencia con las elecciones y el intento de manipularlas por parte del multimillonario de Facebook Mark Zuckerberg, incluida la elección presidencial de 2020, con cientos de millones en contribuciones dirigidas a un destino específico, así como la manipulación de algoritmos de Google, deben ser investigados y prohibidos tanto a nivel federal como estatal[60]. Puedes ponerte en contacto con legisladores estatales afines y presentar reclamos ante las corporaciones que hacen lo que consideraríamos contribuciones en especie a diversas agencias federales y estatales y, de nuevo, presentarte en sus reuniones de accionistas y hacerte oír.

Con respecto a los grandes medios y su guerra contra la libertad de expresión y la competencia de los medios, las grandes corporaciones se han devorado muchas plataformas mediáticas significativas. Ya mencioné que AT&T es dueña de CNN. Comcast es dueña de NBC. Se puede encontrar una lista parcial con otros ejemplos en Investopedia.com[61]. La falta de autorregulación y la negligencia de estas corporaciones, así como su apoyo al Partido Demócrata y a los grupos de base marxista y sus agendas, de hecho, han contribuido a la destrucción del propósito de una prensa libre, abierta y competitiva. Por lo tanto, nuestros esfuerzos BDS deberían apuntar también a las organizaciones de noticias y sus corporaciones matrices. Deberíamos negarnos a utilizarlas, urgir a nuestras familias y círculos de amigos y socios que las boicoteen y asistir a sus reuniones de accionistas en donde se pueden desafiar su política, su activismo social ideológico y su destrucción de la libertad de prensa, para así tornarlas lo más irrelevantes posible.

Además, nuestra lealtad, así como nuestros hábitos en cuanto a lo que vemos y leemos, deberían enfocarse en el creciente número de periodistas y sitios de noticias independientes que son mucho más confiables que los grandes medios de comunicación. Varios de estos sitios se encuentran en línea y producen un periodismo original e informan sobre verdaderas noticias, y otros ayudan a revisar las diferentes noticias y las agrupan. Aquí se puede encontrar una lista parcial: www.libertynation.com/top-conservative-news-sites. Incluso más, también hay canales de cable, incluidos Fox News, Fox Business, One America News Network, Newsmax TV, Sinclair Broadcasting y demás plataformas de programas de noticias incipientes; y un puñado relativo de periódicos, incluidos el *New York Post*, el *Washington Examiner*, el *Washington Times*, etc.

5. Las ligas deportivas profesionales y los equipos individuales también son corporaciones de múltiples miles de millones de dólares. Ciertas ligas, incluida la Asociación Nacional de Baloncesto (NBA, por sus siglas en inglés), así como equipos y jugadores apoyan a, por ejemplo, el movimiento BLM, pero al mismo tiempo ganan grandes sumas de dinero con sus negocios con el régimen comunista genocida de China. En donde sea apropiado, las ligas y los equipos pueden ser sometidos a protestas en sus oficinas centrales o en los estadios donde juegan sus partidos. Los deportes profesionales tienen una gran influencia sobre la cultura. Hasta ahora, nadie los ha hecho retroceder. Es más, dado el papel de las Grandes Ligas de Béisbol en el traslado del Juego de Estrellas de Georgia a Colorado, debemos presionar a los republicanos en el Congreso para que pongan un fin a su exención especial de las leyes antimonopólicas.

CLIMA

Tal como se discutió anteriormente, el movimiento del "cambio climático" (antes llamado enfriamiento global y calentamiento global) es un movimiento por el decrecimiento, anticapitalista, que empobrecerá a los estadounidenses. En definitiva, es una guerra extendida contra tu derecho a la propiedad, tu libertad y tu forma de vida. Más ampliamente, es un ataque al sistema económico más exitoso que haya conocido la humanidad, y expande enormemente el poder de la burocracia federal, de los políticos y de las instituciones internacionales/globales, para que dirijan, dicten y controlen infinitos aspectos de nuestra sociedad y economía a través de regulaciones y mandatos disfrazados de salud pública y seguridad, aire limpio, agua limpia y hasta seguridad nacional. Los abusos de poder que vimos y experimentamos a manos de los gobiernos estatales temerarios y tiránicos al lidiar con la pandemia del coronavirus, y las severas violaciones a las libertades civiles y religiosas, no serán nada en comparación. Hace años escribí en *Libertad y tiranía*, "Asistido por medios de comunicación dóciles o a su favor, el Estatista usa ciencia chatarra, tergiversaciones y miedo para promover temores relacionados a la salud pública y al medioambiente, porque se da cuenta de que en una emergencia de salud verdadera y generalizada, el público pretende que el gobierno actúe de manera agresiva para abordar la crisis, más allá de las limitaciones tradicionales de la autoridad gubernamental. Cuanto más grave es la amenaza, mayor es la libertad a la que la gente tiende a renunciar voluntariamente. Este panorama está hecho a medida para el Estatista. La autoridad del gobierno se convierte en parte del marco de referencia social, para luego construir todavía más sobre él en la próxima 'crisis'"[62].

Tal como expliqué más en profundidad, la patología implica "urgentes predicciones por 'expertos' elegidos a dedo que los medios aceptan sin escepticismo o investigación independiente y que convierten en una cacofonía de miedo. Acto seguido, algunos funcionarios públicos claman para demostrar que están dando los pasos necesarios para reducir los peligros. Se promulgan nuevas leyes y regulaciones que se dice limitarán la exposición del público al nuevo 'riesgo'"[63].

En efecto, el enviado presidencial especial de Biden para el clima, John Kerry, recalcó que no habrá ningún límite ni fin a la usurpación de nuestras libertades en el nombre del cambio climático, lo cual es cierto de todos los movimientos nacidos del marxismo en los Estados Unidos. Kerry declaró: "Simplemente les recuerdo a todos que eso dependerá de si tenemos algún tipo de avance en la tecnología, un avance en las innovaciones, en primer lugar, pero incluso si llegamos al cero neto, todavía tenemos que eliminar el dióxido de carbono de la atmósfera. Así que, este es un desafío mucho mayor de lo que ha podido comprender mucha gente todavía"[64].

Hará falta una respuesta principalmente administrativa y legal para ponerle freno. Puedes acceder a una red de grupos de políticas estatales, algunos de los cuales están aquí: spn.org; y una coalición de grupos de derechos de la propiedad que puedes encontrar aquí: www.property-rts.org, que pueden aconsejarte acerca de políticas públicas y brindar referencias legales. También puedes utilizar las leyes de libertad de información federales y estatales y ponerte en contacto directo con grupos legales que podrían ser de ayuda (los enlaces se dieron previamente).

Cuando fuera apropiado, se pueden iniciar juicios a entidades gubernamentales, privadas y sin fines de lucro que interfieran de manera agraviante con tu uso de tu propiedad o degraden el valor de mercado de tu propiedad[65]. Puedes presentar pedidos de FOIA (Ley por la Libertad de la Información) directamente para obtener información de la Agencia de Protección Ambiental (EPA, por sus siglas en inglés), del Departamento del Interior y demás agencias federales para indagar acerca de sus actividades y hacerlos responsables[66], así como desacelerar actividades y procesos regulatorios. Y, de nuevo, se puede urgir a procuradores generales estatales afines que presenten demandas contra medidas federales, como en el caso del ataque ilícito de Biden contra el oleoducto Keystone XL[67].

Cuando los republicanos recuperen las mayorías en la Cámara de Representantes y en el Senado y ganen la presidencia, deben ser presionados para que eliminen el estatus especial de exención de impuestos que se les otorgó a los grupos medioambientalistas ya que no son fundaciones imparciales y caritativas; y que eliminen su autoridad estatutaria especial para presentar demandas en nombre del público, ya que su principal propósito es eviscerar nuestro sistema económico, nuestros derechos a la propiedad privada y los principios republicanos. Estos grupos han tenido una relación legal y en lo que refiere a políticas públicas de mucha confianza durante demasiado tiempo con burócratas del Departamento del Interior, del Departamento de Agricultura, de la Agencia de Protección Ambiental y de demás departamentos y agencias federales.

ANTIFA, BLACK LIVES MATTER Y LOS MANIFESTANTES

El fracaso del Gobierno federal en desatar investigaciones criminales y presentar cargos contra Antifa, BLM y otras organizaciones terroristas doméstica por el caos que han desatado y los miles de millones de dólares en reparaciones que han causado en comunidades estadounidenses es escandaloso[68]. Es más, el trato dispar de individuos por parte de los cuerpos policiales federales, basado en sus creencias políticas, es estremecedor[69].

Sin embargo, los gobernadores honorables pueden actuar para proteger a sus ciudadanos con medidas como reforzar sus leyes contra este tipo de violencia y de manifestantes. En Florida, el gobernador Ron DeSantis ha instaurado medidas que "[a]umentan el castigo por crímenes existentes cometidos durante una congregación violenta, y protege a los cuerpos policiales de la comunidad y a las víctimas de este tipo de actos. La ley también crea crímenes específicos por la intimidación de masas y la intimidación cibernética para asegurar que Florida no sea un lugar que dé la bienvenida a aquellos que buscan imponer su voluntad a civiles inocentes y cuerpos policiales a través de la mentalidad de masas. Tanto la intimidación de masas como la intimidación cibernética se convertirán en faltas de primer grado"[70]. Hay que presionar a los gobernadores y a los legisladores estatales a través del país para que adopten leyes similares.

Pero no hace falta que los ciudadanos esperen que el gobierno actúe a todo nivel. Se pueden iniciar demandas civiles privadas que pueden presentarse contra estas organizaciones y contra manifestantes individuales, dependiendo de los estatutos de cada estado, que golpeen las finanzas de estos grupos e individuos y, con suerte, ayuden a compensar a las víctimas por sus daños. Algunas posibles causas para este accionar podrían ser: provocación intencional de aflicción emocional, interferencia agraviante en contratos, violación de propiedad y bienes muebles y usurpación de propiedad. Los juicios civiles estatales y federales bajo la Ley de Organizaciones Corruptas e Influenciadas por Extorsión (RICO, por sus siglas en inglés) son una posibilidad en los casos más extremos, en especial cuando se presentan las mismas organizaciones una y otra vez en la escena de disturbios violentos[71].

Además, puedes pedirle al IRS que revise e investigue temas financieros relacionados con organizaciones tales como BLM que podrías encontrar en artículos de periódicos, fuentes en línea, etc. Por ejemplo, han surgido preguntas acerca de las operaciones entrelazadas[72] de BLM y su transparencia[73].

Es más, si alcanzas a ver la etiqueta en la matrícula de un manifestante que huye de una escena violenta en coche, informa a tu departamento de policía local sobre ese número de etiqueta. Tus ojos, tus oídos y el video de tu celular son importantes herramientas para combatir el crimen.

CUERPOS POLICIALES

Los cuerpos policiales están siendo atacados por Antifa, BLM y otros grupos marxista-anarquistas, por criminales violentos, por políticos demócratas, por los medios, etc. De hecho, desde la aparición de BLM y su cobertura mediática simpatizante, la perspectiva positiva con respecto a los cuerpos policiales ha disminuido, en especial entre las minorías[74]. Sin embargo, a pesar de que la policía es acusada en los medios de manera sistemática de apuntar de un modo racista contra los afroamericanos y demás minorías, la evidencia simplemente no apoya estos cargos[75]. Es más, el 81% de los estadounidenses negros quieren retener la presencia policial local en sus comunidades, y muchos quieren que esa presencia aumente.

No obstante, como resultado de esta guerra contra los cuerpos policiales, los crímenes violentos a través de los Estados Unidos están creciendo, en especial en nuestras grandes ciudades[76]. Y los ciudadanos que respetan las leyes están pagando un precio personal enorme. Pero, en lugar de enfrentarse a la masa y a sus facilitadores y contemporizadores, la guerra contra los cuerpos policiales se está intensificando.

Se están planteando los llamados esfuerzos de reforma que en realidad tienen la intención de despojar aún más a los oficiales y a los departamentos de policía de su habilidad para proteger a la ciudadanía, incluidas las iniciativas legales que expondrían a los oficiales al peligro personal y a la bancarrota. Entre otras cosas, los congresistas demócratas y sus sustitutos radicales han estado ejerciendo presión básicamente con el fin de: eliminar la inmunidad calificada y someter a los oficiales a interminables juicios; bajar las exigencias para demandar criminalmente a los oficiales; promover investigaciones sobre oficiales a nivel local y estatal; mantener una base de datos federal sobre todos los oficiales; bajar de "razonable" a "necesario" el estándar legal que determina el uso justificado de la fuerza; y limitar la transferencia de equipamiento "de tipo militar" a las fuerzas policiales[77].

El resultado de todo esto: el reclutamiento y la retención de policías a través de la nación se ha desplomado[78]. La delgada línea azul se está quebrando. Y la sociedad civil se está sumergiendo en el caos. Por ello, además de apoyar a los oficiales y a los departamentos de policía de cualquier modo posible, incluido alzar la voz por ellos, también necesitan de nuestro apoyo de maneras más específicas. Yo tengo una sugerencia además de las muchas que debes tener tú también:

Si lo permite la ley del estado, no hay razón por la cual los oficiales de policía no deberían demandar civilmente a los individuos que los ataquen físicamente, e incluso a las organizaciones detrás de las violentas protestas que resultan en ataques o heridas, tales como Antifa y BLM. Deberán considerarse varios factores, incluida la habilidad para identificar la asociación, así como la causalidad, de los individuos y el grupo. Pero los oficiales y sus sindicatos deberían asesorarse con un buen abogado para revisar la ley y los hechos[79]. Tú puedes ayudar con asistencia económica dirigida específicamente a la representación legal de oficiales de policía que inician estas demandas, poniéndote en contacto con tu agencia de cuerpos policiales local, tu asociación benevolente de policía local, el Law Enforcement Legal Defense Fund en www.policedefense.org, la National Association of Police Organizations en www.napo.org, el Fraternal Order of Police en fop.net y demás grupos como estos.

Se dice que el general George S. Patton habría dicho: "Nunca le digan a la gente cómo hacer las cosas. Díganles qué hacer, y los sorprenderán con su ingenio". Por lo tanto, a esta altura, he brindado algunas ideas y sugerencias concretas sobre cómo proceder, pero de ninguna manera es esta una lista exhaustiva de posibles acciones o áreas de acción. Al fin y al cabo, depende de *ti* decidir cuál es la mejor manera de salvar activamente a nuestra república y cuál es el papel que *tú* jugarás. Dicho esto, dicen que Patton también declaró: "Nunca se tomó ninguna buena decisión desde una silla de escritorio".

A pesar de que este es el final del libro, es el comienzo de un nuevo día.

¡Elegimos la libertad! Patriotas de Norteamérica, ¡únanse!

En memoria

de Barney Levin

NOTAS

CAPÍTULO UNO: YA ESTÁ AQUÍ

1 Mark R. Levin, *Ameritopia: The Unmaking of America.* (Nueva York: Threshold Editions, 2012), 3.

2 Andrew Mark Miller, "Black Lives Matter co-founder says group's goal is 'to get Trump out'", *Washington Examiner*, 20 de junio de 2020, https://www.washingtonexaminer.com/news/black-lives-matter-co-founder-says-groups-goal-is-to-get-trump-out (22 de abril, 2021).

3 Jason Lange, "Biden staff donate to group that pays bail in riot-torn Minneapolis", Reuters, 30 de mayo de 2020, https://www.reuters.com/article/us-minneapolis-police-biden-bail/biden-staff-donate-to-group-that-pays-bail-in-riot-torn-minneapolis-idUSKBN2360SZ (22 de abril de 2021).

4 Levin, *Ameritopia*, 7.

5 Ted McAllister, "Thus Always to Bad Elites", *American Mind*, 16 de marzo de 2021, https://americanmind.org/salvo/thus-always-to-bad-elites/ (22 de abril de 2021).

6 Ronald Reagan, "Encroaching Control (The Peril of Ever Expanding Government)", en *A Time for Choosing: The Speeches of Ronald Reagan* 1961-1982, eds. Alfred A. Baltizer y Gerald M. Bonetto (Chicago: Regnery, 1983), 38.

CAPÍTULO DOS: LA REPRODUCCIÓN DE LAS MUCHEDUMBRES

1 Mark R. Levin, *Ameritopia: The Unmaking of America* (New York: Threshold Editions, 2012), 6-7.
2 Ibid., 7-8.
3 Ibid., 16.
4 Julien Benda, *The Treason of the Intellectuals* (New Brunswick: Transaction, 2014), 2.
5 Ibid., 2-3.
6 Capital Research Center, "What Antifa Really Is", 21 de diciembre de 2020, https://capitalresearch.org/article/is-antifa-an-idea-or-organization/ (6 de abril de 2021).
7 Scott Walter, "The Founders of Black Lives Matter", *First Things*, 29 de marzo de 2021, https://www.firstthings.com/web-exclusives/2021/03/the-founders-of-black-lives-matter (6 de abril de 2021).
8 Levin, *Ameritopia*, 11.
9 Ibid., 13.
10 Jean-Jacques Rousseau, *Discurso sobre el origen de la desigualdad entre los hombres*, trad. Ángel Pumarega (Alicante: Biblioteca Virtual Miguel de Cervantes, 1999), https://www.cervantesvirtual.com/obra-visor/discurso-sobre-el-origen-de-la-desigualdad-entre-los-hombres-0/html/ff008a4c-82b1-11df-acc7-002185ce6064_5.html (9 de febrero, 2022)
11 Ibid.
12 G. W. F. Hegel, *Principios de la filosofía del derecho*, trad. Juan Luis Vermal (Buenos Aires: Editorial Sudamericana, 2005), Edición Kindle.
13 Karl Marx y Friedrich Engels, *Manifiesto Comunista* (Ediciones elaleph.com, 2000), 26, https://sociologia1unpsjb.files.wordpress.com/2008/03/marx-manifiesto-comunista.pdf (9 de febrero de 2022).
14 Ibid, 38.
15 Ibid, 64.
16 Eric Hoffer, *The True Believer: Thoughts on the Nature of Mass Movements* (Nueva York: HarperPerennial, 2010), 12.
17 Ibid., 69.
18 Ibid., 75.
19 Ibid., 76.
20 Ibid.
21 Ibid., 74.
22 Ibid., 80.
23 Ibid., 80-81.
24 Ibid., 85.

25 Ibid., 85-86.
26 Ibid., 87.
27 Tyler O'Neill, "Hacked Soros Documents Reveal Some Big Dark Money Surprises", PJ Media, 19 de agosto de 2016, https://pjmedia.com/news-and-politics/tyler-o-neil/2016/08/19/hacked-soros-documents-reveal-some-big-dark-money-surprises-n47598 (6 de abril, 2021).
28 Hoffer, *The True Believer*, 98.
29 Ibid., 140.
30 Hannah Arendt, *Los orígenes del totalitarismo* (Madrid: Grupo Santillana de Ediciones S.A., 1974), 340.
31 *Frontiers in Social Movement Theory*, ed. Aldon D. Morris y Carol McClurg Mueller (New Haven: Yale University Press, 1992), x.
32 William A. Gamson, "The Social Psychology of Collective Action", en *Frontiers in Social Movement Theory*, 56. El profesor Gamson es profesor de Sociología en Boston College y codirige el Media Research and Action Project: https://www.bc.edu/bc-web/schools/mcas/departments/sociology/people/affiliated-emeriti/william-gamson.html (6 de abril de 2021).
33 Ibid.
34 Ibid., 57.
35 Ibid., 74.
36 Debra Friedman y Doug McAdam, "Collective Identity and Activism: Networks, Choices and the Life of a Social Movement", en *Frontiers in Social Movement Theory*, 157. El profesor McAdam es actualmente el Ray Lyman Wilbur Professor de Sociología (*Emeritus*) en Stanford University: https://sociology.stanford.edu/people/douglas-mcadam (6 de abril de 2021).
37 Ibid.
38 Ibid., 169-70.
39 Bert Klandermans, "The Social Construction of Protest and Multiorganizational Fields", en *Frontiers in Social Movement Theory*, 99-100. El profesor Klandermans es profesor de Sociología en Free University, Ámsterdam, Países Bajos: https://research.vu.nl/en/persons/bert-klandermans (6 de abril de 2021).
40 Aldon D. Morris, "Political Consciousness and Collective Action", en *Frontiers in Social Movement Theory*, 351-52. El profesor Morris es el Leon Forrest Professor de Sociología y Estudios Afroamericanos en Northwestern University: https://sociology.northwestern.edu/people/faculty/core/aldon-morris.html (6 de abril de 2021).
41 Ibid., 357-58.
42 Ibid., 370.

43 Ibid.
44 Ibid.
45 Ibid., 371.
46 Ibid.
47 Frances Fox Piven y Richard A. Cloward, "The Weight of the Poor: A Strategy to End Poverty", *Nation* (1966).
48 Ibid.
49 Ibid.
50 Ibid.
51 Frances Fox Piven y Richard Cloward, *The Breaking of the American Social Compact* (Nueva York: New Press, 1967), 267.
52 Ibid., 269.
53 Ibid., 287, 288.
54 Ibid., 289.
55 Biden-Sanders Unity Task Force Recommendations, "Combating the Climate Crisis and Pursuing Environmental Justice", https://joebiden.com/wp-content/uploads/2020/08/UNITY-TASK-FORCE-RECOMMENDATIONS.pdf (6 de abril de 2021).
56 Piven y Cloward, *The Breaking of the American Social Compact*, 289.
57 Ibid.
58 Ibid., 290.
59 Ibid.
60 Ibid., 291.
61 Ibid.
62 Ibid.
63 Ibid., 291-92.
64 Nicholas Fondacaro, "ABC, NBC Spike 'Mostly Peaceful' Protests Leaving $2 Billion in Damages", mrcNewsBusters, 16 de septiembre de 2020, https://www.newsbusters.org/blogs/nb/nicholas-fondacaro/2020/09/16/abc-nbc-spike-mostly-peaceful-protests-leaving-2-billion (6 de abril de 2021).
65 Piven y Cloward, *The Breaking of the American Social Compact*, 292.
66 Ibid., 292-93.
67 Frances Fox Piven, "Throw Sand in the Gears of Everything", Nation, 18 de enero de 2017, https://www.thenation.com/article/archive/throw-sand-in-the-gears-of-everything/ (6 de abril de 2021).
68 Ibid.
69 Ibid.
70 Ibid.
71 Allan Bloom, *The Closing of the American Mind* (Nueva York: Simon & Schuster, 1987), 26.

72 Ibid., 55, 56.

73 Ibid., 58.

CAPÍTULO TRES: ODIO HACIA LOS ESTADOS UNIDOS, S.A.

1 Felicity Barringer, "The Mainstreaming of Marxism in U.S. Colleges," *New York Times*, 29 de octubre, 1989, https://www.nytimes.com/1989/10/25/us/education-the-mainstreaming-of-marxism-in-us-colleges.html (7 de abril, 2021).

2 Ibid.

3 Ibid.

4 Ibid.

5 Herbert Croly, "The Promise of American Life", en *Classics of American Political and Constitutional Thought*, vol. 2, eds. Scott J. Hammond, Kevin R. Harwick y Howard L. Lubert (Indianapolis: Hackett, 2007), 297.

6 Ibid., 313.

7 Herbert D. Croly, *Progressive Democracy* (Londres: Forgotten Books, 2015), 38-39.

8 Statista, "Percentage of the U.S. Population who have completed four years of college or more from 1940 to 2019", https://www.statista.com/statistics/184272/educational-attainment-of-college-diploma-or-higher-by-gender/ (7 de abril de 2021).

9 Ibid.

10 John Dewey, *Individualism Old and New* (Amherst, NY: Prometheus Books, 1999), 51.

11 John Dewey, *Democracy and Education* (Simon & Brown, 2012), 234.

12 Ibid., 239, 240, 245.

13 John Dewey, "Ethical Principles Underlying Education", en *The Early Works*, vol. 5, 1882-1898: *Early Essays*, ed. Jo Ann Boydston (Carbondale, Ill.: Southern Illinois University Press, 2008), 59-63.

14 John Dewey, "What Are the Russian Schools Doing?", *New Republic*, 5 de diciembre de 1928, https://newrepublic.com/article/92769/russia-soviet-education-communism (7 de abril de 2021).

15 Ibid.

16 Ibid.

17 Mark R. Levin, *Unfreedom of the Press* (Nueva York: Threshold Editions, 2019), capítulo 6.

18 Richard M. Weaver, *Ideas Have Consequences* (Chicago: University of Chicago Press, 1948), 2.

19 Ibid.

20 Ibid., 5.

21 Ibid.

22 Ibid., 5-6.

23 Ibid., 6.

24 Ibid., 85.

25 Madeleine Davis, "New Left," *Encyclopaedia Britannica*, https://www.britannica.com/topic/New-Left (7 de abril de 2021).

26 Ibid.

27 *A-Z Guide to Modern Social and Political Theorists*, eds. Noel Parker y Stuart Sun (Londres: Routledge, 1997), 238.

28 Herbert Marcuse, *One-Dimensional Man* (Boston: Beacon Press, 1964), 3.

29 Ibid.

30 Ibid., 4.

31 Herbert Marcuse, "The Failure of the New Left?" en *New German Critique* 18 (otoño 1979), https://www.marcuse.org/herbert/pubs/70spubs/Marcuse1979FailureNewLeft.pdf (7de abril de 2021).

32 Barringer, "The Mainstreaming of Marxism in U.S. Colleges".

33 Ibid.

34 Ibid.

35 Richard Landes, *Heaven on Earth: The Varieties of the Millennial Experience* (Oxford: Oxford University Press, 2011), 12, 13.

36 Ibid., 13.

37 Ibid.

38 Ibid., 14.

39 Ibid., 17.

40 BBC, "Historical Figures, Vladimir Lenin", http://www.bbc.co.uk/history/historic_figures/lenin_vladimir.shtml (7 de abril de 2021).

41 BBC, "Historical Figures, Mao Zedong", http://www.bbc.co.uk/history/historic_figures/mao_zedong.shtml (7 de abril de 2021).

42 BBC, "Historical Figures, Pol Pot", http://www.bbc.co.uk/history/historic_figures/pot_pol.shtml (7 de abril de 2021).

43 Lois Weis, "For Jean Anyon, my colleague and friend", *Perspectives on Urban Education*, University of Pennsylvania, https://urbanedjournal.gse.upenn.edu/archive/volume-11-issue-1-winter-2014/jean-anyon-my-colleague-and-friend (7 de abril de 2021).

44 Jean Anyon, *Marx and Education* (Nueva York: Routledge, 2011), 7.

45 Ibid., 7, 8.

46 Raymond Aron, *The Opium of the Intellectuals* (New Brunswick, NJ: Transaction, 1957), 94.
47 Anyon, *Marx and Education*, 8-9 (se cita a Marx y Engels).
48 Jeffry Bartash, "Share of union workers in the U.S. falls to a record low in 2019", Marketwatch, 31 de enero de 2020, https://www.marketwatch.com/story/share-of-union-workers-in-the-us-falls-to-a-record-low-in-2019-2020-01-22 (8 de abril de 2021).
49 Richard Epstein, "The Decline of Unions Is Good News", Ricochet, 28 de enero de 2020, https://ricochet.com/717005/archives/the-decline-of-unions-is-good-news/ (8 de abril de 2021).
50 Anyon, *Marx and Education*, 9-10 (se cita a Marx).
51 Aron, *The Opium of the Intellectuals*, 94-95.
52 Anyon, *Marx and Education*, 11.
53 Ibid., 12-13 (se cita a Marx).
54 Lance Izumi, "Why Are Teachers Mostly Liberal?", Pacific Research Institute, 3 de abril de 2019, https://www.pacificresearch.org/why-are-teachers-mostly-liberal/ (8 de abril de 2021).
55 Alyson Klein, "Survey: Educator's Political Leanings, Who They Voted For, Where They Stand on Key Issues", *Education Week*, 12 de diciembre de 2017, https://www.edweek.org/leadership/survey-educators-political-leanings-who-they-voted-for-where-they-stand-on-key-issues/2017/12 (8 de abril de 2021).
56 Anyon, *Marx and Education*, 19.
57 Ibid., 35.
58 Ibid., 36-37.
59 Ibid., 96-97.
60 Ibid., 97.
61 Ibid., 98.
62 Ibid., 99.
63 Ibid.
64 Ibid., 99-100.
65 Ibid., 100-101.
66 Ibid., 103-4.
67 Jean Anyon, *Radical Possibilities: Public Policy, Urban Education, and a New Social Movement* (Nueva York: Routledge, 2014), 140-41.
68 John M. Ellis, *The Breakdown of Higher Education* (Nueva York: Encounter Books), 30, 31.
69 Ibid., 31.

CAPÍTULO CUATRO: RACISMO, GENERISMO Y MARXISMO

1 Uri Harris, "Jordan B. Peterson, Critical Theory, and the New Bourgeoisie", Quillette, 17 de enero de 2018, https://quillette.com/2018/01/17/jordan-b-peterson-critical-theory-new-bourgeoisie/ (8 de abril de 2021).
2 Ibid.
3 Ibid.
4 Ibid.
5 Ibid.
6 Ibid.
7 Ibid.
8 Ibid.
9 Jonathan Butcher y Mike Gonzalez, "Critical Race Theory, the New Intolerance, and Its Grip on America", The Heritage Foundation, 7 de diciembre de 2020, https://www.heritage.org/civil-rights/report/critical-race-theory-the-new-intolerance-and-its-grip-america (8 de abril de 2021).
10 George R. La Noue, "Critical Race Training or Civil Rights Law: We Can't Have Both", Liberty & Law, 4 de noviembre de 2020, https://lawliberty.org/critical-race-theory-or-civil-rights-law-we-cant-have-both/ (8 de abril de 2021).
11 Ibid.
12 Thomas Sowell, *Intellectuals and Society* (Nueva York: Basic Books, 2011), 468.
13 Ibid., 469.
14 Ibid.
15 Ibid.
16 Herbert Marcuse, *One-Dimensional Man: Studies in the Ideology of Advanced Industrial Society* (Boston: Beacon Press, 1991), 256-57.
17 Faith Karimi, "What critical race theory is—and isn't", CNN, 1 de octubre de 2020, https://www.cnn.com/2020/10/01/us/critical-race-theory-explainer-trnd/index.html (8 de abril de 2021).
18 Ibid.
19 Richard Delgado y Jean Stefancic, *Critical Race Theory* (Nueva York: New York University Press, 2017), 3.
20 Ibid., 8.
21 Ibid.
22 Ibid., 9.
23 Ibid.
24 Ibid., 10, 11.

25 Ibid., 8.

26 "Thomas Sowell Hammers 'Despicable' Derrick Bell; Compares to Hitler", Breitbart, 7 de marzo de 2012, https://www.breitbart.com/clips/2012/03/07/sowell%20on%20bell/ (entrevista en video del 24 de mayo de 1990) (8 de abril de 2021).

27 Thomas Sowell, *Inside American Education: The Decline, the Deception, the Dogmas* (Nueva York: Free Press, 1993), 154.

28 Derrick A. Bell, "*Brown v. Board of Education* and the Interest-Convergence Dilemma", *Harvard Law Review*, 11 de enero de 1980, https://harvardlawreview.org/1980/01/brown-v-board-of-education-and-the-interest-convergence-dilemma/ (8 de abril de 2021).

29 Derrick A. Bell, "Who's Afraid of Critical Race Theory?", *University of Illinois Law Review*, 23 de febrero de 1995, https://sph.umd.edu/sites/default/files/files/Bell_Whos%20Afraid%20of%20CRT_1995UIlLRev893.pdf (8 de abril de 2021), 901.

30 Ibid.

31 Steve Klinsky, "The Civil Rights Legend Who Opposed Critical Race Theory", RealClearPolitics, 12 de octubre de 2020, https://www.realclearpolitics.com/articles/2020/10/12/the_civil_rights_legend_who_opposed_critical_race_theory_144423.html (8 de abril de 2021).

32 Ibid.

33 Ibid.

34 Ibid.

35 Delgado y Stefancic, *Critical Race Theory*, 45, 46.

36 Butcher y Gonzalez, "Critical Race Theory, the New Intolerance, and Its Grip on America".

37 Robin DiAngelo, *White Fragility* (Boston: Beacon Press, 2018), 28.

38 Delgado y Stefancic, *Critical Race Theory*, 29.

39 Chris Demaske, "Critical Race Theory", *First Amendment Encyclopedia*, https://www.mtsu.edu/first-amendment/article/1254/critical-race-theory, (9 de abril de 2021).

40 Delgado y Stefancic, *Critical Race Theory*, 125.

41 Ibid., 127, 128.

42 Ibid., 132, 133.

43 Butcher y Gonzalez, "Critical Race Theory, the New Intolerance, and Its Grip on America".

44 Ozlem Sensoy y Robin DiAngelo, *Is Everyone Really Equal?* (Nueva York: Teachers College Press, 2017), xii.

45 Ibid., vii.

46 Ibid., xxi, xxii, xxiii, xxiv.

47 Ibid., xxiv.

48 "Critical Race Training In Education", Legal Insurrection Foundation, https://criticalrace.org/ (9 de abril de 2021).

49 Krystina Skurk, "Critical Race Theory in K–12 Education", RealClear-PublicAffairs, 12 de julio de 2020, https://www.realclearpublicaffairs.com/articles/2020/07/16/critical_race_theory_in_k-12_education_498969.html (9 de abril de 2021).

50 Ibid.

51 Ibid.

52 Peter W. Wood, 1620: A *Critical Response to the Proyecto 1619* (Nueva York: Encounter Books, 2020), 1 (se cita a Jake Silverstein, *New York Times Magazine*).

53 Ibid., 4.

54 Ibid., 5.

55 Ibid., 6.

56 "We Respond to the Historians Who Critiqued the 1619 Project", *New York Times Magazine*, 20 de diciembre de 2019, https://www.nytimes.com/2019/12/20/magazine/we-respond-to-the-historians-who-critiqued-the-1619-project.html (9 de abril de 2021).

57 Ibid.

58 Ibid.

59 Ibid.

60 Adam Serwer, "The Fight Over the 1619 Project Is Not About Facts", *The Atlantic*, 23 de diciembre de 2019, https://www.theatlantic.com/ideas/archive/2019/12/historians-clash-1619-project/604093/ (9 de abril de 2021).

61 Mark R. Levin, *Unfreedom of the Press* (Nueva York: Threshold Editions, 2019), capítulo 6.

62 Glenn Garvin, "Fidel's Favorite Propagandist," *Reason*, marzo de 2007, https://reason.com/2007/02/28/fidels-favorite-propagandist/ (9 de abril de 2021).

63 Zach Goldberg, "How the Media Led the Great Racial Awakening", *Tablet*, 4 de agosto de 2020, https://www.tabletmag.com/sections/news/articles/media-great-racial-awakening (9 de abril de 2021).

64 Ibid.

65 Ibid.

66 Ibid.

67 Ibid.

68 Decreto Ejecutivo 13950, "Combating Race and Sex Stereotyping", 22 de septiembre de 2020, https://www.federalregister.gov/documents

/2020/09/28/2020-21534/combating-race-and-sex-stereotyping (9 de abril de 2021).

69 Ibid.

70 Ibid.

71 "Executive Order on Advancing Racial Equity and Support for Underserved Communities Through the Federal Government", 20 de enero de 2021, https://www.whitehouse.gov/briefing-room/presidential-actions/2021/01/20/executive-order-advancing-racial-equity-and-support-for-underserved-communities-through-the-federal-government/ (9 de abril de 2021).

72 Bradford Betz, "What is China's social credit system?", Fox News, 4 de mayo de 2020, https://www.foxnews.com/world/what-is-china-social-credit-system (9 de abril de 2021).

73 Ibid.

74 President's Advisory 1776 Commission, "The 1776 Report", enero de 2021, https://ipfs.io/ipfs/QmVzW5NfySnfTk7ucdEoWXshkNUXn3dseBA7ZVrQMBfZey (9 de abril de 2021).

75 Ibid.

76 MSNBC, 19 de enero de 2021.

77 Delgado y Stefancic, *Critical Race Theory*, 154, 155.

78 Patrisse Cullors, "Trained Marxist Patrisse Cullors, Black Lives Matter BLM", YouTube, junio de 2020, https://www.youtube.com/watch?v=1noLh25FbKI (9 de abril de 2021).

79 https://www.dailywire.com/news/fraud-blm-co-founder-patrisse-cullors-blasted-over-real-estate-buying-binge.

80 Mike Gonzalez, "To Destroy America", *City Journal*, 1 de septiembre de 2020, https://www.city-journal.org/marxist-revolutionaries-black-lives-matter (9 de abril de 2021).

81 Ibid.

82 Scott Walter, "A Terrorist's Ties to a Leading Black Lives Matter Group", Capital Research Center, 24 de junio de 2020, https://capitalresearch.org/article/a-terrorists-ties-to-a-leading-black-lives-matter-group/ (9 de abril de 2021).

83 Gonzalez, "To Destroy America".

84 Laura Lambert, "Weather Underground", *Encyclopaedia Britannica*, https://www.britannica.com/topic/Weathermen (9 de abril de 2021).

85 "Celebrating four years of organizing to protect black lives", *Black Lives Matter*, 2013, https://drive.google.com/file/d/0B0pJEX ffvS0uOHdJREJnZ2JJYTA/view (9 de abril de 2021).

86 Karl Marx y Friedrich Engels, *Manifiesto Comunista* (Ediciones elaleph

.com, 2000), 57-59, https://sociologia1unpsjb.files.wordpress.com/2008/03/marx-manifiesto-comunista.pdf (9 de febrero de 2022).

87 Lindsay Perez Huber, "Using Latina/o Critical Race Theory (LATCRIT) and Racist Nativism to Explore Intersectionality in the Education Experiences of Undocumented Chicana College Students", *Educational Foundations*, Invierno-Primavera 2010, https://files.eric.ed.gov/fulltext/EJ885982.pdf (9 de abril de 2021), 77, 78, 79.

88 Ibid., 79, 80.

89 Ibid., 80, 81.

90 Jean Stefancic, "Latino and Latina Critical Theory: An Annotated Bibliography", *California Law Review*, 1997, 423.

91 Rodolfo F. Acuña, *Occupied America: A History of Chicanos* (Nueva York: Pearson, 1972), 1.

92 Abby Budiman, "Key findings about U.S. immigrants", Pew Research Center, 20 de agosto, 2020, https://www.pewresearch.org/fact-tank/2020/08/20/key-findings-about-u-s-immigrants/ (9 de abril de 2021).

93 Ricardo Castro-Salazar y Carl Bagley, *Navigating Borders: Critical Race Theory Research and Counter History of Undocumented Americans* (Nueva York: Peter Lang, 2012), 4.

94 Ibid., 5.

95 Ibid., 27.

96 Ibid., 26, 27.

97 Ibid., 27.

98 Ibid., 37.

99 Robert Law, "Biden's Executive Actions: President Unilaterally Changes Immigration Policy", Center for Immigration Studies, 15 de marzo de 2021, https://cis.org/Report/Bidens-Executive-Actions-President-Unilaterally-Changes-Immigration-Policy (9 de abril de 2021).

100 Ashley Parker, Nick Miroff, Sean Sullivan y Tyler Pager, "'No end in sight': Inside the Biden administration's failure to contain the border surge", *Washington Post*, 20 de marzo de 2021, https://www.washingtonpost.com/politics/biden-border-surge/2021/03/20/21824e94-8818-11eb-8a8b-5cf82c3dffe4_story.html (9 de abril de 2021).

101 Ibid.

102 Ruth Igielnik y Abby Budiman, "The Changing Racial and Ethnic Composition of the U.S. Electorate", Pew Research Center, 23 de septiembre de 2020, https://www.pewresearch.org/2020/09/23/the-changing-racial-and-ethnic-composition-of-the-u-s-electorate/ (9 de abril de 2021).

103 Jim Clifton, "42 Million Want to Migrate to U.S.", Gallup, 24 de marzo

de 2021, https://news.gallup.com/opinion/chairman/341678/million-migrate.aspx (9 de abril de 2021).

104 Scott Yenor, "Sex, Gender, and the Origin of the Culture Wars", The Heritage Foundation, 30 de junio de 2017, https://www.heritage.org/gender/report/sex-gender-and-the-origin-the-culture-wars-intellectual-history (9 de abril de 2021).

105 Veronica Meade-Kelly, "Male or Female? It's not always so simple", UCLA, 20 de agosto de 2015, https://newsroom.ucla.edu/stories/male-or-female (9 de abril de 2021).

106 Kadia Goba, "He/she could be they in the new Congress", *Axios*, 2, de enero de 2021, https://www.axios.com/congress-gender-identity-pronouns-rules-40a4ab56-9d5c-4dfc-ada3-4a683882967a.html (9 de abril de 2021).

107"Joe Biden's War on Women", *National Review*, 25 de enero de 2021, https:// www.nationalreview.com/2021/01/joe-bidens-war-on-women/ (9 de abril de 2021).

108 "Executive Order on Preventing and Combating Discrimination on the Basis of Gender Identity or Sexual Orientation", Casa Blanca, 20 de enero de 2021, https://www.whitehouse.gov/briefing-room/presidential-actions/2021/01/20/executive-order-preventing-and-combating-discrimination-on-basis-of-gender-identity-or-sexual-orientation/ (9 de abril de 2021).

109 "Joe Biden's War on Women", *National Review*, 25 de enero de 2021, https:// www.nationalreview.com/2021/01/joe-bidens-war-on-women/ (9 de abril de 2021).

110 Ibid.

111 "Transgender Children & Youth: Understanding the Basics", Human Rights Campaign, https://www.hrc.org/resources/transgender-children-and-youth-understanding-the-basics (9 de abril de 2021).

112 Michelle Cretella, "I'm a Pediatrician. How Transgender Ideology Has Infiltrated My Field and Produced Large-Scale Child Abuse", *Daily Signal*, 3 de julio de 2017, https://www.dailysignal.com/2017/07/03/im-pediatrician-transgender-ideology-infiltrated-field-produced-large-scale-child-abuse/ (9 de abril de 2021).

113 Ibid.

114 Christine Di Stefano, "Marxist Feminism", Wiley Online Library, 15 de septiembre de 2014, https://onlinelibrary.wiley.com/doi/abs/10.1002/9781118474396.wbept0653 (9 de abril de 2021).

115 Sue Caldwell, "Marxism, feminism, and transgender politics", *Interna-*

tional Socialism, 19 de diciembre de 2017, http://isj.org.uk/marxism-feminism-and-transgender-politics/ (9 de abril de 2021).

116 Ibid.

117 Natalie Jesionka, "Social Justice for toddlers: These new books and programs start the conversation early", *Washington Post*, 18 de marzo de 2021, https://www.washingtonpost.com/lifestyle/2021/03/18/social-justice-antiracist-books-toddlers-kids/ (9 de abril de 2021).

118 Ibid.

119 "Sexual Ideology Indoctrination: The Equality Act's Impact on School Curriculum and Parental Rights", The Heritage Foundation, 15 de mayo de 2019, https://www.heritage.org/civil-society/report/sexual-ideology-indoctrination-the-equality-acts-impact-school-curriculum-and (9 de abril de 2021).

120 Ibid.

121 Ibid.

CAPÍTULO CINCO: EL FANATISMO DEL "CAMBIO CLIMÁTICO"

1 George Reisman, *Capitalism* (Ottawa, IL: Jameson Books, 1990), 19.

2 F. A. Hayek, *The Fatal Conceit: The Errors of Socialism* (Chicago: University of Chicago Press, 1988), 6, 7.

3 Milton Friedman, *Capitalism and Freedom* (Chicago: University of Chicago Press, 2002), 7, 8.

4 Ibid., 9.

5 Ibid., 10.

6 Reisman, 77.

7 Ibid.

8 Federico Demaria, Francois Schneider, Filka Sekulova y Joan Martinez-Alier, "What Is Degrowth? From Activist Slogan to a Social Movement", *Environmental Values* 22, no. 1 (2013), 192.

9 Ibid., 194.

10 Ibid.

11 Mark R. Levin, *Plunder and Deceit* (Nueva York: Threshold Editions, 2015), 112; Demaria, Schneider, Sekulova y Martinez-Alier, "What is Degrowth?"

12 Mackenzie Mount, "Green Biz, Work Less to Live More", Sierra Club, 6 de marzo de 2014, https://contentdev.sierraclub.org/www/www/sierra/2014-2-march-april/green-biz/work-less-live-more (10 de abril de 2021).

13 "Serge Latouche", famouseconomists.net, https://www.famouseconomists.net/serge-latouche (10 de abril de 2021).
14 Serge Latouche, *Farewell to Growth* (Cambridge: Polity Press, 2009), 89.
15 Ibid., 90-91.
16 Ibid., 31, 32.
17 George A. Gonzalez, "Urban Sprawl, Climate Change, Oil Depletion, and Eco-Marxism", en *Political Theory and Global Climate Change*, ed. Steve Vanderheiden (Cambridge, MA: MIT Press, 2008), 153.
18 Ibid.
19 Giorgos Kallis, *In Defense of Degrowth: Opinions and Minifestos* (Bruselas: Uneven Earth Press, 2017), 10.
20 Ibid., 12.
21 Ibid., 13, 14.
22 Ibid., 71.
23 Ibid., 72.
24 Ayn Rand, *Return of the Primitive: The Anti-Industrial Revolution* (Nueva York: Meridian, 1998), 280, 281.
25 Ibid., 282.
26 Ibid., 285.
27 Ibid.
28 Timothy W. Luke, "Climatologies as Social Critique: The Social Construction/Creation of Global Warming, Global Dimming, and Global Cooling", en *Political Theory and Global Climate Change*, ed. Steve Vander heiden (Cambridge, MA: MIT Press, 2008), 128.
29 Ibid., 145.
30 Rand, *Return of the Primitive*, 277.
31 Ibid., 278.
32 Luke, "Climatologies as Social Critique", 145.
33 Karl Marx y Friedrich Engels, *Manifiesto Comunista* (Ediciones elaleph.com, 2000), 30, https://sociologia1unpsjb.files.wordpress.com/2008/03/marx-manifiesto-comunista.pdf (9 de febrero de 2022).
34 *Rand, Return of the Primitive*, 285, 286.
35 David Naguib Pellow, *What Is Critical Environmental Justice?* (Cambridge, Reino Unido: Polity Press, 2018), 4.
36 Ibid., 4, 5.
37 Ibid., 18.
38 Ibid., 18-19.
39 Ibid., 22.
40 Ibid., 23.

41 "La declaración de independencia", https://www.archives.gov/espanol/la-declaracion-de-independencia.html (10 de abril de 2021).

42 Pellow, *What Is Critical Environmental Justice?*, 26, 30.

43 Ibid., 30, 31.

44 "Declaración de Margarita sobre Cambio Climático", 15-18 de julio de 2014, http://rio20.net/wp-content/uploads/2014/09/declaracion_de_margarita_18jul2014_1.pdf (10 de abril de 2021).

45 Hayek, *The Fatal Conceit*, 8.

46 "Declaración de Margarita sobre Cambio Climático", 15-18 de julio de 2014, http://rio20.net/wp-content/uploads/2014/09/declaracion_de_margarita_18jul2014_1.pdf (10 de abril de 2021).

47 Thomas Sowell, *The Quest for Cosmic Justice* (Nueva York: Touchstone, 1999), 99.

48 Ibid., 131, 132.

49 "Declaración de Margarita sobre Cambio Climático", 15-18 de julio de 2014, http://rio20.net/wp-content/uploads/2014/09/declaracion_de_margarita_18jul2014_1.pdf (10 de abril de 2021).

50 Ibid.

51 Reisman, *Capitalism*, 63.

52 Ibid., 65.

53 Ibid.

54 Ibid., 71.

55 Ibid.

56 "There is no climate emergency", Carta al secretario general de las Naciones Unidas, 23 de septiembre de 2019, https://clintel.nl/wp-content/uploads/2019/09/ecd-letter-to-un.pdf (10 de abril de 2021).

57 Ibid.

58 Ibid.

59 Ian Pilmer, "The Science and Politics of Climate Change", en *Climate Change: The Facts*, ed. Alan Moran (Woodsville, NH: Stockade Books, 2015), 10, 11.

60 Ibid., 21.

61 Ibid., 24, 25.

62 Patrick J. Michaels, "Why climate models are failing", en *Climate Change: The Facts*, 27.

63 Richard S. Lindzen, "Global warming, models and language", en *Climate Change: The Facts*, 38.

64 Robert M. Carter, "The scientific context", en *Climate Change: The Facts*, 81.

65 Ibid., 82.

66 H. Res. 109, 116th Cong. (2019-2020), https://www.congress.gov/bill/116th-congress/house-resolution/109 (10 de abril de 2021).

67 Milton Ezrati, "The Green New Deal and the Cost of Virtue", *Forbes*, 2 de febrero de 2019, https://www.forbes.com/sites/miltonezrati/2019/02/19/the-green-new-deal-and-the-cost-of-virtue/?sh=6fe12ccd3dec (10 de abril de 2021).

68 Ibid.

69 Ibid.

70 Ibid.

71 Kevin Dayaratna and Nicolas Loris, "A Glimpse of What the Green New Deal Would Cost Taxpayers", *Daily Signal*, 25 de marzo de 2019, https://www.dailysignal.com/2019/03/25/a-glimpse-of-what-the-green-new-deal-would-cost-taxpayers/ (10 de abril de 2021).

72 Douglas Holtz-Eakin, Dan Bosch, Ben Gitis, Dan Goldbeck y Philip Rossetti, "The Green New Deal: Scope, Scale, and Implications", American Action Forum, 25 de febrero de 2019, https://www.americanactionforum.org/research/the-green-new-deal-scope-scale-and-implications/ (10 de abril de 2021).

73 "Acuerdo de París", noviembre de 2015, https://unfccc.int/sites/default/files/spanish_paris_agreement.pdf (10 de abril de 2021).

74 "U.S. Declares China committing 'genocide' against Uighurs", Associated Foreign Press, 19 de enero de 2021, https://www.msn.com/en-au/news/world/us-declares-china-committing-genocide-against-uighurs/ar-BB1cTEIz (10 de abril de 2021).

75 Ibid.

76 Barbara Boland, "Biden: China's Genocide of Uighurs Just Different Norms", *American Conservative*, 28 de febrero de 2021, https://www.theaericanconservative.com/state-of-the-union/biden-chinas-genocide-of-uighurs-just-different-norms/ (10 de abril de 2021).

77 Brian Zinchuk, "This is the executive order killing Keystone XL, citing the reasons why Biden did it", *Toronto Star*, 20 de enero de 2021, https://www.thestar.com/news/canada/2021/01/20/this-is-the-executive-order-killing-keystone-xl-citing-the-reasons-why-biden-did-it.html (10 de abril de 2021).

78 "Fact Sheet: President Biden Takes Executive Actions to Tackle the Climate Crisis at Home and Abroad, Create Jobs, and Restore Scientific Integrity Across Federal Government", Casa Blanca, 27 de enero de 2021, https://www.whitehouse.gov/briefing-room/statements-releases

/2021/01/27/fact-sheet-president-biden-takes-executive-actions-to-tackle-the-climate-crisis-at-home-and-abroad-create-jobs-and-restore-scientific-integrity-across-federal-government/ (10 de abril de 2021).

79 Megan Henney, "Progressives pressure Biden to pass $10T green infrastructure, climate justice bill", FoxBusiness, 30 de marzo de 2021, https://www.foxbusiness.com/economy/progressives-pressure-biden-green-infrastructure-climate-justice-bill (10 de abril de 2021).

80 "Pork wrapped in a stimulus", *Washington Times*, 9 de marzo de 2021, https://www.washingtontimes.com/news/2021/mar/9/editorial-democrats-corona virus-stimulus-91-percen/ (10 de abril de 2021).

81 Brad Polumbo, "9 Crazy Examples of Unrelated Waste and Partisan Spending in Biden's $2 Trillion 'Infrastructure' Proposal", Fundación para la Educación Económica, 31 de marzo de 2021, https://fee.org/articles/9-crazy-examples-of-unrelated-waste-and-partisan-spending-in-biden-s-2t-infrastructure-proposal/ (10 de abril de 2021).

82 Katelyn Caralle, "AOC leads left's claim $2 trillion infrastructure bill is NOT enough", *Daily Mail*, 31 de marzo de 2021, https://www.msn.com/en-us/news/politics/aoc-leads-lefts-claim-dollar2-trillion-infrastructure-bill-is-not-enough/ar-BB1far2x (10 de abril de 2021).

83 "Recognizing the duty of the Federal Government to implement an agenda to Transform, Heal, and Renew by Investing in a Vibrant Economy ('THRIVE')", S. Res.____, MUR21083, https://www.markey.senate.gov/imo/media/doc /(2.8.2021)%20THRIVE.pdf (10 de abril de 2021).

84 Collin Anderson, "Progressives Push Biden to Include $10 Trillion Climate Plan in Infrastructure Package", *Washington Free Beacon*, 31 de marzo de 2021, https://freebeacon.com/policy/progressives-push-biden-to-include-10-trillion-climate-plan-in-infrastructure-package / (10 de abril de 2021).

85 Michael Shellenberger, "Why California's Climate Policies Are Causing Electricity Blackouts", *Forbes*, 15 de agosto de 2020, https://www.forbes.com/sites/michaelshellenberger/2020/08/15/why-californias-climate-policies-are-causing-electricity-black-outs/?sh=43991d831591 (10 de abril de 2021).

86 Ibid.

87 "Understanding the Texas Energy Predicament", Instituto de Investigación Energética, 18 de febrero de 2021, https://www.instituteforenergy research.org/the-grid/understanding-the-texas-energy-predicament/ (10 de abril de 2021).

88 Ibid.

89 Ibid.

90 Benji Jones, "The Biden administration has a game-changing approach to nature conservation", *Vox*, 7 de mayo de 2021, https://www.vox.com/2021/5/7/22423139/biden-30-by-30-conservation-initiative-historic.

91 Mark R. Levin, *Plunder and Deceit* (Nueva York: Threshold Editions, 2015), 111.

CAPÍTULO SEIS: PROPAGANDA, CENSURA Y SUBVERSIÓN

1 "Marx the Journalist, an Interview with James Ledbetter", *Jacobin*, 5 de mayo de 2018, https://www.jacobinmag.com/2018/05/karl-marx-journalism-writings-newspaper (11 de abril de 2021).

2 Ibid.

3 Ibid.

4 Ibid.

5 Ibid.

6 Richard M. Weaver, *Ideas Have Consequences* (Chicago: University of Chicago, 1948), 87-88.

7 Ibid., 88.

8 Ibid., 88, 89.

9 Ibid., 89-90.

10 Ibid., 101.

11 Edward Bernays, *Propaganda* (Brooklyn: IG, 1928), 52, 53.

12 Ibid., 47-48.

13 Richard Gunderman, "The manipulation of the American mind—Edward Bernays and the birth of public relations", Phys.org, 9 de julio de 2015, https://phys.org/news/2015-07-american-mindedward-bernays-birth.html (11 de abril de 2021).

14 Harold Dwight Lasswell, *Propaganda Technique in the World War* (Boston: MIT Press, 1927), 221.

15 Hannah Arendt, *Los orígenes del totalitarismo* (Madrid: Grupo Santillana Editores, 1974), 288, http://maytemunoz.net/wp-content/uploads/2017/08/arendt-hannah-los-origenes-del-totalitarismo.pdf (febrero de 2022).

16 Ibid., 288.

17 Mark R. Levin, *Ameritopia* (Nueva York: Threshold Editions, 2012), 7, 8.

18 Daniel J. Boorstin, *The Image: A Guide to Pseudo-Events in America* (Nueva York: Vintage Books, 1961), 35.

19 Ibid.

20 Ibid.

21 Ibid., 37.

22 Ibid.

23 Ibid., 182, 183.

24 John Dewey, *Liberalism and Social Action* (Amherst, NY: Prometheus Books, 1935), 65-66.

25 Ibid., 66.

26 Michael Schudson, "What Public Journalism Knows about Journalism but Doesn't Know about 'Public'", en *The Idea of Public Journalism*, ed. Theodore L. Glasser (Nueva York: Guilford Press, 1999), 123.

27 Theodore Glasser, "The Ethics of Election Coverage," *Stanford Magazine*, octubre de 2016, https://stanfordmag.org/contents/the-ethics-of-election-coverage (11 de abril de 2021).

28 Ibid.

29 Davis "Buzz" Merritt, *Public Journalism and Public Life: Why Telling the News Is Not Enough* (Nueva York: Routledge, 1998), 96, 97.

30 Davis Merritt, "Stop Trump? But who will bell the cat?" *Wichita Eagle*, 8 de diciembre de 2018, https://www.kansas.com/opinion/opn-columns-blogs/article48524730.html (11 de abril de 2021).

31 Ibid.

32 Merritt, *Public Journalism and Public Life*, 7.

33 Jay Rosen, *What Are Journalists For?* (New Haven, CT: Yale University Press, 1999), 20.

34 Ibid., 19-20.

35 Jay Rosen, "Donald Trump Is Crashing the System. Journalism Needs to Build a New One", *Washington Post*, 13 de julio de 2016, https://www.washingtonpost.com/news/in-theory/wp/2016/07/13/donald-trump-is-crashing-the-system-journalists-need-to-build-a-new-one/ (11 de abril de 2021).

36 Ibid.

37 Martin Linsky, "What Are Journalists For?" *American Prospect*, 14 de noviembre de 2001, https://prospect.org/features/journalists-for/ (11 de abril de 2021).

38 "Marx the Journalist, an Interview with James Ledbetter", *Jacobin*, 5 de mayo de 2018, https://www.jacobinmag.com/2018/05/karl-marx-journalism-writings-newspaper (11 de abril de 2021).

39 Saul D. Alinsky, *Rules for Radicals: A Pragmatic Primer for Realistic Radicals* (Nueva York: Vintage Books, 1971), xxii, xxiii.

40 Ibid., 130, 131, 133.

41 Chuck Todd, *Meet the Press*, 30 de diciembre de 2018, https://www.nbc

news.com/meet-the-press/meet-press-december-30-2018-n951406 (11 de abril de 2021).

42 "Global Warming", mrcNewsBusters, https://www.newsbusters.org/issues-events-groups/global-warming (11 de abril de 2021).

43 Zach Goldberg, "How the Media Led the Great Racial Awakening", *Tablet*, 4 de agosto de 2020, https://www.tabletmag.com/sections/news/articles/media-great-racial-awakening (11 de abril de 2021).

44 Ibid.

45 Ibid.

46 Ibid.

47 Ted Johnson, "CNN Announces Expansion of Team Covering Race Beat," *Deadline*, 13 de julio de 2020, https://deadline.com/2020/07/cnn-jeff-zucker-race-beat-1202984234/ (11 de abril de 2021).

48 Martin Luther King Jr., "I Have a Dream", 1963, *Encyclopaedia Britannica*, https://www.britannica.com/topic/I-Have-A-Dream (11 de abril de 2021).

49 Robert Henderson, "Tell Only Lies," *City Journal*, 27 de diciembre de 2020, https://www.city-journal.org/self-censorship (11 de abril de 2021).

50 Ibid.

51 Ibid.

52 Ibid.

53 Eric Kaufmann, "Academic Freedom in Crisis: Punishment, Political Discrimination, and Self-Censorship", Center for the Study of Partisanship and Ideology, 1 de marzo de 2021, https://cspicenter.org/wp-content/uploads/2021/03/AcademicFreedom.pdf (11 de abril de 2021).

54 Kelsey Ann Naughton, "Speaking Freely: What Students Think about Expression at American Colleges", Foundation for Individual Rights in Education, octubre de 2017, https://d28htnjz2elwuj.cloudfront.net/wp-content/uploads/2017/10/11091747/survey-2017-speaking-freely.pdf (11 de abril de 2021).

55 Diane Ravitch, *The Language Police: How Pressure Groups Restrict What Students Learn* (Nueva York: Vintage, 2003), 3-4.

56 Ibid., 160.

57 Krystina Skurk, "Critical Race Theory in K–12 Education", RealClear PublicAffairs, https://www.realclearpublicaffairs.com/articles/2020/07/16/critical_race_theory_in_k-12_education_498969.html (11 de abril de 2021); Max Eden, "Critical Race Theory in American Classrooms," *City Journal*, 18 de septiembre de 2020, https://www.city-journal.org/critical-race-theory-in-american-classrooms (11 de abril de 2021).

58 Todd Starnes, "Parents furious over school's plan to teach gender spectrum, fluidity", Fox News, 15 de mayo de 2015, https://www.foxnews.com/opinion/parents-furious-over-schools-plan-to-teach-gender-spectrum-fluidity (11 de abril de 2021).

59 Charles Fain Lehman, "American High Schools Go Woke", *Washington Free Beacon*, 30 de noviembre de 2020, https://freebeacon.com/campus/american-high-schools-go-woke/ (11 de abril de 2021).

60 UN CC: Learn, Iniciativa Una ONU: Asociación para el Aprendizaje sobre el Cambio Climático, https://www.uncclearn.org/es/acerca/ (11 de abril de 2021).

61 Allison Graham, "Why Should Schools Teach Climate Education?", Medium.com, 12 de julio de 2018, https://medium.com/uncclearn/why-should-schools-teach-climate-education-f1e101ebc56e (11 de abril de 2021).

62 Ibid.

63 Charles Gasparino, "How corporations surrendered to hard-left wokeness", *New York Post*, 13 de febrero de 2021, https://nypost.com/2021/02/13/how-corporations-surrendered-to-hard-left-wokeness/ (11 de abril de 2021).

64 Ibid.

65 Brooke Kato, "What is cancel culture? Everything to know about the toxic online trend", *New York Post*, 10 de marzo de 2021, https://nypost.com/article/what-is-cancel-culture-breaking-down-the-toxic-online-trend/ (11 de abril de 2021).

66 "A Letter on Justice and Open Debate", *Harper's Magazine*, 7 de julio de 2020, https://harpers.org/a-letter-on-justice-and-open-debate/ (11 de abril de 2021).

67 Heather Moon, "Top 10 Worst Cases of Big Tech Censorship in 2020", mrcNewsBusters, 4 de enero de 2021, https://www.news busters.org/blogs/free-speech/heather-moon/2021/01/04/top-10-worst-cases-big-tech-censorship-2020 (11 de abril de 2021).

68 "FACEBOOK INSIDER LEAKS: Hours of Video of Zuckerberg & Execs Admitting They Have 'Too Much Power' . . . FB Wants to 'Work . . . with [Biden] on Some of Their Top Priorities' . . . 'Biden Issued a Number of Exec Orders . . . We as a Company Really Care Quite Deeply About' ", Project Veritas, 31 de enero de 2021, https://www.projectveritas.com/news/facebook-insider-leaks-hours-of-video-of-zuckerberg-and-execs-admitting-they/ (11 de abril de 2021).

69 Ibid.

70 Allum Bokhari, "Exclusive: Unreleased Federal Report Concludes 'No

Evidence' that Free Speech Online 'Causes Hate Crimes'", Breitbart, 3 de marzo de 2021, se cita "The Role of Information and Communication Technologies in Hate Crimes: An Update to the 1993 Report", Departamento de Comercio de los Estados Unidos, https://www.slideshare.net/AllumBokhari/ntia-hate-crimes-report-january-2021/1 (11 de abril de 2021).

71 Ibid.

72 Emily Jacobs, "Democrats demand more censorship from Big Tech bosses", *New York Post*, 18 de noviembre de 2020, https://nypost.com/2020/11/18/democrats-use-big-tech-hearings-to-demand-more-censorship/ (11 de abril de 2021).

73 "The War on Free Speech", *Pittsburgh Post-Gazette*, 26 de enero de 2021, https://www.postgazette.com/opinion/editorials/2021/01/26/The-war-on-free-speech-Parler-Social-Media-technology/stories/202101140041 (11 de abril de 2021).

74 Krystal Hur, "Big tech employees rally behind Biden campaign", Open secrets.org, 12 de enero de 2021, https://www.opensecrets.org/news/2021/01/big-tech-employees-rally-biden/ (11 de abril de 2021).

75 Ari Levy, "Here's the final tally of where tech billionaires donated for the 2020 election", CNBC, 2 de noviembre de 2020, https://www.cnbc.com/2020/11/02/tech-billionaire-2020-election-donations-final-tally.html (11 de abril de 2021).

76 Chuck Ross, "Biden Has Ties to 5 Major Tech Companies", *Daily Caller*, 10 de enero de 2021, https://dailycaller.com/2021/01/10/biden-big-tech-apple-facebook-trump-parler/ (11 de abril de 2021).

77 Ryan Lizza, Daniel Lippman y Meridith McGraw, "AOC wants to cancel those who worked for Trump. Good luck with that, they say", *Politico*, 9 de noviembre de 2020, https://www.politico.com/news/2020/11/09/aoc-cancel-worked-for-trump-435293 (11 de abril de 2021).

78 Representantes Anna G. Eshoo y Jerry McNerney, "February 22, 2021 Letter to Mr. John T. Stankey", https://mcnerney.house.gov/sites/mcnerney.house.gov/files/McNerney-Eshoo%20TV%20Misinfo%20Letters%20-%202.22.21.pdf (11 de abril de 2021).

79 Andrew Kerr, "Media Matters Study on Fox News 'Misinformation' Is Riddled with Misrepresentations, Flagged Objectively True Statements", *Daily Caller*, 22 de febrero de 2021, https://dailycaller.com/2021/02/22/media-matters-fox-news-disinformation/ (11 de abril de 2021).

80 Eshoo y McNerney, "February 22, 2021 Letter to Mr. John T. Stankey".

81 Tom Elliot, "Now CNN's @oliverdarcy is going after cable companies for carrying Fox News", Twitter, 8 de enero de 2021 (captura de pan-

talla de @oliverdarcy), https://twitter.com/tomselliott/status/1347465189252341764?lang=en (11 de abril de 2021).

82 Ibid.

83 Alinsky, *Rules for Radicals*, 130.

84 Nicholas Kristoff, "Can We Put Fox News on Trial with Trump?", *New York Times*, 10 de febrero de 2021, https://www.nytimes.com/2021/02/10/opinion/fox-news-accountability.html (11 de abril de 2021).

85 Ibid.

86 Ibid.

87 Ibid.

88 Harry Hodgkinson, *Double Talk: The Language of Communism* (Londres: George Allen & Unwin, 1955), v, vi.

89 Ibid., 44

90 Ibid., 122.

CAPÍTULO SIETE: *¡ELEGIMOS LA LIBERTAD!*

1 J. Christian Adams, "Read the Shocking Pentagon Training Materials Targeting Conservatives in the Military", PJ Media, 22 de marzo de 2021, https://pjmedia.com/jchristianadams/2021/03/22/read-the-pentagon-training-materials-targeting-conservatives-in-the-military-n1434071 (22 de abril, 2021); "Reversing Trump, Pentagon to release new transgender policy", Associated Press, 31 de marzo de 2021, https://www.foxnews.com/us/reversing-trump-pentagon-new-transgender-policy (22 de abril de 2021).

2 Charles Creitz, "Rep. Waltz slams West Point 'White rage' instruction: Enemy's ammo 'doesn't care about race, politics'", Fox News, 8 de abril de 2021, https://www.foxnews.com/politics/rep-michael-waltz-slams-west-point-white-rage-instruction-enemys-ammo-doesnt-care-about-race-politics (22 de abril de 2021).

3 Aaron Mehta, "Climate change is now a national security priority for the Pentagon", *DefenseNews*, 27 de enero de 2021, https://www.defensenews.com/pentagon/2021/01/27/climate-change-is-now-a-national-security-priority-for-the-pentagon/ (22 de abril de 2021).

4 "Facts and Figures", National Law Enforcement Officers Memorial Fund, https://nleomf.org/facts-figures (22 de abril de 2021).

5 Jeffrey James Higgins, "Enough of the lying—just look at the data. There's no epidemic of racist police officers killing black Americans", *Law Enforcement Today*, 26 de junio de 2020, https://www.lawenforcementtoday

.com/systematic-racism-in-policing-its-time-to-stop-the-lying/ (22 de abril de 2021).

6 Victor Davis Hanson, "Obama: Transforming America", RealClearPolitics, 1 de octubre de 2013, https://www.realclearpolitics.com/articles/2013/10/01/obama_transforming_america_120170.html (22 de abril, 2021).

7 "Less Policing = More Murders", Law Enforcement Legal Defense Fund, http://www.policedefense.org/wp-content/uploads/2021/04/Depolicing_April14.pdf (22 de abril de 2021).

8 George Thomas, "Demoralized and Demonized: Police Departments Face 'Workforce Crisis' as Officers Leave in Droves", CBN News, 9 de septiembre de 2020, https://www1.cbn.com/cbnnews/us/2020/september/demoralized-and-demonized-police-departments-face-workforce-crisis-as-officers-leave-in-droves (22 de abril de 2021).

9 Jack Kelly, "Cities Will See Citizens Flee, Fearing Continued Riots and the Reemergence of Covid-19", *Forbes*, 2 de junio de 2020, https://www.forbes.com/sites/jackkelly/2020/06/02/cities-will-see-citizens-flee-fearing-continued-riots-and-the-reemergence-of-covid-19/?sh=627a0593d30d (22 de abril de 2021).

10 Dave Huber, "National Education Association reps show support for abortion, 'white fragility'", College Fix, 13 de julio de 2019, https://www.thecollegefix.com/national-education-association-reps-show-support-for-abortion-white-fragility/ (22 de abril de 2021).

11 Ashley S. Boyd and Janine J. Darragh, "Teaching for Social Justice: Using All American Boys to Confront Racism and Police Brutality", American Federation of Teachers, Primavera de 2021, https://www.aft.org/ae/spring2021/boyd_darragh (22 de abril de 2021).

12 Jonathan Butcher y Mike Gonzalez, "Critical Race Theory, the New Intolerance, and Its Grip on America", The Heritage Foundation, 7 de diciembre de 2020, https://www.heritage.org/sites/default/files/2020-12/BG3567.pdf (22 de abril de 2021), 15.

13 Ibid., 16.

14 Ibid., 18.

15 Jackson Elliott, "Parents too afraid to oppose critical race theory in schools, says activist", *Christian Post*, 25 de enero de 2021, https://www.christianpost.com/news/parents-too-afraid-to-oppose-crt-in-schools-says-activist.html (22 de abril de 2021).

16 Jay Schalin, "The Politicization of University Schools of Education: The Long March through the Education Schools", James G. Marin Center

for Academic Renewal, febrero de 2019, https://files.eric.ed.gov/fulltext/ED594180.pdf (22 de abril de 2021), 1.

17 Ibid., 94.

18 Lily Zheng, "We're Entering the Age of Corporate Social Justice", *Harvard Business Review*, 15 de junio de 2020, https://hbr.org/2020/06/were-entering-the-age-of-corporate-social-justice (22 de abril de 2021).

19 Dan McLaughlin, "The Party in Power Is Directing a Corporate Conspiracy against Its Political Opposition", *National Review*, 13 de abril de 2021, https://www.nationalreview.com/2021/04/the-party-in-power-is-directing-a-corporate-conspiracy-against-its-political-opposition/ (22 de abril de 2021).

20 Zachary Evans, "Amazon, Google Join Hundreds of American Corporations in Signing Letter Opposing Voting Limits", *National Review*, 14 de abril de 2021, https://www.nationalreview.com/news/amazon-google-join-hundreds-of-american-corporations-in-signing-letter-opposing-voting-limits/ (22 de abril de 2021).

21 Phill Kline, "How Mark Zuckerberg's $350 million threatens democracy", *Washington Examiner*, 21 de octubre de 2020, https://www.msn.com/en-us/news/politics/how-mark-zuckerbergs-dollar350-million-threatens-democracy/ar-BB1afARG (22 de abril de 2021); J. Christian Adams, "The Real Kraken: What Really Happened to Donald Trump in the 2020 Election", PJ Media, 2 de diciembre de 2020, https://pjmedia.com/jchristianadams/2020/12/02/the-real-kraken-what-really-happened-to-donald-trump-in-the-2020-election-n1185494 (22 de abril de 2021).

22 Mark R. Levin, *Libertad y tiranía* (Nueva York: Threshold Editions, 2012), Edición Kindle.

23 Thomas Paine, *The American Crisis*, ed. Steve Straub, The Federalist Papers Project, https://thefederalistpapers.org/wp-content/uploads/2013/08/The-American-Crisis-by-Thomas-Paine-.pdf (22 de abril de 2021) 5.

24 Ibid., 8.

25 Saul D. Alinsky, *Rules for Radicals: A Pragmatic Primer for Realistic Radicals* (Nueva York: Vintage Books, 1971), 130.

26 Ibid., 131.

27 Sam Dorman, "Nevada charter school's students were instructed to link aspects of their identity with oppression: Lawsuit", Fox News, 23 de diciembre de 2020, https://www.foxnews.com/us/lawsuit-nevada-race-christianity-william-clark (22 de abril de 2021); Chris F. Rufo, tweet, 20 de enero de 2021, https://twitter.com/realchrisrufo/status/1352033792458776578?lang=en (22 de abril de 2021).

28 Jeff Archer, "Complaints Point Up 'Murky' Areas in Union Activism",

Education Week, 1 de noviembre de 2000, https://www.edweek.org/teaching-learning/complaints-point-up-murky-areas-in-union-activism/2000/11 (25 de abril de 2021); Dave Kendrick, "Landmark Sues Fla., N.J. Unions for Tax Violations", National Legal and Policy Center, 17 de enero de 2005, https://nlpc.org/2005/01/17/landmark-sues-fla-nj-unions-tax-violations/ (25 de abril de 2021).

29 John M. Ellis, *The Breakdown of Higher Education* (Nueva York: Encounter Books, 2020), 30, 31.

30 Mark R. Levin, *Plunder and Deceit* (Nueva York: Threshold Editions, 2015), 87, 88.

31 Alana Mastrangelo, "Top 10 Craziest Attacks on Campus Conservatives of 2019", Breitbart, 1 de enero de 2020, https://www.breitbart.com/tech/2020/01/01/top-10-craziest-attacks-on-campus-conservatives-of-2019/ (22 de abril de 2021).

32 Spencer Brown, "Conservative Voices Once Again Excluded from Commencement Season", Young America's Foundation, 16 de junio de 2020, https://www.yaf.org/news/conservative-voices-once-again-excluded-from-commencement-season/ (22 de abril de 2021).

33 Anya Kamenetz y Eric Westervelt, "Fact-Check: Bernie Sanders Promises Free College. Will It Work?", NPR, 17 de febrero de 2016, https://www.npr.org/sections/ed/2016/02/17/466730455/fact-check-bernie-sanders-promises-free-college-will-it-work (22 de abril de 2021).

34 Lilah Burke, "A Big Budget from Biden", *Inside Higher Education*, 12 de abril de 2021, https://www.insidehighered.com/news/2021/04/12/bidens-proposed-budget-increases-funding-pell-hbcus-research (22 de abril de 2021).

35 Stuart Shepard y James Agresti, "Government Spending on Education Is Higher than Ever. And for What?", Foundation for Economic Education, 1 de marzo de 2018, https://fee.org/articles/government-spending-on-education-is-higher-than-ever-and-for-what/ (22 de abril de 2021).

36 Winfield Myers, "Time to End Hostile Powers' Influence Operations at American Universities", *American Spectator*, 16 de febrero de 2021, https://spectator.org/confucius-institute-foreign-influence-american-universities/ (22 de abril de 2021).

37 Christian Nunley, "Senate approves bill to tighten controls on China-funded Confucius Institutes on U.S. university campuses", CNBC, 5 de marzo de 2021, https://www.cnbc.com/2021/03/05/us-senate-approves-bill-against-china-funded-confucius-institutes.html (22 de abril de 2021).

38 Ayn Rand, *Return of the Primitive: The Anti-Industrial Revolution* (Londres: Meridian, 1970), 283.

39 Aaron Morrison, "AP Exclusive: Black Lives Matter opens up about its finances", Associated Press, 23 de febrero de 2021, https://apnews.com/article/black-lives-matter-90-million-finances-8a80cad199f54c0c4b9e74283d27366f (22 de abril de 2021).

40 Wendell Husebo, "200 Companies Oppose Voter ID Laws—Many Require IDs for Use of Service", Breitbart, 5 de abril de 2021, https://www.breitbart.com/politics/2021/04/05/200-companies-oppose-voter-id-laws-many-require-ids-for-use-of-service/ (22 de abril de 2021).

41 Joanna Williams, "The racism racket: Diversity training in the workplace and beyond is worse than useless", Spiked, 9 de abril de 2021, https://www.spiked-online.com/2021/04/09/the-racism-racket/ (22 de abril de 2021).

42 Megan Fox, "Trump Bans Companies That Use 'Critical Race Theory' from Getting Govt. Contracts", PJ Media, 23 de septiembre de 2020, https://pjmedia.com/news-and-politics/megan-fox/2020/09/23/trump-bans-companies-that-use-critical-race-theory-from-getting-govt-contracts-n958223 (22 de abril de 2021).

43 Lachlan Markay, "Republican leaders raked in sizable donations from grassroots supporters", *Axios*, 18 de abril de 2021, https://news.yahoo.com/republican-leaders-raked-sizable-donations-210114067.html (22 de abril de 2021); Alex Gangitano, "Tom Cotton: Chamber of Commerce is 'a front service for woke corporations'", *Hill*, 16 de marzo de 2021, https://www.msn.com/en-us/news/politics/tom-cotton-chamber-of-commerce-is-a-front-service-for-woke-corporations/ar-BB1eEhPz (22 de abril de 2021).

44 Neil Munro, "New York Times: Wall Street Backs Joe Biden", Breitbart, 9 de agosto de 2020, https://www.breitbart.com/2020-election/2020/08/09/new-york-times-wall-street-backs-joe-biden/ (22 de abril de 2021).

45 Chuck Ross, "Biden Has Ties to 5 Major Tech Companies", *Daily Caller*, 10 de enero de 2021, https://dailycaller.com/2021/01/10/biden-big-tech-apple-facebook-trump-parler/ (22 de abril de 2021).

46 Michael Bloomberg, "US CEOs sign statement against 'discriminatory' voting laws", AFP, 14 de abril de 2021, https://www.yahoo.com/lifestyle/us-ceos-sign-statement-against-145620338.html (25 de abril de 2021); Sophie Mann, "CEOs answer the call of the woke by pivoting to 'stakeholder' capitalism", *Just the News*, 24 de abril de 2021, https://justthenews.com/politics-policy/finance/hold-ceos-answer-call-woke-changing-their-goals-and-pivoting-stakeholder (25 de abril de 2021).

47 "Here Are the Fortune 500 Companies Doing Business in Xinjiang", ChinaFile, 2 de octubre de 2018, https://www.chinafile.com/reporting

-opinion/features/here-are-fortune-500-companies-doing-business-xinjiang (25 de abril de 2021).

48 Tom Mitchell, Thomas Hale y Hudson Lockett, “Beijing and Wall Street deepen ties despite geopolitical rivalry”, *Financial Times*, 26 de octubre de 2020, https://www.ft.com/content/8cf19144-b493-4a3e-9308-183bbcc6e76e (25 de abril de 2021).

49 Houston Keene, “Companies ripping Georgia do business in China, silent on human rights violations”, Fox Business, 1 de abril de 2021, https://www.foxbusiness.com/politics/georgia-bill-criticized-delta-apple-coca-cola-silent-china-uyghur-genocide (25 de abril de 2021).

50 Saphora Smith, “China forcefully harvests organs from detainees, tribunal concludes,” NBC News, 18 de junio de 2019, https://www.nbcnews.com/news/world/china-forcefully-harvests-organs-detainees-tribunal-concludes-n1018646 (25 de abril de 2021).

51 Emma Graham-Harrison, “China has built 380 internment camps in Xinjiang, study finds”, *Guardian*, 23 de septiembre de 2020, https://www.theguardian.com/world/2020/sep/24/china-has-built-380-internment-camps-in-xinjiang-study-finds (25 de abril de 2021).

52 Alex Winter, “LIVING HELL: China has locked up 8 MILLION people in terrifying ‘re-education’ camps in last six years, leaked docs reveal”, *U.S. Sun*, 18 de septiembre de 2020, https://www.the-sun.com/news/us-news/1495061/china-document-8-million-training-detention-camps/ (25 de abril de 2021).

53 “Church leaders seek Home Depot boycott on Georgia voting law”, *Canadian Press*, 21 de abril de 2021, https://www.msn.com/en-ca/money/topstories/church-leaders-seek-home-depot-boycott-on-georgia-voting-law/ar-BB1fRzT0 (25 de abril de 2021).

54 Evie Fordham, “Goya ‘buy-cott’ begins as customers load up on product after Trump backlash”, Fox Business, 12 de julio de 2020, https://www.foxbusiness.com/markets/goya-food-sales-trump-controversy (25 de abril de 2021).

55 Sophie Mann, “CEOs answer the call of the woke by pivoting to ‘stakeholder’ capitalism”, *Just the News*, 24 de abril, 2021, https://justthenews.com/politics-policy/finance/hold-ceos-answer-call-woke-changing-their-goals-and-pivoting-stakeholder (25 de abril de 2021).

56 John Binder, “Wall Street, Corporations Team Up with Soros-Funded Group to Pressure States Against Election Reforms”, Breitbart, 13 de abril de 2021, https://www.breitbart.com/politics/2021/04/13/wall-street-corporations-team-up-with-soros-funded-group-to-pressure-states-against-election-reforms/ (25 de abril de 2021).

57 David Aaro, "Ron DeSantis pushes bill aimed to take power away from Big Tech", Fox News, 16 de febrero de 2021, https://www.foxnews.com/tech/desantis-pushes-bill-to-aimed-to-take-power-away-from-big-tech (25 de abril de 2021).

58 Rachel Bovard, "Section 230 protects Big Tech from lawsuits. But it was never supposed to be bulletproof", *USA Today*, 13 de diciembre de 2020, https://www.usatoday.com/story/opinion/2020/12/13/section-230-big-tech-free-speech-donald-trump-column/3883191001/ (25 de abril de 2021).

59 Ibid.

60 John Solomon, "Zuckerberg money used to pay election judges, grow vote in Democrat stronghold, memos reveal", *Just the News*, 20 de octubre de 2020, https://justthenews.com/politics-policy/elections/memos-show-zuckerberg-money-used-massively-grow-vote-democrat-stronghold (25 de abril de 2021); Libby Emmons, "BREAKING: Project Veritas exposes Google manager admitting to election interference", *Post Millennial*, 19 de octubre de 2020, https://thepostmillennial.com/breaking-project-veritas-exposes-google-manager-admitting-to-election-influence (25 de abril de 2021).

61 A diferencia de la mayoría de las corporaciones que se enumeran, las plataformas de noticias de Fox, tales como el Fox News Channel, para el cual conduzco un programa los domingos, y el Fox Business Channel de hecho fueron creados, no adquiridos, por Fox.

62 Mark R. Levin, *Libertad y tiranía* (Nueva York: Threshold Editions, 2012), Edición Kindle.

63 Ibid.

64 Maydeen Merino, "'Net Zero Is Not Enough': John Kerry Says We Need to Remove Carbon Dioxide from the Atmosphere", *Daily Caller*, 22 de abril de 2021, https://dailycaller.com/2021/04/22/john-kerry-remove-carbon-atmosphere-leaders-summit-climate-change/ (25 de abril de 2021).

65 "The Government Is on My Property. What Are My Rights?", Owners' Counsel of America, 11 de abril de 2016, https://www.ownerscounsel.com/the-government-is-on-my-property-what-are-my-rights/ (25 de abril de 2021).

66 Wilson P. Dizard, "Lamberth finds EPA in contempt for e-document purge", GCN, 25 de julio de 2003, https://gcn.com/articles/2003/07/25/lamberth-finds-epa-in-contempt-for-edocument-purge.aspx (25 de abril de 2021).

67 Melissa Quinn, "21 states sue Biden for revoking Keystone XL pipeline

permit", CBS News, 18 de marzo, 2021, https://www.cbsnews.com/news/keystone-pipeline-21-states-sue-biden/ (25 de abril de 2021).

68 Teny Sahakian, "NY Times ignores 18 deaths, nearly $2 billion in damage when bashing GOP bills targeting rioters", Fox News, 23 de abril de 2021, https://www.foxnews.com/us/ny-times-ignores-18-deaths-nearly-2-billion-dollars-in-damage-when-bashing-gop-bills-targeting-rioters (25 de abril de 2021).

69 Josh Gerstein, "Leniency for defendants in Portland clashes could affect Capitol riot cases", *Politico*, 14 de abril de 2021, https://www.politico.com/news/2021/04/14/portland-capitol-riot-cases-481346 (25 de abril de 2021).

70 "Governor Ron DeSantis Signs Hallmark Anti-Rioting Legislation Taking Unapologetic Stand for Public Safety", comunicado de prensa de la oficina del Gobernador, 19 de abril de 2021, https://www.flgov.com/2021/04/19/what-they-are-saying-governor-ron-desantis-signs-hallmark-anti-rioting-legislation-taking-unapologetic-stand-for-public-safety/ (25 de abril de 2021).

71 "Racketeer Influenced and Corrupt Organizations (RICO) Law", Justia.com, https://www.justia.com/criminal/docs/rico/ (25 de abril de 2021).

72 Meira Gebel, "The story behind Thousand Currents, the charity that doles out the millions of dollars Black Lives Matter generates in donations", *Insider*, 25 de junio de 2020, https://www.insider.com/what-is-thousand-currents-black-lives-matter-charity-2020-6 (25 de abril de 2021).

73 Morrison, "AP Exclusive: Black Lives Matter opens up about its finances"; "Black Lives Matter Global Network Foundation", Influence Watch, https://www.influencewatch.org/non-profit/black-lives-matter-foundation/ (25 de abril de 2021).

74 N'dea Yancy-Bragg, "Americans' confidence in police falls to historic low, Gallup poll shows", *USA Today*, 12 de agosto de 2020, https://www.usatoday.com/story/news/nation/2020/08/12/americans-confidence-police-falls-new-low-gallup-poll-shows/3352910001/ (25 de abril de 2021).

75 John R. Lott, "Data Undercuts Myth of 'Racism' in Police Killings", RealClearPolitics, 22 de abril de 2021, https://www.realclearpolitics.com/articles/2021/04/22/data_undercuts_myth_of_racism_in_police_killings_145640.html (25 de abril de 2021); John R. Lott y Carlisle E. Moody, "Do White Police Officers Unfairly Target Black Suspects?", SSRN, 3 de junio de 2020, https://papers.ssrn.com/sol3/papers.cfm?abstract_id=2870189 (25 de abril de 2021); Ryan Saavedra, "Mac Donald: Statistics Do Not Support the Claim of 'Systemic Police Racism'", *Daily Wire*, 3 de junio de 2020, https://www.dailywire.com/news/mac-donald-statistics

-do-not-support-the-claim-of-systemic-police-racism (25 de abril de 2021).

76 Jason Johnson, "Why violent crime surged after police across America retreated", *USA Today*, 9 de abril de 2021, https://www.usatoday.com/story/opinion/policing/2021/04/09/violent-crime-surged-across-america-after-police-retreated-column/7137565002/ (25 de abril de 2021).

77 Morgan Phillips, "'Justice in Policing Act': What's in the Democratic police reform bill", Fox News, 8 de junio de 2020, https://www.foxnews.com/politics/justice-in-policing-act-whats-in-the-democratic-police-reform-bill (25 de abril de 2021).

78 Luke Barr, "US police agencies having trouble hiring, keeping officers, according to a new survey", ABC News, 17 de septiembre de 2019, https://abcnews.go.com/Politics/us-police-agencies-trouble-hiring-keeping-officers-survey/story?id=65643752 (25 de abril de 2021).

79 Lieutenant Dan Marcou, "You can sue: Cops' legal recourse against assailants and others", Police1.com, 8 de junio de 2016, https://www.police1.com/legal/articles/you-can-sue-cops-legal-recourse-against-assailants-and-others-YWtiK8fzBSZBNwfc/ (25 de abril de 2021).